<u>*ACCESO GRATIS*</u> ***a la Lectura en la Nube + Actualizaciones***

Actualización permanente hasta por un año desde su publicación

Para visualizar el libro electrónico en la nube de lectura envíe junto a su nombre y apellidos una fotografía del código de barras situado en la contraportada del libro y otra del ticket de compra a la dirección:

ebooktirant@tirant.com

En un máximo de 72 horas laborables le enviaremos el código de acceso con sus instrucciones.

MECANISMOS ALTERNATIVOS DE RESOLUCIÓN DE CONFLICTOS

MECANISMOS ALTERNATIVOS DE RESOLUCIÓN DE CONFLICTOS

Ley 1563 de 2012
Ley 2220 de 2022
Ley 906 de 2004

Directores:

Adriana López Martínez

Profesora de Derecho Procesal Civil de la Pontificia Universidad Javeriana, profesora de seguros y de las especializaciones de Propiedad Industrial y Nuevas Tecnologías y Seguros de la Universidad Externado de Colombia. Miembro del Instituto Colombiano de Derecho Procesal. Árbitro y amigable componedor de los Centros de Arbitraje y Conciliación de las Cámaras de Comercio de Bogotá, Medellín y Cali

Liliana Otero Álvarez

Profesora de Derecho Procesal y Mecanismos Alternativos de Solución de Conflictos de la Universidad del Rosario y la Universidad de la Sabana. Miembro del Instituto Colombiano de Derecho Procesal y de la Red Latinoamericana de Mujeres en Derecho Procesal y Razonamiento Probatorio. Árbitro del Centro de Arbitraje y Conciliación de las Cámaras de Comercio de Bogotá y Cali

Investigadores asistentes:

Esteban Arcila Martínez

Christiam Ubeymar Infante Angarita

Juanita Camargo Franco

Jennifer Rocío Olivero Duque

Sebastián Salazar Castillo

tirant lo blanch

Bogotá D.C., 2025

© TIRANT LO BLANCH
EDITA: TIRANT LO BLANCH
Calle 11 # 2-16 (Bogotá D.C.)
Telf.: 4660171
Email: tlb@tirant.com
Librería virtual: www.tirant.com/co/
ISBN: 978-84-1095-968-2

Si tiene alguna queja o sugerencia, envíenos un mail a: *atencioncliente@tirant.com*. En caso de no ser atendida su sugerencia, por favor, lea en *www.tirant.net/index.php/empresa/politicas-de-empresa* nuestro procedimiento de quejas.

Responsabilidad Social Corporativa: http://www.tirant.net/Docs/RSCTirant.pdf

ÍNDICE

LEY 1563 DE 2012

LEY 2220 DE 2022

LEY 906 DE 2004

CONVENCIÓN SOBRE EL RECONOCIMIENTO Y LA EJECUCIÓN DE LAS SENTENCIAS ARBITRALES EXTRANJERAS (NUEVA YORK, 1958)

CONVENCIÓN DE LAS NACIONES UNIDAS SOBRE LOS ACUERDOS DE TRANSACCIÓN INTERNACIONALES RESULTANTES DE LA MEDIACIÓN (NUEVA YORK, 2018)

LEY 2213 DE 2022

MANUAL DE JUSTICIA RESTAURATIVA - FISCALÍA GENERAL DE LA NACIÓN

ABREVIATURAS

C.C.:	Código Civil
C.Co.:	Código de Comercio
C.I.A.:	Código de la Infancia y Adolescencia, Ley 1098 de 2006
C.G.P.:	Código General del Proceso
C.G.D.:	Código General Disciplinario, Ley 1952 de 2019
C.Pen.:	Código Penal
C.P.A.C.A.:	Código Procedimiento Administrativo y de lo Contencioso Administrativo
C.P.P.:	Código de Procedimiento Penal, Ley 906 de 2004
C.S.T.:	Código Sustantivo del Trabajo
CNUDMI:	Comisión de las Naciones Unidas para el Derecho Mercantil Internacional
C.A.D.H.:	Convención Americana de Derechos Humanos
C.D.P.D.:	Convención sobre los Derechos de las personas con Discapacidad
C.P.:	Constitución Política
Dec.:	Decreto
Exeq.:	Exequible
Exeq. Cond:	Exequibilidad condicionada
Inc.:	Inciso
Inexeq.:	Inexequible
Inhib.:	Fallo inhibitorio
I.C.C.:	International Chamber of Commerce
L.:	Ley (Ej: L. 57 de 1887)
L.E.:	Ley Estatutaria
LM CNUDMI:	Ley Modelo Comisión de las Naciones Unidas para el Derecho Mercantil Internacional.
Lit.:	Literal
Num.:	Numeral
Par.:	Parágrafo
Reg. CAC CCB:	Reglamento del Centro de Arbitraje y Conciliación de la Cámara de Comercio de Bogotá
Reg. CCAA CCM:	Reglamento Centro de Conciliación, Arbitraje y Amigable Composición de la Cámara de Comercio de Medellín.
Reg. CCAA CCC:	Reglamento Centro de Conciliación, Arbitraje y Amigable Composición de la Cámara de Comercio de Cali.

LEY 1563 DE 2012

Por medio de la cual se expide el Estatuto de Arbitraje Nacional e Internacional y se dictan otras disposiciones.

SECCIÓN PRIMERA. ARBITRAJE NACIONAL

CAPÍTULO 1° NORMAS GENERALES DEL ARBITRAJE NACIONAL

Artículo 1: Definición, modalidades y principios

El arbitraje es un mecanismo alternativo de solución de conflictos mediante el cual las partes defieren a árbitros la solución de una controversia relativa a asuntos de libre disposición o aquellos que la ley autorice.

El arbitraje se rige por los principios y reglas de imparcialidad, idoneidad, celeridad, igualdad, oralidad, publicidad y contradicción.

El laudo arbitral es la sentencia que profiere el tribunal de arbitraje. El laudo puede ser en derecho, en equidad o técnico.

En los tribunales en que intervenga una entidad pública o quien desempeñe funciones administrativas, si las controversias han surgido por causa o con ocasión de la celebración, desarrollo, ejecución, interpretación, terminación y liquidación de contratos estatales, incluyendo las consecuencias económicas de los actos administrativos expedidos en ejercicio de facultades excepcionales, el laudo deberá proferirse en derecho.

Concordancias: Art. 116 C.P. y Art. 119 L. 1563 de 2012

Nota: Hoy en día la posición sobre la naturaleza jurídica del arbitraje no es unánime, dividiéndose en: (i) teoría jurisdiccional, (ii) teoría contractualista y (iii) teoría mixta. En Colombia hay mayor aplicación de la teoría mixta, toda vez que los árbitros administran transitoriamente justicia y al pacto arbitral le es aplicado las reglas propias de los negocios jurídicos, así como, dándole preponderancia a los conceptos de autonomía de la voluntad y el debido proceso.

Artículo 2: Clases de arbitraje

El arbitraje será ad hoc, si es conducido directamente por los árbitros, o institucional, si es administrado por un centro de arbitraje. A falta de acuerdo respecto de su naturaleza y cuando en el pacto arbitral las partes guarden silencio, el arbitraje será institucional. Cuando la controversia verse sobre contratos celebrados por una entidad pública o quien desempeñe funciones administrativas, el proceso se regirá por las reglas señaladas en la presente ley para el arbitraje institucional.

Los procesos arbitrales son de mayor cuantía cuando versen sobre pretensiones patrimoniales superiores a cuatrocientos salarios mínimos legales mensuales vigentes (400 smlmv) y de menor cuantía, los demás.

Cuando por razón de la cuantía o de la naturaleza del asunto no se requiera de abogado ante los jueces ordinarios, las partes podrán intervenir directamente en el arbitraje.

Concordancias: Arts. 38 y 68 L. 489 de 1998; Art. 2 L. 80 de 1993; Art. 104 Par. (CPACA); Art. 28 Dec. 196 de 1971; Art. 25 C.G.P.

Artículo 3: Pacto arbitral

El pacto arbitral es un negocio jurídico por virtud del cual las partes someten o se obligan a someter a arbitraje controversias que hayan surgido o puedan surgir entre ellas.

El pacto arbitral implica la renuncia de las partes a hacer valer sus pretensiones ante los jueces. El pacto arbitral puede consistir en un compromiso o en una cláusula compromisoria.

En el pacto arbitral las partes indicarán la naturaleza del laudo. Si nada se estipula al respecto, este se proferirá en derecho.

PARÁGRAFO. Si en el término de traslado de la demanda, o de su contestación, o de las excepciones previas, una parte invoca la existencia de pacto arbitral y la otra no la niega expresamente, ante los jueces o el tribunal de arbitraje, se entiende válidamente probada la existencia de pacto arbitral.

Concordancias: Arts. 13, 90 Par. 1, Art. 100 Num. 2 C.G.P.

Nota: El Parágrafo del artículo 3 hace referencia al denominado pacto ficto, derivada de esta redacción es claro que no resulta necesario la solemnidad escrita del pacto arbitral, dado que lo que resulta sustancialmente relevante es que quede probado el consentimiento de las partes.

El carácter solemne del pacto arbitral se ha venido atenuando tanto nacional como internacionalmente. En tal sentido, la LM CNUDMI establece en su artículo 7: “Además, se entenderá que el acuerdo de arbitraje es escrito cuando esté consignado en un intercambio de escritos de demanda y contestación en los que la existencia de un acuerdo sea afirmada por una parte sin ser negada por la otra”

Artículo 4: Cláusula compromisoria

La cláusula compromisoria, podrá formar parte de un contrato o constar en documento separado inequívocamente referido a él.

La cláusula compromisoria que se pacte en documento separado del contrato, para producir efectos jurídicos deberá expresar el nombre de las partes e indicar en forma precisa el contrato a que se refiere.

Concordancias: Art. 13 C.G.P.

Nota: Corte Constitucional. Magistrado Ponente Alberto Rojas Ríos. Sentencia C-602 de 2019.

Consejo de Estado. Magistrado Ponente Nicolas Yepes Corrales. Número de radicado: 11001-03-26-000-2023-00023-00 (69475). La Ley 1563 de 2012 no expresa nada en relación con las cláusulas escalonadas, por otro lado, el Código General del Proceso sí lo regulo en el inciso 2 del artículo 13 señalando en términos generales que no son de obligatoria observancia y su inatención no constituye incumplimiento del negocio jurídico. La Corte Constitucional en el análisis de exequibilidad del artículo señaló que si bien las cláusulas escalonadas si tienen eficacia de generar compromisos a los contratantes, estas mismas, no pueden afectar o generar una barrera de acceso a la justicia.

Artículo 5: Autonomía de la cláusula compromisoria

La inexistencia, ineficacia o invalidez del contrato no afecta la cláusula compromisoria. En consecuencia, podrán someterse a arbitraje las controversias en las que se debata la existencia, eficacia o validez del contrato y la decisión del tribunal será conducente aunque el contrato sea inexistente, ineficaz o inválido.

La cesión de un contrato que contenga pacto arbitral, comporta la cesión de la cláusula compromisoria.

Concordancias: Art. 30 L. 1563 de 2012

Nota: El estatuto arbitral en concordancia con el artículo 116 de la Constitución Política han resaltado como piedra angular del arbitraje la voluntad de las partes, no obstante, uno de los pocos casos que resulta ser imperativo es en cuanto al número de árbitros que en todo caso debe ser número impar.

Artículo 6: Compromiso

El compromiso podrá constar en cualquier documento, que contenga:

1. Los nombres de las partes.
2. La indicación de las controversias que se someten al arbitraje.

3. La indicación del proceso en curso, cuando a ello hubiere lugar. En este caso las partes podrán ampliar o restringir las pretensiones aducidas en aquel.

Artículo 7: Árbitros

Las partes determinarán conjuntamente el número de árbitros, que siempre será impar. Si nada se dice al respecto, los árbitros serán tres (3), salvo en los procesos de menor cuantía, caso en el cual el árbitro será único.

El árbitro debe ser colombiano y ciudadano en ejercicio; no haber sido condenado por sentencia judicial a pena privativa de la libertad, excepto por delitos políticos o culposos, ni estar inhabilitado para ejercer cargos públicos o haber sido sancionado con destitución.

En los arbitrajes en derecho, los árbitros deberán cumplir, como mínimo, los mismos requisitos exigidos para ser magistrado de Tribunal Superior de Distrito Judicial, sin perjuicio de las calidades adicionales exigidas por los reglamentos de los centros de arbitraje o por las partes en el pacto arbitral.

Concordancias: Art. 51 L. 1563 de 2012

Nota: El estatuto arbitral en concordancia con el artículo 116 de la Constitución Política han resaltado como piedra angular del arbitraje la voluntad de las partes, no obstante, uno de los pocos casos que resulta ser imperativo es en cuanto al número de árbitros que en todo caso debe ser número impar. Los requisitos para ser árbitro y el valor de las cuantías puede variar en cada reglamento.

Artículo 8: Designación de los árbitros

Las partes nombrarán conjuntamente los árbitros, o delegarán tal labor en un centro de arbitraje o un tercero, total o parcialmente. La designación a cargo de los centros de arbitraje se realizará siempre mediante sorteo, dentro de la especialidad jurídica relativa a la respectiva controversia y asegurando una distribución equitativa entre los árbitros de la lista.

Ningún árbitro o secretario podrá desempeñarse simultáneamente como tal, en más de cinco (5) tribunales de arbitraje en que intervenga como parte una entidad pública o quien ejerza funciones administrativas en los conflictos relativos a estas.

Exeq. C-305 de 2013: «*Declarar EXEQUIBLE por los cargos examinados en esta sentencia, el inciso segundo del artículo 8° de la L. 1563 de 2012*».

Concordancias: Art. 14 Lit. h) L. 1682 de 2013

Nota: Sentencia de la Sala Casación Civil Corte Suprema de Justicia. Magistrado Ponente Luis Gabriel Miranda. Proceso STL 15049-2017. Radicación No. 75551. 20 de septiembre de 2017. En arbitraje internacional, los reglamentos de diferentes centros prevén para que las partes si no han pactado nada en relación con la designación de árbitros puedan acudir al árbitro parte. En Colombia está definido que la designación de los árbitros debe hacerse por un acuerdo entre las partes y la Corte Suprema de Justicia ha señalado que la designación conjunta está fundamentada en el principio de voluntariedad o habilitación y acto contrario podría llegar al bloqueo de la constitución del tribunal. La postura mayoritaria en arbitraje nacional es considerar que el árbitro parte está prohibido.

Artículo 9: Secretarios

Los árbitros designarán un secretario quien deberá ser abogado y no podrá ser cónyuge o compañero permanente, ni tener relación contractual, de subordinación o dependencia, de parentesco hasta cuarto grado de consanguinidad o civil o segundo de afinidad, con ninguno de los árbitros. El secretario deberá ser escogido de la lista del centro en la que se adelante el procedimiento arbitral.

Exeq. C-305 de 2013: «*Declarar EXEQUIBLE, por los cargos examinados en esta sentencia, las expresiones "contractual, de subordinación o dependencia" y "El secretario deberá ser escogido de la lista del centro en la que se adelante el procedimiento arbitral" contenidas en el artículo 9° de la Ley 1563 de 2012"*

Artículo 10: Término

Si en el pacto arbitral no se señalare término para la duración del proceso, este será de seis (6) meses, contados a partir de la finalización de la primera audiencia de trámite. Dentro del término de duración del proceso, deberá proferirse y notificarse, incluso, la providencia que resuelve la solicitud de aclaración, corrección o adición.

Dicho término podrá prorrogarse una o varias veces, sin que el total de las prórrogas exceda de seis (6) meses, a solicitud de las partes o de sus apoderados con facultad expresa para ello.

Al comenzar cada audiencia el secretario informará el término transcurrido del proceso.

Concordancia: Arts. 11, 41 Num. 6 L. 1563 de 2012

Artículo 11: Suspensión

El proceso se suspenderá por solicitud de ambas partes con la limitación temporal prevista en esta ley y, además, desde el momento en que un árbitro se declare impedido o sea recusado, y se reanudará cuando se resuelva al respecto.

Igualmente, se suspenderá por inhabilidad, renuncia, relevo o muerte de alguno de los árbitros, hasta que se provea a su reemplazo.

Al término del proceso se adicionarán los días de suspensión, así como los de interrupción por causas legales. En todo caso, las partes o sus apoderados no podrán solicitar la suspensión del proceso por un tiempo que, sumado, exceda de ciento veinte (120) días.

No habrá suspensión por prejudicialidad.

Concordancia: Arts. 117, 145, 159, 160, 161 Num. 2, 163 C.G.P.

CAPÍTULO 2° TRÁMITE

Artículo 12: Iniciación del proceso arbitral

El proceso arbitral comenzará con la presentación de la demanda, que deberá reunir todos los requisitos exigidos por el Código de Procedimiento Civil, acompañada del pacto arbitral y dirigida al centro de arbitraje acordado por las partes. En su defecto, a uno del lugar del domicilio de la demandada, y si esta fuere plural, en el de cualquiera de sus integrantes. El centro de arbitraje que no fuere competente, remitirá la demanda al que lo fuere. Los conflictos de competencia que se susciten entre centros de arbitraje serán resueltos por el Ministerio de Justicia y del Derecho.

Si no hubiere centro de arbitraje en el domicilio acordado o en el del domicilio del demandado, la solicitud de convocatoria se presentará en el centro de arbitraje más cercano.

Tratándose de procesos en los que es demandada una entidad pública, el centro de arbitraje correspondiente deberá remitir comunicación a la Agencia Nacional de Defensa Jurídica del Estado, informando de la presentación de la demanda.

La remisión de la comunicación a que se refiere este inciso, es requisito indispensable para la continuación del proceso arbitral.

Exeq. C-765 de 2023: *«Declarar EXEQUIBLE, el aparte "El centro de arbitraje que no fuere competente, remitirá la demanda al que lo fuere" del artículo 12 de la Ley 1563 de 2012».*

Concordancias: Arts. 82, 83, 84, 85, 88, 206 C.G.P.; Art. 6 L. 2213 de 2022; Art. 164 Num. 2 Lit. j. C.P.A.C.A.

Artículo 13: Amparo de pobreza

El amparo de pobreza se concederá, total o parcialmente, en los términos del Código de Procedimiento Civil. Si hubiere lugar a la designación del apoderado, esta se hará a la suerte entre los abogados incluidos en la lista de árbitros del respectivo centro de arbitraje, salvo que el interesado lo designe.

Sin perjuicio de lo que resuelva el laudo sobre costas, el amparado quedará exonerado del pago de los honorarios y gastos del tribunal arbitral, sin que le corresponda a su contraparte sufragar lo que al amparado le hubiese correspondido pagar.

Concordancias: Arts. 151, 152, 153, 514, 155, 156 C.G.P

Nota: Corte Suprema de Justicia - Sala de Casación Civil. Magistrado Ponente Álvaro Fernando García Restrepo. Número de radicado: 05001-22-03-000-2021-00594-01. En esta sentencia establece que no puede el Tribunal determinar requisitos o cargas adicionales al solicitante, ya que el legislador solo estableció que el solicitante realice su petición bajo la gravedad de juramento, sin que se pueda establecer carga probatoria adicional.

Artículo 14: Integración del tribunal arbitral

Para la integración del tribunal se procederá así:

1. Si las partes han designado los árbitros, pero no consta su aceptación, el director del centro de arbitraje los citará por el medio que considere más expedito y eficaz, para que se pronuncien en el término de cinco (5) días. El silencio se entenderá como declinación.

Este mismo término y el efecto concedido al silencio, se aplicará para todos los eventos en que haya designación de árbitro y este deba manifestar su aceptación.

2. Si las partes no han designado los árbitros debiendo hacerlo, o delegaron la designación, el director del centro de arbitraje requerirá por el medio que considere más expedito y eficaz a las partes o al delegado, según el caso, para que en el término de cinco (5) días hagan la designación.

3. Si las partes delegaron al centro de arbitraje la designación de todos o alguno o varios de los árbitros, aquella se hará por sorteo dentro de los cinco (5) días siguientes a la solicitud de cualquiera de ellas.

4. En defecto de la designación por las partes o por el delegado, el juez civil del circuito, a solicitud de cualquiera de las partes, designará de plano, por sorteo, principales y suplentes, de la lista de árbitros del centro en donde se haya radicado la demanda, al cual informará de su actuación.

5. De la misma forma se procederá siempre que sea necesario designar un reemplazo.

6. Las partes, de común acuerdo, podrán reemplazar, total o parcialmente, a los árbitros con anterioridad a la instalación del tribunal.

Concordancias: Art. 19 Num. 3 C.G.P.; Art. 2.21 y ss. Reg. CAC CCB

Artículo 15: Deber de información

La persona a quien se comunique su nombramiento como árbitro o como secretario deberá informar, al aceptar, si coincide o ha coincidido con alguna de las partes o sus apoderados en otros procesos arbitrales o judiciales, trámites administrativos o cualquier otro asunto profesional en los que él o algún miembro de la oficina de abogados a la que pertenezca o haya pertenecido, intervenga o haya intervenido como árbitro, apoderado, consultor, asesor, secretario o auxiliar de la justicia en el curso de los dos (2) últimos años. Igualmente deberá indicar cualquier relación de carácter familiar o personal que sostenga con las partes o sus apoderados.

Si dentro de los cinco (5) días siguientes al recibo de la comunicación de aceptación, alguna de las partes manifestare por escrito dudas justificadas acerca de la imparcialidad o independencia del árbitro y su deseo de relevar al árbitro con fundamento en la información suministrada por este, se procederá a su reemplazo en la forma prevista para tal efecto, siempre y cuando los demás árbitros consideren justificada las razones para su reemplazo o el árbitro acepte expresamente ser relevado. Cuando se tratare de árbitro único o de la mayoría o de todos, decidirá el juez civil del circuito del lugar en donde funcione el tribunal de arbitraje. Cuando se trate de secretario, decidirán los árbitros.

Si durante el curso del proceso se llegare a establecer que el árbitro o el secretario no revelaron información que debieron suministrar al momento de aceptar el nombramiento, por ese solo hecho quedarán impedidos, y así deberán declararlo, so pena de ser recusados.

En todo caso, a lo largo del proceso, los árbitros y los secretarios deberán revelar sin demora cualquiera circunstancia sobrevenida, que pudiere generar en las partes dudas sobre su imparcialidad e independencia. Si cualquiera de estas considera que tal circunstancia afecta la imparcialidad o independencia del árbitro, los demás árbitros decidirán sobre su separación o continuidad, y si no hubiere acuerdo entre aquellos, o se tratare de árbitro único o de la mayoría o de todos, decidirá el juez civil del circuito del lugar en donde funcione el tribunal de arbitraje.

Exeq. C-538 de 2016: «*Declarar EXEQUIBLE, por los cargos analizados en esta sentencia, los apartes acusados del artículo 15 Ley 1563 de 2012*».

Exeq. C-305 de 2013: «*Declarar EXEQUIBLE, por el cargo examinado en esta sentencia, el artículo 15 Ley 1563 de 2012*».

Concordancias: Arts. 75 y 48 Inc. 1 L VC. 1563 de 2012; Art. 2.21 Reg. CAC CCB

Nota: El deber de información en Colombia es bastante amplio y no cuenta con parámetros objetivos para determinar qué se debe revelar, por lo cual es recomendable que los árbitros y secretarios al aceptar su cargo apliquen como guía las reglas generales en arbitraje internacional.

Artículo 16: Impedimentos y recusaciones

Los árbitros y los secretarios están impedidos y son recusables por las mismas causales previstas para los jueces en el Código de Procedimiento Civil, por las inhabilidades, prohibiciones y conflictos de intereses señalados en el Código Disciplinario Único, y por el incumplimiento del deber de información indicado en el artículo anterior.

En los arbitrajes en que sea parte el Estado o alguna de sus entidades, se aplicarán además de lo previsto en el inciso anterior las causales de impedimento y recusación previstas en el Código de Procedimiento Administrativo y de lo Contencioso Administrativo.

Los árbitros nombrados por el juez o por un tercero serán recusables dentro de los cinco (5) días siguientes a la comunicación de su aceptación a las partes o de la fecha en que la parte tuvo o debió tener conocimiento de los hechos, cuando se trate de circunstancias sobrevinientes.

Los árbitros nombrados por acuerdo de las partes no podrán ser recusados sino por motivos sobrevenidos con posterioridad a su designación, y dentro de los cinco (5) días siguientes a aquel en que la parte tuvo conocimiento de los hechos.

Concordancias: Arts. 140, 141, 142, 143, 146 C.G.P.; Art. 48 Inc. 1 L. 1563 de 2012; 130 del C.P.A.C.A.; 71 del C.G.D.

Artículo 17: Trámite de los impedimentos y las recusaciones

El árbitro que se declare impedido cesará inmediatamente en sus funciones y lo comunicará a quien o quienes lo designaron, para que procedan a reemplazado.

El árbitro o árbitros que fueren recusados se pronunciarán dentro de los cinco (5) días siguientes. Si el recusado o recusados aceptan la recusación o guardan silencio, cesarán inmediatamente en sus funciones, hecho que se comunicará a quien hizo la designación para que proceda a su reemplazo. Si el árbitro rechaza la recusación, los demás árbitros decidirán de plano. Si fueren recusados todos los árbitros o varios, o se tratare de árbitro único, decidirá en la misma forma el juez civil del circuito del lugar donde funcione el tribunal de arbitraje, para lo cual se remitirá la actuación que deberá ser sometida a reparto en el término de cinco (5) días.

La providencia que decide la recusación no será susceptible de ningún recurso.

Si el árbitro hubiese sido designado por el juez civil del circuito, en caso de impedimento o aceptación de la recusación, se remitirán a este, sin necesidad de reparto, las piezas procesales pertinentes con el fin de que proceda a la designación del árbitro que haya de reemplazar al impedido.

Concordancias: Arts. 2.60, 2.29 Reg. CAC CCB

Artículo 18: Impedimentos y recusaciones de magistrados

Los magistrados que conozcan de los recursos extraordinarios de anulación o revisión estarán impedidos y serán recusables conforme a las reglas generales del Código de Procedimiento Civil y, además, cuando respecto de ellos se configure alguna causal frente a quienes hubieran intervenido como árbitros, secretario o auxiliares de la justicia en el proceso arbitral.

Concordancias: Arts. 141 al 144 C.G.P.; Arts. 130 al 133 C.P.A.C.A.; Art. 71 del C.G.D.

Nota: El procedimiento para el trámite de recusación tendrá en cuenta lo establecido en los reglamentos de cada uno de los centros de arbitraje el C.G.P. y el C.P.A.C.A., siendo el juez civil del circuito el que decida en los casos de árbitro único o mayoría de los árbitros.

Artículo 19: Control disciplinario

En los términos de la Ley Estatutaria de la Administración de Justicia, el control disciplinario de los árbitros, los secretarios y los auxiliares de los tribunales arbitrales, se regirá por las normas disciplinarias de los servidores judiciales y auxiliares de la justicia.

Concordancias: Art. 70 del C.G.D.

Artículo 20: Instalación del tribunal

Aceptada su designación por todos los árbitros y, en su caso, cumplidos los trámites de recusación y reemplazo, el tribunal arbitral procederá a su instalación, en audiencia para la cual el centro de arbitraje fijará día y hora.

Si alguno de los árbitros no concurriere, podrá presentar excusa justificada de su inasistencia dentro de los tres (3) días siguientes. Si no presentare dicha excusa o, si presentada, no concurriere en la nueva fecha, se procederá a su reemplazo en la forma prevista en la presente ley.

En la audiencia de instalación el centro de arbitraje entregará a los árbitros el expediente.

El tribunal elegirá un Presidente y designará un Secretario, quien deberá manifestar por escrito su aceptación dentro de los cinco (5) días siguientes, y será posesionado una vez agotado el trámite de información o de reemplazo.

Sin perjuicio de lo que luego haya de decidir el tribunal sobre su propia competencia en la primera audiencia de trámite, la admisión, la inadmisión y el rechazo de la demanda se surtirán conforme a lo previsto en el Código de Procedimiento Civil. El tribunal rechazará de plano la demanda cuando no se acompañe prueba de la existencia de pacto arbitral, salvo que el demandante invoque su existencia para los efectos probatorios previstos en el parágrafo del artículo 3o. En caso de rechazo, el demandante tendrá un término de veinte (20) días hábiles para instaurar la demanda ante el juez competente para conservar los efectos derivados de la presentación de la demanda ante el centro de arbitraje.

El poder para representar a una cualquiera de las partes en la audiencia de instalación incluye además de las facultades legales que se le otorgan, la facultad para notificarse de todas las determinaciones que adopte el tribunal en la misma, sin que se pueda pactar lo contrario.

Concordancia. Arts. 42, 43, 82, 90, 94 C.G.P.; Art. 2.34; 2.60 Reg. CAC CCB

Nota: El artículo 90 del C.G.P. establece que el auto inadmisorio de la demanda no es susceptible de recurso alguno, sin embargo, algunos reglamentos de Centros de Arbitrajes hacen referencia a que todos los autos son susceptibles de recursos, incluyendo el auto inadmisorio.

Artículo 21: Traslado y contestación de la demanda

De la demanda se correrá traslado por el término de veinte (20) días. Vencido este, se correrá traslado al demandante por el término de cinco (5) días, dentro de los cuales podrá solicitar pruebas adicionales relacionadas con los hechos en que se funden las excepciones de mérito.

Es procedente la demanda de reconvención pero no las excepciones previas ni los incidentes. Salvo norma en contrario, los árbitros decidirán de plano toda cuestión que se suscite en el proceso.

PARÁGRAFO. La no interposición de la excepción de compromiso o cláusula compromisoria ante el juez implica la renuncia al pacto arbitral para el caso concreto.

Concordancias: Arts. 90 Par. 1, 91, 100 Num. 2, C.G.P; Art. 9 L. 2213 de 2022; Art. 2.35 Reg. CAC CCB; Art. 4.43 Reg. CCAA CCC; Art. 93 Reg. CCAA CCM

En relación con la notificación personal: Art. 8 L. 2213 de 2022, Art. 199 del C.P.A.C.A. modificado por Art. 48 L. 2080 de 2021 y Arts. 291 y 292 C.G.P.

Artículo 22: Reforma de la demanda

Notificado el demandado del auto admisorio de la demanda, esta podrá reformarse por una sola vez antes de la iniciación de la audiencia de conciliación prevista en esta ley.

Concordancias: Art. 93 C.G.P., Art. 2.39 Reg. CAC CCB

Nota: La oportunidad procesal para presentar la reforma de la demanda puede variar en los diferentes reglamentos de los Centros de Arbitraje, que deben ser revisado.

Nota: El artículo 97 del Reg. CCAA CCM establece que la demanda podrá reformarse por una sola vez, hasta dentro de los 10 días hábiles siguientes al vencimiento del término del traslado de las excepciones de mérito.

Artículo 23: Utilización de medios electrónicos

En el proceso arbitral podrán utilizarse medios electrónicos en todas las actuaciones y, en particular, para llevar a cabo todas las comunicaciones, tanto del tribunal con las partes como con terceros, para la notificación de las providencias, la presentación de memoriales y la realización de audiencias, así como para la guarda de la versión de las mismas y su posterior consulta.

La notificación transmitida por medios electrónicos se considerará recibida el día en que se envió, salvo que se trate de la notificación del auto admisorio de la demanda, caso en el cual se considerará hecha el día que se reciba en la dirección electrónica del destinatario.

Los árbitros, las partes y los demás intervinientes podrán participar en las audiencias a través de videoconferencia, teleconferencia o por cualquier otro medio técnico, bajo la dirección del tribunal arbitral.

La formación y guarda del expediente podrá llevarse íntegramente a través de medios electrónicos o magnéticos.

Los centros de arbitraje prestarán la debida colaboración a los árbitros y a las partes, y con tal fin pondrán a disposición de sus usuarios recursos tecnológicos idóneos, confiables y seguros.

Concordancias: Art. 103 C.G.P.; Art. 2 L. 2213 de 2022

Artículo 24: Audiencia de conciliación

Vencido el término de traslado de las excepciones de mérito propuestas contra la demanda inicial o la de reconvención, o contestadas sin que se hubieren propuesto excepciones, o vencido sin contestación el término de traslado de la demanda, el tribunal señalará día y hora para celebrar la audiencia de conciliación, a la que deberán concurrir tanto las partes como sus apoderados.

En la audiencia de conciliación el tribunal arbitral instará a las partes a que resuelvan sus diferencias mediante conciliación, para lo cual podrá proponerles fórmulas, sin que ello implique prejuzgamiento. Si las partes llegaren a una conciliación, el tribunal la aprobará mediante auto que hace tránsito a cosa juzgada y que, en caso de contener una obligación expresa, clara y exigible, prestará mérito ejecutivo.

El Ministerio Público y la Agencia Nacional de Defensa Jurídica del Estado podrán intervenir activamente en la audiencia con el fin de lograr que las partes concilien sus diferencias y expresar sus puntos de vista sobre las fórmulas que se propongan.

Concordancias: Arts. 2.36, 2.37 Reg. CAC CCB; Art. 4.44 Reg. CCAA CCC; Art. 94 Reg. CCAA CCM; Artis. 2.2.4.2.6.2.6. del Decreto 1069 de 2015

Nota: Se resalta que en algunos reglamentos de los Centros de Arbitraje la audiencia de conciliación es voluntaria y debe ser pedida por las partes.

Artículo 25: Fijación de honorarios y gastos

Fracasada en todo o en parte la conciliación, en la misma audiencia el tribunal fijará los honorarios y gastos mediante auto susceptible de recurso de reposición, que será resuelto inmediatamente. Para la fijación, tomará en cuenta la cuantía de las pretensiones de la demanda, determinada de conformidad con el Código de Procedimiento Civil. Si hubiere demanda de reconvención, tomará como base la de la cuantía mayor.

Lo anterior, sin perjuicio de que las partes, antes del nombramiento de los árbitros, acuerden los honorarios y así se lo comuniquen junto con su designación.

Concordancias: Art. 26 y 318 C.G.P.; Arts. 2.36, 2.38 Reg. CAC CC

Nota: En los últimos años, los tribunales arbitrales han tenido que analizar y asumir el reto de proceder con la fijación de honorarios cuando las pretensiones subsidiarias son las de mayor cuantía, lo cual ha llevado a la conclusión que son estas las que deben tenerse en cuenta sin importar su carácter de subsidiarias. Lo que debe realizar el Tribunal es ser preciso y claro al momento de calcular los honorarios con estas pretensiones.

Artículo 26: Límite de los honorarios y partida de gastos

Los árbitros tendrán como suma límite para fijar los honorarios de cada uno, la cantidad de mil salarios mínimos legales mensuales vigentes (1.000 smlmv). El Gobierno Nacional reglamentará las tarifas de honorarios y gastos.

En caso de árbitro único, los honorarios podrán incrementarse hasta en un cincuenta por ciento.

Los honorarios del secretario no podrán exceder de la mitad de los de un árbitro.

Cuando no fuere posible determinar la cuantía de las pretensiones, los árbitros tendrán como suma límite para fijar los honorarios de cada uno, la cantidad de quinientos salarios mínimos legales mensuales vigentes (500 smlmv).

Concordancias: Dec. 1069 de 2015, Dec. 1885 de 2021, Art. 9.1 y ss. Reg. CAC CCB

Artículo 27: Oportunidad para la consignación

En firme la regulación de honorarios y gastos, cada parte consignará, dentro de los diez (10) días siguientes, lo que a ella corresponda. El depósito se hará a nombre del presidente del tribunal, quien abrirá para su manejo una cuenta especial en una entidad sujeta a la vigilancia de la Superintendencia Financiera. Dicha cuenta deberá contener la indicación del tribunal arbitral y en ella solo podrán administrarse los recursos de este.

Si una de las partes consigna lo que le corresponde y la otra no, aquella podrá hacerlo por esta dentro de los cinco (5) días siguientes. Si no se produjere el reembolso, la acreedora podrá demandar su pago por la vía ejecutiva ante la justicia ordinaria. Para tal efecto le bastará presentar la correspondiente certificación expedida por el presidente del tribunal con la firma del secretario. En la ejecución no se podrá alegar excepción diferente a la de pago. La certificación solamente podrá ser expedida cuando haya cobrado firmeza la providencia mediante la cual el tribunal se declare competente.

De no mediar ejecución, las expensas pendientes de reembolso se tendrán en cuenta en el laudo para lo que hubiere lugar. A cargo de la parte incumplida, se causarán intereses de mora a la tasa más alta autorizada, desde el vencimiento del plazo para consignar y hasta el momento en que cancele la totalidad de las sumas debidas.

Vencidos los términos previstos para realizar las consignaciones sin que estas se hubieren efectuado, el tribunal mediante auto declarará concluidas sus funciones y extinguidos los efectos del pacto arbitral para el caso.

PARÁGRAFO. Cuando una parte se encuentre integrada por varios sujetos, no se podrá fraccionar el pago de los honorarios y gastos del tribunal y habrá solidaridad entre sus integrantes respecto de la totalidad del pago que a dicha parte corresponda.

Concordancias: Art. 94 C.G.P.

Nota: Consejo de Estado del 3 de marzo de 2023, Número 110001-03-15-000-2023-00029-00. Magistrada Ponente Adriana Marín. La norma establece que, si una de las partes no paga los honorarios que le corresponde dentro del término de los 10 días, la otra cuenta con 5 días siguientes al vencimiento del primer plazo, sin que esté determinado en la norma ni sea obligación del presidente o secretario emitir una comunicación sobre la falta del pago de los honorarios por una de las partes, ni que, si se da algún comunicado posterior, sea desde ahí que se deba contabilizar el término.
En arbitraje nacional y a diferencia de arbitraje internacional, el efecto del no pago de los honorarios, en arbitraje nacional es claro, expreso y de los pocos casos que el pacto arbitral se extingue, distinto al arbitraje internacional en el que el no pago, genera la terminación de las funciones del tribunal más las partes para resolver sus diferencias deberán acudir a otro tribunal arbitral. En arbitraje nacional, a diferencia de lo que sucede en arbitraje internacional, el efecto del no pago de los honorarios, es claro, expreso y conlleva a la extinción del pacto arbitral. Distinto sucede en arbitraje internacional donde el no pago, genera la terminación de las funciones del tribunal pero las partes para resolver sus diferencias deberán acudir a otro tribunal arbitral.
Por otro lado, el no pago de los honorarios, genera la consecuencia de que no haya interrupción del término de prescripción y podrá operar la caducidad, a diferencia de los casos de: (i) no vinculación de todos los litisconsortes necesarios conforme lo señalado en el artículo 36 Ley 1563 de 2012, (ii) prospere las causales de anulación 3 a 7 del artículo 44 de la Ley 1563 de 2012, (iii) sea rechazada la demanda en los términos del artículo 20 de la Ley 1563 de 2012, (iv) no se asuma competencia de acuerdo con el artículo 30 de la Ley 1563 de 2012.

Artículo 28: Distribución de honorarios

Una vez el tribunal se declare competente, el presidente entregará a cada uno de los árbitros y al secretario la mitad de los honorarios, y al centro de arbitraje la totalidad de lo correspondiente a él; el resto quedará depositado en la cuenta destinada exclusivamente para el efecto. El presidente distribuirá el saldo de honorarios una vez terminado el arbitraje por voluntad de las partes o por ejecutoria del laudo o de la providencia que decida sobre su aclaración, corrección o complementación.

Terminado el proceso o decidido el recurso de anulación, el presidente hará la liquidación final de gastos y, con la correspondiente cuenta razonada, devolverá el saldo a las partes.

Concordancias: Art. 9.3 Reg. CAC CCB

Nota: En algunos reglamentos la distribución de honorarios se hace de manera diferente como en el caso de Reg. CAC CCB: a. A la declaración de competencia del tribunal un 25%. b. Luego del cumplimiento de la etapa probatoria, un 25% adicional. c. En el momento de presentación de los alegatos de conclusión, un 25% adicional. d. El saldo de los honorarios causados a favor de los árbitros y del secretario, se distribuirá, una vez terminado el arbitraje o por ejecutoria del laudo o de la providencia que lo aclare, corrija o complemente.

Artículo 29: Procesos sometidos a la justicia ordinaria o contencioso administrativa

El tribunal de arbitraje es competente para resolver sobre su propia competencia y su decisión prevalece sobre cualquier otra proferida en sentido contrario por un juez ordinario o contencioso administrativo. Lo anterior, sin perjuicio de lo previsto en el recurso de anulación.

Si del asunto objeto de arbitraje estuviere conociendo la justicia ordinaria o la contencioso administrativa, y no se hubiere proferido sentencia de única o primera instancia o terminado por desistimiento, transacción o conciliación; el tribunal arbitral solicitará al respectivo despacho judicial la remisión del expediente y este deberá proceder en consecuencia.

Si dicho arbitraje no concluyere con laudo, el proceso judicial continuará ante el juez que lo venía conociendo, para lo cual el presidente del tribunal devolverá el expediente. Las pruebas practicadas y las actuaciones surtidas en el trámite arbitral conservarán su validez.

Nota: Este es uno de los casos en que expresamente se contempla la interrupción de la prescripción y hace inoperante la caducidad, siempre y cuando se presente la demanda en justicia ordinaria o contencioso administrativo dentro del término establecido por la ley.

Artículo 30: Primera audiencia de trámite

Una vez consignada la totalidad de los honorarios y gastos, el tribunal arbitral celebrará la primera audiencia de trámite con la asistencia de todos sus miembros, en la cual resolverá sobre su propia competencia para decidir de fondo la controversia mediante auto que solo es susceptible de recurso de reposición. Si decidiere que no es competente para conocer de ninguna de las pretensiones de la demanda y la reconvención, se extinguirán los efectos del pacto arbitral para el caso concreto, y se devolverá a las partes, tanto la porción de gastos no utilizada, como los honorarios recibidos. En este caso, para conservar los efectos derivados de la presentación de la demanda ante el centro de arbitraje, el demandante tendrá un término de veinte (20) días hábiles para instaurar la demanda ante el juez competente.

En caso de que el tribunal se declare competente por mayoría de votos, el árbitro que haya salvado voto, cesará inmediatamente en sus funciones y será reemplazado en la forma prevista en esta ley. Nombrado el reemplazo, se reanudará y terminará la primera audiencia de trámite.

Por último, el tribunal resolverá sobre las pruebas pedidas por las partes y las que de oficio estime necesarias.

Concluida la audiencia, comenzará a contarse el término de duración del proceso.

Concordancias: Arts. 94 y 318 del C.G.P.; Art. 32 Inc. 7 L. 1563 de 2012

Artículo 31: Audiencias y pruebas

El tribunal en pleno realizará las audiencias que considere necesarias, con o sin participación de las partes. Las audiencias podrán realizarse por cualquier sistema que permita la comunicación de los participantes entre sí.

El tribunal y las partes tendrán, respecto de las pruebas, las mismas facultades y deberes previstos en el Código de Procedimiento Civil y las normas que lo modifiquen o complementen. Las providencias que decreten pruebas no admiten recurso alguno; las que las nieguen son susceptibles de reposición. Cuando la prueba haya de practicarse en el exterior, se aplicarán los tratados vigentes sobre la materia y, en subsidio, las normas del Código de Procedimiento Civil, en lo pertinente. En este caso, cuando en el proceso se hayan practicado todas las pruebas y sólo faltare la prueba en el exterior, los árbitros podrán suspender de oficio el proceso arbitral, mientras se practicare la misma.

En la audiencia de posesión del perito, el tribunal fijará prudencialmente la sumas que deberán consignar a buena cuenta de los honorarios de aquel, tanto la parte que solicitó la prueba, como la que formuló preguntas adicionales dentro del término que al efecto le señale el tribunal, so pena de que se entienda desistida la prueba respecto de la parte que no hizo la consignación. El tribunal fijará en su oportunidad los honorarios del perito e indicará qué parte o partes deberán cancelarlos y en qué proporción, y dispondrá el reembolso a que hubiere lugar.

El perito rendirá la experticia en el término que prudencialmente le señale el tribunal. Presentado el dictamen, de él se correrá traslado a las partes por un término de hasta diez (10) días, dentro del cual aquellas podrán solicitar aclaraciones o complementaciones, que si el tribunal estimare procedentes, habrá de atender el perito en informe que será puesto en conocimiento de las partes por el mismo término.

En ningún caso habrá lugar a trámite especial de objeción del dictamen por error grave. Dentro del término de su traslado, o del de sus aclaraciones o complementaciones, las partes podrán presentar experticias para controvertirlo. Adicionalmente, el tribunal, si lo considera necesario, convocará a una audiencia a la que deberán concurrir obligatoriamente el perito y los demás expertos, que podrán ser interrogados por el tribunal y por las partes.

Los honorarios definitivos del perito se fijarán luego de concluida esta audiencia si a ella se hubiere convocado; en caso contrario, una vez surtido el traslado del dictamen pericial, sus aclaraciones o complementaciones.

Concordancias: Sección Tercera C.G.P., Art. 107 C.G.P.; Art. 7 Ley 2213 de 2022.

Nota: Corte Suprema de Justicia, sala Casación Civil, Agraria y Rural. Magistrado Ponente Octavio Augusto Tejeiro Duque. Sentencia del 3 de julio de 2024. Radicado No. 11001-02-03-000-2024-01206-00. En esta sentencia se analiza la situación relativa al fallecimiento del perito que ha elaborado el dictamen pericial, toda vez que este está compuesto tanto por la parte escrita como las declaraciones siempre y cuando se haya requerido —por la parte o por el Tribunal— y esta causa de inasistencia no está contemplado en el artículo 228 del C.G.P. ni en las demás reglas adjetivas y es una eventualidad ajena a la voluntad de los sujetos procesales, pudiendo ocurrir alguno de los siguientes escenarios: (i) si es elaborado por varios autores y los otros están en capacidad e absolver el cuestionario, deberá hacerlo, (ii) si el perito ha sido citado en ejercicio de las facultades para el Tribunal de citar de oficio al perito, podrá desistir de la práctica del interrogatorio del perito, (iii) ofrecer la posibilidad que quien aportó el dictamen, tenga la posibilidad de aportar otro experto o (iv) conceder plazo para aportar otro dictamen de parte distinto.

Artículo 32: Medidas cautelares

A petición de cualquiera de las partes, el tribunal podrá ordenar las medidas cautelares que serían procedentes de tramitarse el proceso ante la justicia ordinaria o la contencioso administrativa, cuyos decretos, práctica y levantamiento se someterán a las normas del Código de Procedimiento Civil, el Código de Procedimiento Administrativo y de lo Contencioso Administrativo y a las disposiciones especiales pertinentes. El tribunal podrá comisionar al juez civil municipal o del circuito del lugar en donde deba practicarse la medida cautelar. Cuando se trate de procesos arbitrales en que sea parte una entidad pública o quien desempeñe funciones administrativas, además de la posibilidad de comisionar a los referidos jueces civiles, el tribunal de arbitraje podrá comisionar al juez administrativo, si lo considera conveniente.

Adicionalmente, el tribunal podrá decretar cualquier otra medida cautelar que encuentre razonable para la protección del derecho objeto del litigio, impedir su infracción o evitar las consecuencias derivadas de la misma, prevenir daños, hacer cesar los que se hubieren causado o asegurar la efectividad de la pretensión.

Para decretar la medida cautelar, el tribunal apreciará la legitimación o interés para actuar de las partes y la existencia de la amenaza o la vulneración del derecho.

Asimismo, el tribunal tendrá en cuenta la apariencia de buen derecho, como también la necesidad, efectividad y proporcionalidad de la medida y, si lo estimare procedente, podrá decretar una menos gravosa o diferente de la solicitada. El tribunal establecerá su alcance, determinará su duración y podrá disponer, de oficio o a petición de parte, la modificación, sustitución o cese de la medida cautelar adoptada.

Cuando se trate de medidas cautelares relacionadas con pretensiones pecuniarias, el demandado podrá impedir su práctica o solicitar su levantamiento o modificación mediante la prestación de una caución para garantizar el cumplimiento de la eventual sentencia favorable al demandante o la indemnización de los perjuicios por la imposibilidad de cumplirla. No podrá prestarse caución cuando las medidas cautelares no estén relacionadas con pretensiones económicas o procuren anticipar materialmente el fallo.

Para que sea decretada cualquiera de las anteriores medidas cautelares innominadas, el demandante deberá prestar caución equivalente al veinte por ciento (20%) del valor de las pretensiones estimadas en la demanda, para responder por las costas y perjuicios derivados de su práctica. Sin embargo, el tribunal, de oficio o a petición de parte, podrá aumentar o disminuir el monto de la caución cuando lo considere razonable, o fijar uno superior al momento de decretar la medida.

Si el tribunal omitiere el levantamiento de las medidas cautelares, la medida caducará automáticamente transcurridos tres (3) meses desde la ejecutoria del laudo o de la providencia que decida definitivamente el recurso de anulación. El registrador o a quien le corresponda, a solicitud de parte, procederá a cancelarla.

PARÁGRAFO. Las medidas cautelares también podrán tener como objeto recaudar elementos de prueba que pudiesen ser relevantes y pertinentes para la controversia.

Quien ejerza funciones jurisdiccionales, podrá decretar medidas cautelares para este propósito en los procesos sometidos a su conocimiento, sean o no procesos arbitrales.

Concordancias: Arts. 382, 384 Num. 7, 590, 591, 603, 604 C.G.P.; Arts. 230, 231, 232, 233, 234 y 235 del C.P.A.C.A.

Nota: Consejo de Estado. Magistrado Ponente Cesar Palomino Cortes. Número de radicado: 11001-03-15-000-2018-01177-01(AC). Las medidas cautelares innominadas en el arbitraje están en función de garantizar los efectos del laudo, por lo que también es el único estatuto procesal que contempla las medidas cautelares probatorias, pero aplicable a otras jurisdicciones. Finalmente, en relación con las medidas cautelares y la terminación de los trámites arbitrales por causa distinta al laudo, no hay norma expresa en la Ley 1563 de 2012, por lo que debe acudirse al inciso 7 del presente artículo. Finalmente, en relación a las medidas cautelares nominadas de otros proceso no declarativos la postura de la Corte Suprema de Justicia ha sido reiterada y así se mantiene en las decisiones arbitrales, en cuanto a que no se pueden incorporar a los procesos declarativos como medidas innominadas. Corte Suprema de Justicia —Sala de Casación Civil—. Magistrado Ponente Luis Armando Tolosa Villabona. Sentencia del 23 de octubre de 2019. Número de Radicado: 11001-02-03-000-2019-02955-00

Artículo 33: Audiencias de alegatos y de laudo

Concluida la instrucción del proceso, el tribunal oirá en audiencia las alegaciones de las partes por un espacio máximo de una hora cada cual, sin que interese el número de sus integrantes. En el curso de la audiencia, las partes podrán entregar sus alegaciones por escrito. A continuación el tribunal señalará día y hora para audiencia de laudo, en la que se dará lectura a la parte resolutiva de este.

Concordancias: Art. 132 del C.G.P. Arts. 2.53 y 2.54 Reg. CAC CCB; Art. 4.60 Reg. CCAA CCC

Artículo 34: Inasistencia de los árbitros

El árbitro que deje de asistir por dos (2) veces a las audiencias sin justificación, o en tres (3) ocasiones con excusa justificada, quedará, sin más, relevado del cargo. Los árbitros restantes darán aviso a quien lo designó para que proceda a su reemplazo.

Concordancias: Art. 48 Inc. 1 L. 1563 de 2012

Artículo 35: Cesación de funciones del tribunal

El tribunal cesará en sus funciones:

1. Cuando no se haga oportunamente la consignación de gastos y honorarios prevista en la presente ley.
2. Por voluntad de las partes.
3. Cuando el litisconsorte necesario que no suscribió el pacto arbitral no sea notificado o no adhiera oportunamente al pacto arbitral.
4. Por la expiración del término fijado para el proceso o el de su prórroga.
5. Por la ejecutoria del laudo o, en su caso, de la providencia que resuelva sobre la aclaración, corrección o adición.
6. Por la interposición del recurso de anulación, sin menoscabo de la competencia del tribunal arbitral para la sustentación del recurso.

Concordancias: Arts. 10, 20, 27, 30, 36, 40 y 44 L. 1563 de 2012; Art. 302 C.G.P.

CAPÍTULO 3° INTEGRACIÓN DEL CONTRADICTORIO, OTRAS PARTES Y TERCEROS

Artículo 36: Integración del contradictorio

Cuando por la naturaleza de la relación jurídica debatida en el proceso, el laudo haya de generar efectos de cosa juzgada para personas que no estipularon el pacto arbitral, el tribunal ordenará la citación personal de todas ellas para que manifiesten si adhieren o no al pacto. La notificación personal de la providencia que así lo ordene, se llevará a cabo dentro de los diez (10) días siguientes a la fecha de su decreto.

Los citados manifestarán expresamente su decisión de adherir al pacto arbitral dentro de los cinco (5) días siguientes. De no hacerlo, el tribunal declarará extinguidos los efectos del compromiso o de la cláusula compromisoria para dicha controversia. Igual pronunciamiento se hará cuando no se logre notificar a los citados. En la misma providencia en la que se declaren extinguidos los efectos del pacto arbitral, los árbitros ordenarán el reintegro a las partes de la totalidad de los honorarios. En estos eventos, no se considerará interrumpida la prescripción y operará la caducidad, salvo que se promueva el respectivo proceso ante el juez dentro de los veinte días (20) hábiles siguientes a la ejecutoria de la providencia referida en este inciso.

Si todos los citados adhieren al pacto arbitral, el tribunal fijará la contribución que a ellos corresponda en los honorarios y gastos generales.

Cuando se trate de integración del contradictorio con quien haya suscrito el pacto arbitral, se ordenará su notificación personal, surtida la cual, el citado tendrá veinte (20) días para pronunciarse, según corresponda a su condición de parte activa o pasiva. Vencido este término, el proceso continuará su trámite.

Concordancias: Art. 61 C.G.P.; Art. 35 Num. 3 L. 1563 de 2012

Nota: Este es uno de los casos en que expresamente se contempla la interrupción de la prescripción y hace inoperante la caducidad, en los casos de litisconsorcio necesario, siempre y cuando se presente dentro del término legal.

Nota: Consejo de Estado. Sección Tercera. Magistrado Ponente Mauricio Fajardo Gómez. Sentencia del 25 de septiembre de 2013. Número de radicación: 25000-23-26-000-1997-03930-01(19933). En esta sentencia establece las diferencias entre consorcio y unión temporal y su determinación como sujetos procesales en jurisdicción ordinaria y contenciosos administrativo.

Artículo 37: Intervención de otras partes y terceros

La intervención en el proceso arbitral del llamado en garantía, del denunciado en el pleito, del interviniente excluyente y demás partes, se someterá a lo previsto en las normas que regulan la materia en el Código de Procedimiento Civil. Los árbitros fijarán la cantidad adicional a su cargo por concepto de honorarios y gastos del tribunal, mediante providencia susceptible de recurso de reposición. La suma correspondiente deberá ser consignada dentro de los diez (10) días siguientes.

Tratándose de interviniente excluyente que no haya suscrito el pacto arbitral, su demanda implica la adhesión al pacto suscrito entre las partes iniciales. En caso de que el interviniente excluyente que haya suscrito pacto arbitral o que haya adherido a él, no consigne oportunamente, el proceso continuará y se decidirá sin su intervención, salvo que la consignación la efectúe alguna otra parte interesada, aplicando en lo pertinente el artículo 27.

Cuando el llamado en garantía o denunciado en el pleito, que ha suscrito el pacto arbitral o ha adherido a él, no consigna oportunamente, el proceso continuará y se decidirá sin su intervención, salvo que la consignación la efectúe alguna otra parte interesada, aplicando en lo pertinente el artículo 27.

En los casos de llamamiento en garantía y de denuncia del pleito, la existencia del pacto arbitral también podrá probarse conforme a lo previsto en el parágrafo del artículo 3o.

Si se trata de coadyuvante o llamado de oficio, su intervención se someterá a lo previsto en las normas que regulan la materia en el Código de Procedimiento Civil para esta clase de terceros. En este caso, el tribunal le dará aplicación al inciso primero de esta norma y el no pago hará improcedente su intervención.

PARÁGRAFO 1o. Cuando se llame en garantía a una persona que ha garantizado el cumplimiento de las obligaciones derivadas de un contrato que contiene pacto arbitral, aquella quedará vinculada a los efectos del mismo.

PARÁGRAFO 2o. En ningún caso las partes o los reglamentos de los centros de arbitraje podrán prohibir la intervención de otras partes o de terceros.

Exeq. C-170 de 2014: *«Declarar EXEQUIBLE, únicamente por el cargo estudiado en esta sentencia, el parágrafo 1° del artículo 37 de la Ley 1563 de 2012».*

Concordancias: Art. 62, 63, 64, 65, 66, 68, 71, 72, C.G.P.

CAPÍTULO 4° LAUDO ARBITRAL Y RECURSOS

Artículo 38: Adopción del laudo arbitral

El laudo se acordará por mayoría de votos y será firmado por todos los árbitros, incluso por quien hubiere salvado el voto.

La falta de firma de alguno de los árbitros no afecta la validez del laudo.

El árbitro disidente expresará por escrito los motivos de su discrepancia, el mismo día en que se profiera el laudo.

Lo anterior también se aplica a quien pretenda aclarar el voto.

Concordancias: Arts. 280, 281, 282, 283 C.G.P.

Nota: El artículo 115 del Reg. CCAA CCM establece que a partir de la ejecutoria del auto por el cual se asuma competencia y hasta antes de que se surta la audiencia de alegatos, el tribunal podrá dictar laudo anticipado, final o parcial, en los eventos previstos en el artículo 278 del C.G.P.

Artículo 39: Aclaración, corrección y adición del laudo

Dentro de los cinco (5) días siguientes a su notificación, el laudo podrá ser aclarado, corregido y complementado de oficio; asimismo, podrá serlo a solicitud de parte, formulada dentro del mismo término.

Concordancias: Arts. 285, 286, 287 C.G.P.

Artículo 40: Recurso extraordinario de anulación

Contra el laudo arbitral procede el recurso extraordinario de anulación, que deberá interponerse debidamente sustentado, ante el tribunal arbitral, con indicación de las causales invocadas, dentro de los treinta (30) días siguientes a su notificación o la de la providencia que resuelva sobre su aclaración, corrección o adición. Por secretaría del tribunal se correrá traslado a la otra parte por quince (15) días sin necesidad de auto que lo ordene. Vencido aquel, dentro de los cinco (5) días siguientes, el secretario del tribunal enviará los escritos presentados junto con el expediente a la autoridad judicial competente para conocer del recurso.

Artículo 41: Causales del recurso de anulación

Contra el laudo arbitral procede el recurso extraordinario de anulación, que deberá interponerse debidamente sustentado, ante el tribunal arbitral, con indicación de las causales invocadas, dentro de los treinta (30) días siguientes a su notificación o la de la providencia que resuelva sobre su aclaración, corrección o adición. Por secretaría del tribunal se correrá traslado a la otra parte por quince (15) días sin necesidad de auto que lo ordene. Vencido aquel, dentro de los cinco (5) días siguientes, el secretario del tribunal enviará los escritos presentados junto con el expediente a la autoridad judicial competente para conocer del recurso.

Son causales del recurso de anulación:

1. La inexistencia, invalidez ~~absoluta~~ o inoponibilidad del pacto arbitral.

2. La caducidad de la acción, la falta de jurisdicción o de competencia.

3. No haberse constituido el tribunal en forma legal.

4. Estar el recurrente en alguno de los casos de indebida representación, o falta de notificación o emplazamiento, siempre que no se hubiere saneado la nulidad.

5. Haberse negado el decreto de una prueba pedida oportunamente o haberse dejado de practicar una prueba decretada, sin fundamento legal, siempre y cuando se hubiere alegado la omisión oportunamente mediante el recurso de reposición y aquella pudiera tener incidencia en la decisión.

6. Haberse proferido el laudo o la decisión sobre su aclaración, adición o corrección después del vencimiento del término fijado para el proceso arbitral.

7. Haberse fallado en conciencia o equidad, debiendo ser en derecho, siempre que esta circunstancia aparezca manifiesta en el laudo.

8. Contener el laudo disposiciones contradictorias, errores aritméticos o errores por omisión o cambio de palabras o alteración de estas, siempre que estén comprendidas en la parte resolutiva o influyan en ella y hubieran sido alegados oportunamente ante el tribunal arbitral.

9. Haber recaído el laudo sobre aspectos no sujetos a la decisión de los árbitros, haber concedido más de lo pedido o no haber decidido sobre cuestiones sujetas al arbitramento.

Las causales 1, 2 y 3 sólo podrán invocarse si el recurrente hizo valer los motivos constitutivos de ellas mediante recurso de reposición contra el auto de asunción de competencia.

La causal 6 no podrá ser alegada en anulación por la parte que no la hizo valer oportunamente ante el tribunal de arbitramento, una vez expirado el término.

Inexeq. C-527A de 2014: *«Declarar INEXEQUIBLE, la expresión: "absoluta", contenida en el numeral 1 del artículo 41 de la Ley 1563 de 2012».*

Concordancias: Art. 48 Inc. 4 L. 1563 de 2012

Nota: En relación con las causales del recurso de anulación, estamos frente a 9 causales, a pesar de la taxatividad propia de los recursos extraordinarios, tanto a nivel de Tribunal Superior como de Consejo de Estados, se ha puesto de presente situaciones que pueden derivar en la anulación del laudo arbitral, un ejemplo claro es la causal andina y es que los Tribunales deben solicitar al Tribunal Andino realizar la interpretación prejudicial de ciertas normas andinas tal y como se señaló en la decisión que resolvió el recurso de anulación promovido por Claro contra ETB. Otro asunto de fondo que se ha venido desarrollado como causal de anulación es la importancia de dejar expreso en el laudo la decisión sobre la totalidad de pretensiones y excepciones, para precaver que el Tribunal incurra en la causal 9, tal y como, quedo señalado en reciente decisión del Tribunal Superior de Bogotá del 21 de noviembre de 2024, bajo radicado 1100122030002024027 24 00, Magistrado Marco Antonio Álvarez Gómez. Finalmente, sobre la causal tercera que es en relación con la constitución del tribunal, tiene relación con el artículo 15 de la Ley

1563 de 2012, pero más aún el amplio espectro que tiene este deber, como ya lo indicamos previamente y lo que da para distintas interpretaciones como se puede ver en la sentencia del Consejo de Estado del 21 de julio de 2016, bajo radicado 11001-03-26-000-2015-00148-00 (55.477) y consejero ponente Jaime Orlando Santofimio.

Artículo 42: Trámite del recurso de anulación

La autoridad judicial competente rechazará de plano el recurso de anulación cuando su interposición fuere extemporánea, no se hubiere sustentando o las causales invocadas no correspondan a ninguna de las señaladas en esta ley.

Admitido el recurso, el expediente pasará al despacho para sentencia, que deberá proferirse dentro de los tres (3) meses siguientes. En ella se liquidarán las condenas y costas a que hubiere lugar.

La interposición y el trámite del recurso extraordinario de anulación no suspenden el cumplimiento de lo resuelto en el laudo, salvo cuando la entidad pública condenada solicite la suspensión.

La autoridad judicial competente en la anulación no se pronunciará sobre el fondo de la controversia, ni calificará o modificará los criterios, motivaciones, valoraciones probatorias o interpretaciones expuestas por el tribunal arbitral al adoptar el laudo.

Artículo 43: Efectos de la sentencia de anulación

Cuando prospere cualquiera de las causales señaladas en los numerales 1 a 7 del artículo 1, se declarará la nulidad del laudo. En los demás casos, este se corregirá o adicionará.

Cuando se anule el laudo por las causales 1 o 2, el expediente se remitirá al juez que corresponda para que continúe el proceso a partir del decreto de pruebas. La prueba practicada dentro del proceso arbitral conservará su validez y tendrá eficacia, respecto de quienes tuvieron la oportunidad de controvertirla.

Cuando se anule el laudo por las causales 3 a 7, el interesado podrá convocar un tribunal arbitral, en el que conservarán validez las pruebas debidamente practicadas, y en lo posible las actuaciones que no hubieren resultado afectadas por la anulación.

La sentencia que anule el laudo total o parcialmente cumplido, ordenará las restituciones a que hubiere lugar.

De la ejecución del laudo conocerá la justicia ordinaria o la contencioso administrativa, según el caso.

Si el recurso no prospera se condenará en costas al recurrente, salvo que dicho recurso haya sido presentado por el Ministerio Público.

Artículo 44: Prescripción y caducidad

Se considerará interrumpida la prescripción y no operará la caducidad, cuando se anule el laudo por cualquiera de las causales 3 a 7, siempre que la parte interesada presente la solicitud de convocatoria de tribunal arbitral dentro de los tres (3) meses siguientes a la ejecutoria de la sentencia.

Concordancias: Art. 94 C.G.P.

Artículo 45: Recurso de revisión

Tanto el laudo como la sentencia que resuelva sobre su anulación, son susceptibles del recurso extraordinario de revisión por las causales y mediante el trámite señalado en el Código de Procedimiento Civil. Sin embargo, quien tuvo oportunidad de interponer el recurso de anulación no podrá alegar indebida representación o falta de notificación. Cuando prospere el recurso de revisión, la autoridad judicial dictará la sentencia que en derecho corresponda.

Concordancias: Arts. 354, 355, 356, 357, 358, 359, 360 C.G.P.

Artículo 46: Competencia

Para conocer del recurso extraordinario de anulación de laudos arbitrales, será competente la Sala Civil del Tribunal Superior de Distrito Judicial del lugar en donde hubiese funcionado el tribunal de arbitraje.

Será competente para conocer del recurso extraordinario de revisión de laudos arbitrales la Sala Civil de la Corte Suprema de Justicia.

Cuando se trate de recurso de anulación y revisión de laudo <sic> arbitrales en los que intervenga una entidad pública o quien desempeñe funciones administrativas, será competente la Sección Tercera de la Sala de lo Contencioso Administrativo del Consejo de Estado.

Concordancias: Art. 31 Num. 5 C.G.P; Art. 104 Num. 7 C.P.A.C.A.

Artículo 47: Registro y archivo

El laudo ordenará su inscripción en el correspondiente registro, cuando a ello hubiere lugar, y el archivo del expediente en el centro en el que se hubiese adelantado el proceso, respecto del cual este podrá expedir copias y autorizar desgloses. Transcurridos tres (3) años, el centro podrá disponer que el expediente se conserve por cualquier medio técnico que garantice su reproducción.

Del mismo modo se procederá cuando el proceso termine por cualquiera otra causa.

Cuando el expediente sea digital, se procederá a su registro y conservación en este mismo formato.

CAPÍTULO 5° PÉRDIDA Y REEMBOLSO DE HONORARIOS

Artículo 48: Pérdida y reembolso de honorarios

Los árbitros perderán la totalidad de los honorarios y quedarán obligados a reembolsar al presidente los ya recibidos, en los casos de renuncia, remoción por inasistencia, prosperidad de la recusación y falta a los deberes de información.

La muerte, inhabilidad o incapacidad del árbitro no genera obligación de reembolsar los honorarios recibidos.

El árbitro que se negare a firmar el laudo arbitral, perderá el derecho a recibir la segunda parte de los honorarios. Cuando el tribunal cese en sus funciones por expiración del término fijado para el proceso o su prórroga sin haber expedido el laudo, los árbitros y el secretario perderán el derecho a recibir sus honorarios, quedando incluso obligados a restituir a las partes lo que ya se les hubiere pagado o consignado.

Si el recurso de anulación prospera con fundamento en las causales 3 a 5 y 7 previstas en esta ley, los árbitros reembolsarán a las partes la segunda mitad de los honorarios recibidos.

Concordancias: Arts. 15, 16, 17, 34, 41 L. 1563 de 2012; Art. 9.3 Num. 3 Reg. CAC CCB

Artículo 49: Intervención del Ministerio Público

El Ministerio Público está facultado para actuar en los procesos arbitrales y en los trámites de amigable composición en los que intervenga una entidad pública o quien desempeñe funciones administrativas, en defensa del orden jurídico, del patrimonio público y los derechos y garantías fundamentales. A dicho propósito, el centro de arbitraje o los amigables componedores informarán a la Procuraduría General de la Nación sobre la fecha en la que se realizará la instalación del respectivo tribunal de arbitraje o la diligencia de apertura, según corresponda.

Igual información deberá darse a la Agencia Nacional de Defensa Jurídica del Estado.

Concordancias: Art. 277 Num 7 C.P.; Art. 46 Num. 1 C.G.P.; Art. 300 C.P.A.C.A

CAPÍTULO 6° CENTROS DE ARBITRAJE

Artículo 50: Creación

Las entidades públicas y las personas jurídicas sin ánimo de lucro podrán crear centros de arbitraje con autorización del Ministerio de Justicia y del Derecho, previo cumplimiento de los siguientes requisitos:

1. Estudio de factibilidad desarrollado de acuerdo con la metodología que para el efecto determine el Ministerio.
2. Acreditar suficiencia de recursos administrativos y financieros.

Artículo 51: Reglamentos de los centros de arbitraje

Cada centro de arbitraje expedirá su reglamento, sujeto a la aprobación del Ministerio de Justicia y del Derecho, que deberá contener:

1. El procedimiento para la conformación de las listas de árbitros, amigables componedores y secretarios, los requisitos que ellos deben reunir, las causas de su exclusión, los trámites de inscripción, y la forma de hacer su designación.
2. Las tarifas de honorarios de árbitros y secretarios.
3. Las tarifas de gastos administrativos.
4. Los mecanismos de información al público en general relativa a los procesos arbitrales y las amigables composiciones.
5. Las funciones del director.
6. La estructura administrativa.
7. Las reglas de los procedimientos arbitrales y de amigable composición, con el fin de que estos garanticen el debido proceso.

Artículo 52: Control, inspección y vigilancia

El Ministerio de Justicia y del Derecho ejercerá el control, inspección y vigilancia de los centros de arbitraje.

CAPÍTULO 7° ARBITRAJE AD HOC

Artículo 53: Designación de árbitros en el arbitraje ad hoc

Las partes designarán el o los árbitros, según lo previsto en el pacto arbitral. Si formulada solicitud por una de las partes a la otra para la designación del o los árbitros, esta no colabora o guarda silencio, la peticionaria podrá acudir al juez civil del circuito competente, acompañando prueba sumaria de haber agotado el trámite anterior, para que este proceda al nombramiento del árbitro *ad hoc,* dentro de los cinco (5) días siguientes al recibo de la solicitud, mediante auto que no es susceptible de recurso alguno.

Artículo 54: Aceptación de los árbitros

Ambas partes o una de ellas, o el juez, según el caso, comunicarán a los árbitros la designación por el medio que consideren más expedito y eficaz, para que en el término de cinco (5) días se pronuncien. Si alguno de los árbitros no acepta o guarda silencio, se procederá a su reemplazo por quien lo hubiese designado.

Artículo 55: Deber de información e impedimentos y recusaciones

Las reglas sobre el deber de información, impedimentos y recusaciones previstas para el arbitraje institucional son aplicables a los árbitros y secretarios de tribunales *ad hoc.*

Concordancias: Art. 15 L. 1563 de 2012

Artículo 56: Instalación del tribunal

Los árbitros, una vez aceptado su nombramiento, convocarán a la audiencia de instalación del tribunal, en la que designarán presidente y señalarán el lugar en el que deberá presentarse la demanda, dentro de los quince (15) días siguientes. De no presentarse la demanda oportunamente, se extinguirá el pacto arbitral, y las partes quedarán en libertad de acudir a la justicia ordinaria.

El lugar indicado para presentar y contestar la demanda, será también el de funcionamiento del tribunal, a menos que posteriormente las partes dispongan lo contrario.

Salvo que lo decidan los árbitros, en el tribunal *ad hoc* no será necesario designar secretario.

Artículo 57: Trámite

A la demanda, su notificación, traslado, contestación, oportunidad para pedir pruebas, fijación y consignación de honorarios y gastos, recursos y, en general, al trámite del proceso del arbitraje *ad hoc,* le serán aplicables las reglas previstas en esta ley para el arbitraje institucional.

CAPÍTULO 8° REGLAS DE PROCEDIMIENTO

Artículo 58: Reglas de procedimiento

En los arbitrajes en que no sea parte el Estado o alguna de sus entidades, los particulares podrán acordar las reglas de procedimiento a seguir, directamente o por referencia a las de un centro de arbitraje, respetando, en todo caso los principios constitucionales que integran el debido proceso, el derecho de defensa y la igualdad de las partes. En el evento en que las partes no establecieren reglas o el centro seleccionado para adelantar el trámite no tuviere reglamento de procedimientos debidamente aprobado, se aplicarán las reglas establecidas para cada caso en la presente ley.

Concordancias: Art. 29 C.P.; Arts. 4, 14 C.G.P.; Art. 4.4. Reg. CCAA CCC

SECCIÓN SEGUNDA. AMIGABLE COMPOSICIÓN

Artículo 59: Definición

La amigable composición es un mecanismo alternativo de solución de conflictos, por medio del cual, dos o más particulares, un particular y una o más entidades públicas, o varias entidades públicas, o quien desempeñe funciones administrativas, delegan en un tercero, denominado amigable componedor, la facultad de definir, con fuerza vinculante para las partes, una controversia contractual de libre disposición.

El amigable componedor podrá ser singular o plural.

La amigable composición podrá acordarse mediante cláusula contractual o contrato independiente.

Nota: Consejo de Estado. Consejero Ponente José Roberto Sáchica Méndez. Sentencia del 23 de septiembre de 2022. Rad. 25000232600020080014103. En esta sentencia el Consejo de Estado manifestó que la amigable composición es un acto jurídico complejo compuesta por el contrato de composición, el contrato de mandato y la decisión adoptada por el amigable componedor. De igual forma, determinó que en el escenario de la amigable composición de contratos estatales el medio de control dispuesto para debatir la validez del convenio de composición es el de controversias contractuales, teniendo en cuenta la naturaleza contractual de la amigable composición. El término de caducidad del medio de control será de dos años contados a partir de la ejecutoria de la decisión del componedor, de acuerdo con el procedimiento establecido por las partes.

Nota: Consejo de Estado. Sección Tercera. Consejero Ponente William Barrera Muñoz. Sentencia del 22 de mayo de 2024. Rad. 25000232600020060065001. En esta sentencia se definieron tres grandes elementos de la amigable composición: i) el acuerdo de composición, el cual es un mecanismo autocompositivo y autónomo que solamente produce efectos inter-partes respecto de los aspectos que fueron objeto del encargo; ii) las reglas del mandato, ya que, el componedor actúa en nombre y por cuenta de las partes del contrato y su actuar se limita específicamente a lo que estos le hayan encargado y; iii) los efectos del contrato de transacción, es decir, hace tránsito a cosa juzgado y produce mérito ejecutivo.

Nota: Tribunal arbitral de la Cámara de Comercio de Bogotá (laudo del 13 de julio de 2018, partes sociedad concesionaria Vial Montes de María S.A.S. contra Agencia Nacional de Infraestructura —ANI—) hace un análisis completo e integral de la figura de la amigable composición, resaltando asuntos como: (i) los amigables componedores no actúan en ejercicio de funciones jurisdiccionales ni administrando justicia, sus funciones son como mandatarios, (ii) se está frente a un negocio jurídico, (iii) destaca que el camino para debatir la decisión del amigable componedor es por la vía de la nulidad o rescisión - Sección tercera del Consejo de Estado (sentencia del 15 de abril de 2015, exp. 38053) y nunca las causales de anulación del laudo y (iii) la trascendencia, importancia y recuento de la figura en la contratación estatal.

Artículo 60: Efectos

El amigable componedor obrará como mandatario de las partes y, en su decisión, podrá precisar el alcance o forma de cumplimiento de las obligaciones derivadas de un negocio jurídico, determinar la existencia o no de un incumplimiento contractual y decidir sobre conflictos de responsabilidad suscitados entre las partes, entre otras determinaciones.

La decisión del amigable componedor producirá los efectos legales propios de la transacción.

Concordancias: Art. 2469 ss. C.C., Art. 312 C.G.P.

Nota: Corte Constitucional. Magistrado Ponente Rodrigo Escobar Gil. Sentencia T-017 de 2005. En esta sentencia se indica que la amigable composición tiene origen contractual y por lo tanto no se somete a trámites procesales ni es susceptible de recursos procesales. Adicionalmente, manifestó que es un contrato adicional al negocio original, que es celebrado por el amigable componedor como representante de las partes y produce los mismos efectos de la transacción.

Nota: Consejo de Estado. Consejero Ponente Javier Ignacio Pulido Solano. Sentencia del 20 de febrero de 2014. Rad. 25000232600020010167801 En cuanto a la naturaleza del amigable componedor, el Consejo de Estado manifestó que este no ejerce función pública y, por lo tanto, su decisión solamente podrá ser atacada en sede judicial a través del medio de control de controversias contractual con fundamento en las causales de invalidez de los contratos del Código Civil y la declaratoria de nulidad producirá efectos ex tunc.

Nota: A nivel internacional la figura utilizada por excelencia es los *dispute boards*, estos son paneles que por esencia son permanentes y son equipos que están durante toda la vigencia del contrato, cuyo fin último es encargarse de la prevención y la solución temprana de conflictos que pueda ocurrir en la ejecución y por su misma naturaleza estos paneles mantienen el histórico del contrato. Como se puede evidenciar no es factible de ninguna manera asimilar a la amigable composición figura netamente diseñada en el ordenamiento colombiano.

Nota: La posición del Consejo de Estado ha evolucionado respecto de las consecuencias de la extralimitación de las funciones del amigable componedor. Inicialmente, en Sentencia del 11 de octubre de 2021 (Consejo de Estado. Sección Tercera. Consejero Ponente Alberto Montaña. Sentencia del 11 de octubre de 2021) la Sala equiparó la falta de asignación de competencia de las partes al amigable componedor con la falta de capacidad del numeral 1 del artículo 1502 C.C. Posteriormente, en Sentencia del 13 de marzo de 2024 (Consejo de Estado. Sección Tercera. Consejero Ponente Nicolás Yepes Corrales. Sentencia del 13 de marzo de 2024), la Sala consideró que la extralimitación de las facultades asignadas al componedor no es susceptible de nulidad absoluta, sino que el contrario se debe pretender la declaratoria de inoponibilidad, ya que siguiendo las reglas del mandato son inoponibles al mandante todos los actos realizados por el mandatario por fuera o extralimitando los poderes otorgados. Finalmente, en Sentencia del 22 de mayo de 2024 (Consejo de Estado. Sección Tercera. Consejero Ponente William Barrera Muñoz. Sentencia del 22 de mayo de 2024. Rad. 25000-23-26-000-2006-00650-01 (42.442)) se estableció que la amigable composición sigue las reglas de todo acto jurídico, de tal forma que puede ser demandada por nulidad absoluta y relativa, las cuales se producen al momento de la celebración del negocio y no por situaciones posteriores propias de su ejecución, así que la extralimitación no es una cuestión de nulidad, sino de incumplimiento del contrato de mandato.

Nota: En el Laudo de Arbitraje CCI No. 28184/AJP, el Tribunal Arbitral revocó la decisión del amigable componedor y la reemplazó por una nueva, por considerar que el componedor había excedido el mandato conferido en el contrato entre las partes al haber modificado el contrato y decidido en contra del mismo, cuando ello estaba expresamente prohibido en la cláusula de amigable composición del contrato suscrito entre las partes. Actualmente se ha iniciado el proceso ante el Consejo de Estado.

Artículo 61: Designación y procedimiento

Salvo convención en contrario, el amigable componedor no tendrá que ser abogado.

Las partes podrán determinar libremente el número de amigables componedores. A falta de tal acuerdo, el amigable componedor será único.

Las partes podrán nombrar al amigable componedor directamente o delegar en un tercero su designación. El tercero delegado por las partes para nombrar al amigable componedor puede ser una persona natural o jurídica. A falta de acuerdo previo entre las partes, se entenderá que se ha delegado la designación a un, centro de arbitraje del domicilio de la parte convocada escogido a prevención por la parte convocante.

El procedimiento de la amigable composición podrá ser fijado por las partes directamente, o por referencia a un reglamento de amigable composición de un centro de arbitraje, siempre que se respeten los derechos de las partes a la igualdad y a la contradicción de argumentos y pruebas.

A falta de acuerdo entre las partes, se entenderán acordadas las reglas de procedimiento del centro de arbitraje del domicilio de la parte convocada, escogido a prevención por la parte convocante.

De no existir un centro de arbitraje en el domicilio de la parte convocada, la parte convocante podrá escoger cualquier centro de arbitraje del país para la designación y el procedimiento a seguir a falta de acuerdo expreso.

Concordancias: Art. 7.4. ss. Reg. CAC CCB

SECCIÓN TERCERA. ARBITRAJE INTERNACIONAL

CAPÍTULO 1° DISPOSICIONES GENERALES

Artículo 62: Ámbito de aplicación

Las normas contenidas en la presente sección se aplicarán al arbitraje internacional, sin perjuicio de cualquier tratado multilateral o bilateral vigente en Colombia.

Las disposiciones de la presente sección, con excepción de los artículos 70, 71, 88, 89, 90 y 111 a 116 se aplicarán únicamente si la sede del arbitraje se encuentra en territorio colombiano.

La presente sección no afectará ninguna otra ley colombiana en virtud de la cual determinadas controversias no sean susceptibles de arbitraje o se puedan someter a arbitraje únicamente de conformidad con disposiciones que no sean las de la presente ley.

Se entiende que el arbitraje es internacional cuando:

a) Las partes en un acuerdo de arbitraje tengan, al momento de la celebración de ese acuerdo, sus domicilios en Estados diferentes; o

b) El lugar del cumplimiento de una parte sustancial de las obligaciones o el lugar con el cual el objeto del litigio tenga una relación más estrecha, está situado fuera del Estado en el cual las partes tienen sus domicilios; o

c) La controversia sometida a decisión arbitral afecte los intereses del comercio internacional.

Para los efectos de este artículo:

1. Si alguna de las partes tiene más de un domicilio, el domicilio será el que guarde una relación más estrecha con el acuerdo de arbitraje.

2. Si una parte no tiene ningún domicilio, se tomará en cuenta su residencia habitual.

Ningún Estado, ni empresa propiedad de un Estado, ni organización controlada por un Estado, que sea parte de un acuerdo de arbitraje, podrá invocar su propio derecho para impugnar su capacidad para ser parte en un arbitraje o la arbitrabilidad de una controversia comprendida en un acuerdo de arbitraje.

Nota: Art. 1 LM CNUDMI. Inciso segundo incluye las enmiendas realizadas a la LM CNUDMI en 2006. Art. I CNY. El literal c) del inciso 4 constituye una adición importante hecha por la norma al texto original de la LM CNUDMI. Al respecto, ver sentencia de 27 de febrero de 2020, nº 11001-03-26-000-2018-00012-00 del Consejo de Estado (Sección Tercera - Sala Plena). La determinación del carácter internacional del laudo arbitral ha sido objeto de discusión en múltiples casos, como la decisión tomada por la Corte Suprema de Justicia el 3 de noviembre de 2021, SC4887-2021.

Artículo 63: Definiciones

Para los efectos regulados en la presente sección:

1. *"arbitraje"* significa cualquier arbitraje con independencia de que sea o no una institución arbitral permanente la que haya de administrado;

2. *"tribunal arbitral"* significa tanto un solo árbitro como una pluralidad de árbitros;

3. *"autoridad judicial"* significa la autoridad judicial en particular que debe conocer determinados asuntos en los términos de la presente ley.

Nota: Art. 2 LM CNUDMI. Los literales d), e) y f) del texto original de la LM CNUDMI fueron trasladados al artículo siguiente, constituyendo ahora los incisos 3, 4 y 5 respectivamente.

Artículo 64: Carácter internacional y reglas de interpretación

En la interpretación del arbitraje internacional habrán de tenerse en cuenta su carácter internacional y la necesidad de promover la uniformidad de su aplicación y la observancia de la buena fe.

Las cuestiones reguladas en materia de arbitraje internacional que no estén expresamente resueltas en ella se resolverán de conformidad con los principios generales que la inspiran.

Cuando una disposición de la presente sección, excepto el artículo 101, deje a las partes la facultad de decidir libremente sobre un asunto, esa facultad entraña la de autorizar a un tercero, incluida una institución, para que adopte esa decisión.

Cuando una disposición de la presente sección, se refiera a un acuerdo que las partes hayan celebrado o que puedan celebrar o cuando, en cualquier otra forma, se refiera a un acuerdo entre las partes, se entenderán comprendidas en ese acuerdo todas las disposiciones del reglamento de arbitraje en él mencionado.

Cuando una disposición de la presente sección, excepto el numeral 1 del artículo 98 y el literal a) del numeral 2 del artículo 105, se refiera a una demanda, se aplicará también a una reconvención, y cuando se refiera a una contestación, se aplicará asimismo a la contestación de esa reconvención.

Nota: Art. 2 A LM CNUDMI. Incluido con las enmiendas del año 2006 a la LM CNUDMI.

Artículo 65: Recepción de comunicaciones escritas

Salvo acuerdo en contrario de las partes:

a) Toda notificación o comunicación se considerará recibida el día en que haya sido entregada personalmente al destinatario o en que haya sido entregada en la dirección señalada en el contrato o, en su defecto, en la dirección o residencia habitual o lugar de actividades principales de aquel. Si, tras una indagación razonable, no pudiere determinarse ninguno de esos lugares, se considerará recibida el día en que haya sido entregada, o intentada su entrega, por correo certificado o cualquier otro medio que deje constancia del intento de entrega en la última dirección o residencia habitual o lugar de actividades principales conocidos del destinatario;

b) La comunicación por medios electrónicos podrá dirigirse a una dirección que haya sido designada o autorizada para tal efecto.

La notificación transmitida por medios electrónicos se considerará recibida el día en que se envió, salvo que se trate de la notificación de arbitraje, caso en cual se considerará hecha el día que se reciba en la dirección electrónica del destinatario.

Las disposiciones de este artículo no se aplican a las comunicaciones surtidas en un procedimiento ante una autoridad judicial.

Nota: Art. 3 LM CNUDMI. En lo relativo a las comunicaciones en procedimientos ante autoridades judiciales, es aplicable la ley 2213 de 2022.

Artículo 66: Renuncia al derecho a objetar

La parte que prosiga el arbitraje conociendo que no se ha cumplido alguna disposición de la presente sección de la que las partes puedan apartarse o algún requisito del acuerdo de arbitraje y no exprese su objeción a tal incumplimiento tan pronto sea posible o, si se prevé un plazo para hacerlo, dentro de este, no podrá formular objeción alguna posteriormente.

Concordancia: Art. 4 LM CNUDMI.

Nota: Ver Sentencia de 2 de Agosto de 2004. Corte Superior de Lima. Expediente 265-2003.

Artículo 67: Alcance de la intervención de la autoridad judicial

En los asuntos que se rijan por la presente sección, no podrá intervenir ninguna autoridad judicial, salvo en los casos y para los propósitos en que esta sección expresamente así lo disponga.

Concordancia: Art. 5 LM CNUDMI.

Nota: Corte Suprema de Justicia. Sentencia de 15 de Enero de 2019. Radicación n.° 11001-02-03-000-2016-03020-00. Magistrado Ponente Dr. Aroldo Quiroz Monsalvo.

"Para que en este recurso se haga efectivo el principio de mínima intervención judicial en el arbitraje, se han establecido especialmente las siguientes reglas: (i) ausencia de revisión sustancial, (ii) taxatividad de las causales, (iii) armonización internacional, e (iv) indisponibilidad; las cuales se explicarán en lo sucesivo."

Artículo 68: Autoridad judicial competente

La autoridad judicial competente para ejercer las funciones a que se refieren los artículos 71, 73 numerales 5 y 6, 76 numeral 2, 77 numeral 1, 88 inciso 1 y 3, 89, 90, 100, 111 y 116 será el juez civil del circuito. No obstante, cuando se trate de tribunales arbitrales en los que sea parte una entidad pública colombiana o quien ejerza funciones administrativas colombianas, lo será el juez administrativo.

La anulación a que se refiere el artículo 108 y el reconocimiento y ejecución previstos en el artículo 113, serán de competencia de la Sala de Casación Civil de la Corte Suprema de Justicia.

Cuando se trate de anulación de laudos proferidos por tribunales arbitrales con sede en Colombia en los que sea parte una entidad pública colombiana o quien ejerza funciones administrativas colombianas, la competencia para conocer del recurso de anulación previsto en el artículo 108, corresponderá a la Sala Plena de la Sección Tercera de la Sala de lo Contencioso Administrativo del Consejo de Estado.

En el evento de reconocimiento y ejecución de laudos proferidos por tribunales arbitrales con sede por fuera de Colombia en los que sea parte una entidad pública colombiana o quien ejerza funciones administrativas colombianas, la competencia para conocer del reconocimiento y ejecución previstos en el artículo 113, corresponderá a la Sala Plena de la Sección Tercera de la Sala de lo Contencioso Administrativo del Consejo de Estado.

Concordancia: Art. 30 C.G.P., Art. 6 LM CNUDMI

CAPÍTULO 2° ACUERDO DE ARBITRAJE

Artículo 69: Definición y forma del acuerdo de arbitraje

El "acuerdo de arbitraje" es aquel por el cual las partes deciden someter a arbitraje todas o algunas controversias que hayan surgido o puedan surgir entre ellas respecto de una determinada relación jurídica, contractual o no. El acuerdo de arbitraje podrá adoptar la forma de una cláusula compromisoria o la de un acuerdo independiente.

El acuerdo de arbitraje deberá constar por escrito:

a) Se entenderá que el acuerdo de arbitraje consta por escrito cuando quede constancia de su contenido en cualquiera forma, ya sea que el acuerdo de arbitraje o contrato se haya concertado verbalmente, o mediante la ejecución de ciertos actos o por cualquier otro medio.

b) El requisito de que un acuerdo de arbitraje conste por escrito se entenderá cumplido con una comunicación electrónica si la información contenida en ella es accesible para su ulterior consulta. Por "comunicación electrónica" se entenderá toda comunicación que las partes hagan por medio de mensajes de datos. Por "mensaje de datos" se entenderá la información generada, enviada, recibida o archivada por medios electrónicos, magnéticos, ópticos o similares, entre otros, el intercambio electrónico de datos, el correo electrónico, el telegrama, el télex o el telefax.

c) Además, se entenderá que el acuerdo de arbitraje es escrito cuando esté contenido en un intercambio de escritos de demanda y contestación en los que la existencia de un acuerdo sea afirmada por una parte sin ser negada por la otra.

d) La referencia hecha en un contrato a un documento que contenga una cláusula compromisoria constituye un acuerdo de arbitraje por escrito, siempre que dicha referencia implique que esa cláusula forma parte del contrato.

Nota: Art. 7 Opción I LM CNUDMI, en la versión aprobada con las enmiendas de 2006. Corte Suprema de Justicia. Sentencia de 15 de Enero de 2019. Radicación n.° 11001-02-03-000-2016-03020-00. Magistrado Ponente Dr. Aroldo Quiroz Monsalvo.

"El mandato 69 del actual estatuto morigeró la necesidad de esta formalidad (en referencia al requisito de escritura del pacto arbitral), al otorgar efectos jurídicos a cualquier acto inequívoco de sometimiento a este mecanismo de solución de controversias, al margen de su forma de expresión." Paréntesis de aclaración fuera de texto original.

Artículo 70: Acuerdo de arbitraje y demanda en cuanto al fondo ante una autoridad judicial

La autoridad judicial a la que se someta un litigio sobre un asunto que es objeto de un acuerdo de arbitraje remitirá a las partes al arbitraje si lo solicita cualquiera de ellas, a más tardar, en la oportunidad para la contestación de la demanda.

No obstante haberse entablado ante la autoridad judicial la acción a que se refiere el inciso anterior, se podrán iniciar o proseguir la actuación arbitral y dictar un laudo aunque la cuestión esté pendiente ante la autoridad judicial.

Nota: Art. 8 LM CNUDMI. El texto de la norma colombiana excluye la frase "a menos que se compruebe que dicho acuerdo es nulo, ineficaz o de ejecución imposible.", contenido al final del inciso primero en la LM CNUDMI.

Artículo 71: Acuerdo de arbitraje y decreto de medidas cautelares por una autoridad judicial

Cualquiera de las partes, con anterioridad a las actuaciones arbitrales o durante el transcurso de las mismas, podrá solicitar de una autoridad judicial la adopción de medidas cautelares y esta podrá decretarlas, sin que por ello se entienda que ha renunciado al acuerdo de arbitraje.

Concordancia: Art. 68 L. 1563 de 2012

Nota: De conformidad con el artículo 68 de la presente ley, la autoridad judicial competente de que trata el presente artículo es el juez civil del circuito o el juez administrativo, dependiendo de si alguna de las partes intervinientes es una entidad pública colombiana o quien ejerza funciones administrativas.

Nota: Si bien el sentido de la norma es concordante con el contemplado en el Art. 9 LM CNUDMI, la redacción adoptada en el presente artículo difiere totalmente de la usada en la LM CNUDMI. Ver sentencia de la División Civil de la Corte de Apelaciones de Inglaterra y Gales, 11 de Abril de 2006, caso Dadourian Group Int Inc v Simms & Ors, en donde la Corte delinea criterios relevantes a tener en cuenta al momento de conceder una medida cautelar por una autoridad judicial.

CAPÍTULO 3° COMPOSICIÓN DEL TRIBUNAL ARBITRAL

Artículo 72: Número de árbitros

Las partes podrán determinar libremente el número de árbitros, que, en todo caso, será impar. A falta de tal acuerdo, los árbitros serán tres.

Nota: Art. 10 LM CNUDMI. El mandato que indica la necesidad de que el Tribunal Arbitral esté constituido por un número impar de miembros no se encuentra en la redacción original del artículo en la LM CNUDMI.

Artículo 73: Nombramiento de los árbitros

En el nombramiento de árbitros en el arbitraje internacional:

1. La nacionalidad de una persona no será obstáculo para que actúe como árbitro.

2. Los árbitros podrán ser o no abogados, a elección de las partes.

3. Para representar a las partes ante el tribunal arbitral no es necesaria la habilitación como abogado en el lugar de la sede del arbitraje, ni tener dicha nacionalidad.

4. Las partes podrán acordar libremente el procedimiento para la designación del árbitro o los árbitros.

5. A falta de acuerdo:

a) En el arbitraje con árbitro único, si las partes no consiguen ponerse de acuerdo sobre la designación del árbitro dentro de los treinta (30) días contados a partir de la solicitud de una de ellas, la autoridad judicial procederá al nombramiento a instancia de cualquiera de las partes;

b) En el arbitraje con tres árbitros, cada parte nombrará un árbitro y los dos árbitros así designados nombrarán al tercero; si una parte no nombra al árbitro dentro de los treinta (30) días siguientes al recibo de requerimiento de la otra parte para que lo haga, o si los dos árbitros no consiguen ponerse de acuerdo sobre el tercero dentro de los treinta (30) días contados desde la comunicación de su nombramiento, la designación será hecha por la autoridad judicial, a petición de cualquiera de ellas.

6. Cuando en un trámite de nombramiento convenido por las partes:

a) Una parte no actúe conforme a lo estipulado en dicho trámite; o

b) Las partes, o los árbitros, no puedan llegar a acuerdo conforme al mencionado trámite; o

c) Un tercero, incluida una institución, no cumpla la función correspondiente, cualquiera de las partes podrá solicitar a la autoridad judicial que nombre el árbitro o adopte la medida necesaria, a menos que en el acuerdo sobre el trámite de nombramiento se prevean otros medios para conseguirlo.

7. Al nombrar un árbitro, la autoridad judicial tendrá en cuenta las condiciones de este requeridas por las partes y tomará las medidas necesarias para garantizar el nombramiento de persona independiente e imparcial. En el caso de árbitro único o del tercer árbitro, apreciará la conveniencia de nombrar un árbitro de nacionalidad distinta a la de las partes.

8. Ninguna decisión sobre las cuestiones encomendadas en los numerales 5, 6 o 7 del presente artículo a la autoridad judicial tendrá recurso alguno.

Concordancias: Art. 68 L. 1563 de 2012

Nota: De conformidad con el artículo 68 de la presente ley, la autoridad judicial competente de que trata el presente artículo es el juez civil del circuito o el juez administrativo, dependiendo de si alguna de las partes intervinientes es una entidad pública colombiana o quien ejerza funciones administrativas.

Nota: El presente artículo se encuentra basado en el Art. 11 LM CNUDMI. En el presente caso, la norma contempla, a falta de acuerdo de las partes en tribunales colegiados, hacer uso de la figura denominada "árbitro de parte", en donde cada parte puede, unilateralmente, designar un árbitro.

Artículo 74: Arbitraje entre partes con varios sujetos o entre más de dos partes

Cuando haya de nombrarse tres árbitros y exista pluralidad de demandantes o de demandados, los integrantes de cada parte actuarán conjuntamente, en su condición de demandantes o demandados, para el nombramiento de su respectivo árbitro, a menos que hayan convenido valerse de otro método para el nombramiento de los árbitros.

De no ser posible la integración del tribunal de acuerdo con el inciso anterior, cualquiera de las partes podrá solicitar a la autoridad judicial que nombre el árbitro o adopte la medida necesaria.

Nota: El presente artículo no se encuentra contemplado en la LM. La situación en que una parte esté constituida por diversos sujetos ha sido analizada por la Corte de Casación Francesa (Primera Cámara Civil) en decisión de 7 de enero de 1992, en el caso de Dutco c. BKMI y Siemens (Caso Dutco), en donde la igualdad de las partes para designar árbitros ha sido sostenida por encima de la autonomía de la voluntad. Como consecuencia de dicha decisión, reglamentos como el de la I.C.C. en su versión 2021 (Artículos 12 (8) y 12 (9)) han modificado su aproximación al tema, concediendo facultades a las autoridades nominadoras para actuar en casos en donde el mecanismo de designación pueda resultar injusta o afectar la validez del laudo. Recientemente, la Corte de Casación Francesa (Primera Cámara Civil) emitió la decisión de 9 de noviembre de 2022, en el caso de Vidatel c. PT Ventures, Mercury and Geni, cual constituye una continuación de la posición del caso Dutco.

Artículo 75: Motivos de recusación

La persona a quien se comunique su posible nombramiento como árbitro deberá revelar todas las circunstancias que puedan dar lugar a dudas justificadas acerca de su imparcialidad o independencia. El árbitro, desde el momento de su nombramiento y durante todas las actuaciones arbitrales, revelará oportunamente tales circunstancias a las partes.

Un árbitro sólo podrá ser recusado si existen circunstancias que den lugar a dudas justificadas respecto de su imparcialidad o independencia, o si no posee las calidades convenidas por las partes.

Una parte sólo podrá recusar al árbitro nombrado por ella, o en cuyo nombramiento haya participado, por causas de las que haya tenido conocimiento después de hecha la designación.

Nota: El presente artículo se basa en el artículo 12 de la LM. Siguiendo la misma línea, no determina parámetros o causales que delimiten en casos específicos la falta de imparcialidad o independencia de un árbitro. Con notoria relevancia, las Directrices de la IBA sobre Conflictos de Interés en el Arbitraje Internacional (Directrices IBA Sobre Conflictos de Interés), actualmente en su versión vigente de 2024, constituyen un documento de uso frecuente al momento de aportar criterios relevantes para determinar la independencia e imparcialidad de un árbitro. De conformidad con el *survey* realizado por la Universidad de *Queen Mary* y la firma *White & Case* en 2015, un 60% de los encuestados manifestó considerar las Directrices IBA Sobre Conflictos de Interés como aplicables en el arbitraje internacional. La aplicabilidad de las mismas ha sido objeto de estudio en Colombia, en decisión de la Corte Suprema de Justicia de Colombia de 12 de Julio de 2017 (el denominado caso Tampico), donde la Corte consideró las Directrices IBA Sobre Conflictos de Interés como un documento de amplia aplicación en el arbitraje internacional.

Artículo 76: Procedimiento de recusación

En el procedimiento de recusación del arbitraje internacional:

1. Las partes podrán acordar libremente el procedimiento de recusación de árbitros o someterse al procedimiento contenido en un reglamento arbitral.

2. A falta de acuerdo o de reglamento arbitral aplicable, se seguirán las siguientes reglas:

a) La recusación debe formularse tan pronto sea conocida la causal que la motiva, con indicación de las razones en que se basa y aporte de los documentos correspondientes;

b) El árbitro recusado, como la otra u otras partes, podrán manifestarse dentro de los diez (10) días siguientes de la notificación de la recusación;

c) Si la otra la parte conviene en la recusación o el árbitro renuncia, se procederá al nombramiento del árbitro sustituto en la misma forma en que correspondía nombrar al árbitro recusado, salvo que se hubiera nombrado un árbitro suplente;

d) Si la otra parte no conviene en la recusación y el árbitro recusado niega la razón o no se pronuncia, se procederá de la siguiente manera:

i. Tratándose de árbitro único, la recusación será resuelta por la institución arbitral que lo hubiere nombrado o, a falta de ella, por la autoridad judicial.

ii. Tratándose de un tribunal arbitral conformado por más de un árbitro, los árbitros restantes decidirán por mayoría absoluta. En caso de empate, decidirá el presidente del tribunal arbitral, a menos que él sea el recusado, caso en el cual resolverá la institución arbitral que hubiere efectuado su nombramiento o, a falta de esta, la autoridad judicial.

iii. Si se recusa por la misma causa a más de un árbitro, resolverá la institución arbitral que hubiere participado en su nombramiento o ante la cual o bajo cuyas reglas se adelante el trámite arbitral, o a falta de esta la autoridad judicial.

3. Mientras se tramite la recusación el tribunal arbitral, incluyendo el árbitro recusado, podrá proseguir las actuaciones arbitrales y dictar un laudo.

4. La renuncia de un árbitro o la aceptación por la otra parte de su cese no se considerarán como un reconocimiento de la procedencia de ninguno de los motivos de recusación invocados.

5. La decisión que resuelve la recusación es definitiva y contra ella no procederá recurso alguno. En caso de no prosperar la recusación formulada, la parte que la propuso solo podrá impugnar lo decidido mediante el recurso de anulación contra el laudo.

Concordancias: Art. 68 L. 1563 de 2012

Nota: De conformidad con el artículo 68 de la presente ley, la autoridad judicial competente de que trata el presente artículo es el juez civil del circuito o el juez administrativo, dependiendo de si alguna de las partes intervinientes es una entidad pública colombiana o quien ejerza funciones administrativas.

Nota: El presente artículo se basa en el artículo 13 de la LM

Artículo 77: Falta o imposibilidad de ejercicio de las funciones

A falta de acuerdo de las partes:

1. Cuando un árbitro se vea impedido de jure o de facto para el ejercicio de sus funciones o no las ejerza dentro de un plazo razonable por el motivo que sea, cesará en su cargo si renuncia o si las partes acuerdan su remoción. De lo contrario, si subsiste un desacuerdo respecto a alguno de esos motivos, cualquiera de las partes podrá solicitar de la autoridad judicial que declare la cesación del encargo, decisión que no tendrá recurso alguno.

2. La renuncia de un árbitro o el acuerdo de las partes para la cesación de sus funciones, no se considerará como aceptación de la procedencia de alguno de los motivos mencionados en el presente artículo o, si fuere el caso, de los motivos mencionados en el inciso segundo del artículo 75.

Concordancias: Art. 68 L. 1563 de 2012

Nota: De conformidad con el artículo 68 de la presente ley, la autoridad judicial competente de que trata el presente artículo es el juez civil del circuito o el juez administrativo, dependiendo de si alguna de las partes intervinientes es una entidad pública colombiana o quien ejerza funciones administrativas.

Nota: El presente artículo se basa en el artículo 14 de la LM.

Artículo 78: Nombramiento de árbitro sustituto

A falta de acuerdo de las partes, cuando un árbitro cese en su cargo en virtud de lo dispuesto en los artículos 76 o 77, o en los casos de renuncia por cualquier otro motivo o de remoción por acuerdo de las partes o de expiración de su encargo por cualquier otra causa, el árbitro sustituto será designado siguiendo el procedimiento por el que se designó al árbitro que se ha de sustituir.

Nota: El presente artículo se basa en el artículo 15 de la LM.

CAPÍTULO 4° COMPETENCIA DEL TRIBUNAL ARBITRAL

Artículo 79: Número de árbitros

El tribunal arbitral es el único competente para decidir sobre su propia competencia, incluso sobre las excepciones u objeciones al arbitraje relativas a la inexistencia, nulidad, anulabilidad, invalidez o ineficacia del acuerdo de arbitraje o por no estar pactado el arbitraje para resolver la materia controvertida o cualesquiera otras cuya estimación impida entrar en el fondo de la controversia. Se encuentran comprendidas en este ámbito las excepciones de prescripción, caducidad, cosa juzgada y cualquiera otra que tenga por objeto impedir la continuación de la actuación arbitral.

El acuerdo de arbitraje que forme parte de un contrato se considerará como un acuerdo independiente de las demás estipulaciones del mismo. La inexistencia, nulidad, anulabilidad, invalidez o ineficacia de un contrato que contenga un acuerdo de arbitraje, no implica necesariamente la inexistencia, nulidad, anulabilidad, invalidez o ineficacia de este. En consecuencia, el tribunal arbitral podrá decidir sobre la controversia sometida a su conocimiento, que podrá versar, incluso, sobre la inexistencia, nulidad, anulabilidad, invalidez o ineficacia del contrato que contiene el acuerdo de arbitraje.

Las excepciones u objeciones deberán proponerse a más tardar en el momento de presentar la contestación de la demanda, sin que el hecho de haber nombrado o participado en el nombramiento de los árbitros impida oponerlas. La excepción u objeción basada en que el tribunal arbitral ha excedido el ámbito de su competencia, deberá oponerse tan pronto como sea planteada, durante las actuaciones arbitrales, la materia que supuestamente exceda su competencia. El tribunal arbitral solo podrá admitir excepciones u objeciones planteadas con posterioridad si la demora resulta justificada.

El tribunal arbitral podrá decidir las excepciones de incompetencia o de que el tribunal arbitral ha excedido su competencia, como cuestión previa o en un laudo sobre el fondo.

Si el tribunal arbitral desestima cualquiera de las citadas excepciones como cuestión previa, la decisión correspondiente solo podrá ser impugnada mediante recurso de anulación contra el laudo que ponga fin al arbitraje, en los términos del artículo 109.

Si el tribunal arbitral se declara incompetente o admite la excepción de haber excedido su mandato, cualquiera de las partes, dentro del mes siguiente al recibo de la notificación de dicha decisión, podrá impugnarla mediante recurso de anulación en los términos del artículo 109 y contra esta resolución no cabrá ningún recurso o acción.

Si el tribunal arbitral se declara incompetente o admite la excepción de haber excedido su mandato como cuestión previa, pero solo respecto de determinadas materias, las actuaciones arbitrales continuarán respecto de las demás materias y la decisión que admitió la incompetencia o el exceso en el encargo solo podrá ser impugnada mediante recurso de anulación luego de emitirse el laudo por el que se resuelve definitivamente la controversia.

Nota: El presente artículo se basa en el artículo 15 de la LM. En este, se hace relación a dos principios básicos del arbitraje: El denominado *kompetenz-kompetenz* o competencia de la competencia y la independencia y separabilidad del pacto arbitral. En virtud del primero, es el tribunal de arbitraje el único competente para decidir sobre su propia competencia. Al respecto, la Corte Suprema de Justicia, en decisión de 15 de Enero de 2019, SC001-2019, aclaró que, en todo caso, tal facultad estará sujeta a control judicial posterior, en los siguientes términos: "Razón por la que, si bien el panel arbitral es el encargado de definir su propia competencia (principio competencia-competencia), «incluso sobre las excepciones u objeciones al arbitraje relativas a la inexistencia, nulidad, anulabilidad, invalidez o ineficacia del acuerdo de arbitraje» (artículo 79 de la ley 1563), esta decisión se sujeta a control judicial posterior a través del recurso de anulación, con el fin de descartar la configuración de cualquier de los motivos de ineficacia mencionados, sentido en el que interpretarse la locución «validez» contenida en el citado literal a. del numeral 1 del artículo 108." De igual manera, ambos principios son analizados por la Corte Suprema de Justicia en decisión de 24 de Junio de 2016, SC8453-2016.

CAPÍTULO 5° MEDIDAS CAUTELARES Y ÓRDENES PRELIMINARES

Artículo 80: Facultad del tribunal arbitral para decretar medidas cautelares

Salvo acuerdo en contrario de las partes, el tribunal arbitral podrá, a instancia de cualquiera de ellas, decretar medidas cautelares.

Por medida cautelar se entenderá toda medida temporal, decretada en forma o no de laudo, por la que, en cualquier momento previo a la emisión del laudo por el que se dirima definitivamente la controversia, el tribunal arbitral ordene a una de las partes que:

a) Mantenga o restablezca el *status quo* en espera de que se dirima la controversia;

b) Adopte medidas para impedir algún daño presente o inminente, o el entorpecimiento del procedimiento arbitral, o que se abstenga de realizar actos que probablemente ocasionarían dicho daño o entorpecimiento al procedimiento arbitral;

c) Proporcione algún medio para preservar bienes cuya conservación permita ejecutar el o los laudos; o

d) Preserve elementos de prueba que pudieran ser pertinentes y relevantes para resolver la controversia.

Nota: El presente artículo se basa en el artículo 17 de la LM, aprobado en su versión de 2006. Al respecto de la procedencia de las medidas cautelares en el arbitraje, la Corte Suprema de Justicia, en decisión de 15 de Julio de 2022, AC3091-2022, mencionó que "En el arbitraje nacional proceden las mismas medidas cautelares consagradas en el Código General del Proceso o en el Código de Procedimiento Administrativo y de lo Contencioso Administrativo, dependiendo si la controversia fuera conocida por la jurisdicción ordinaria o la contencioso administrativa. Se trata de una remisión normativa parcial a estos códigos, según el tipo de asunto, donde se combinan los requisitos especiales previstos en el estatuto arbitral y en las leyes 1564 de 2012 y 1437 de 2011, según el caso. Además, también son procedentes medidas cautelares probatorias o —lo que es lo mismo— que permitan «recaudar elementos de prueba... relevantes y pertinentes para la controversia», las cuales pueden decretar y practicar tanto árbitros al interior de trámites arbitrales, como todo aquel que ejerza funciones jurisdiccionales en cualquier clase de procesos (art. 32 ley 1563 de 2012)."

Artículo 81: Condiciones para el decreto de medidas cautelares

El solicitante de alguna medida cautelar prevista en el inciso segundo del artículo 80 deberá mostrar al tribunal arbitral la conducencia, pertinencia, razonabilidad y oportunidad de la medida cautelar.

La determinación del tribunal arbitral al respecto de dicha posibilidad no implica prejuzgamiento en cuanto a cualquier determinación posterior que pueda adoptar.

Nota: La redacción adoptada por la norma se separa de la posición tomada por el artículo 17A de la LM, que se orienta principalmente a la apariencia de buen derecho y al riesgo en la demora. No obstante, la Corte Suprema de Justicia, en decisión de 15 de Julio de 2022, AC3091-2022, mencionó que "Las medidas cautelares suelen tener dos requisitos genéricos de viabilidad: verosimilitud del derecho (fumus boni iuris o humo de buen derecho) y peligro en la demora de la decisión final (periculum in mora). La verosimilitud del derecho no radica en averiguar «la certeza del derecho, sino la posibilidad o probabilidad de [su] existencia...»3; tampoco exige un juicio certero e inmodificable sobre la procedencia de las pretensiones del solicitante, sino la probabilidad contingente que su reclamación, solicitud, pretensión o derecho puede salir avante. Por su parte, el peligro de la demora consiste en la necesidad de tomar una medida provisional con miras a que se mantenga el estado de cosas vigente mientras se profiere la decisión final, en aras de hacer inoperante el fallo futuro."

Artículo 82: Petición de una orden preliminar y condiciones para su decreto

Salvo acuerdo en contrario, cualquiera de las partes, sin dar aviso a ninguna otra, podrá solicitar una medida cautelar y pedir una orden preliminar del tribunal arbitral por la que se ordene a alguna parte que no frustre la finalidad de la medida cautelar solicitada.

El tribunal arbitral podrá emitir una orden preliminar siempre que considere que la notificación previa de la solicitud de una medida cautelar a la parte contra la cual esa medida vaya dirigida entrañaría el riesgo de que se frustre la medida solicitada.

Las condiciones establecidas en el artículo 81 serán aplicables a toda orden preliminar, teniendo en cuenta las características y efectos de esta última.

Artículo 83: Régimen específico de las órdenes preliminares

Las órdenes preliminares tendrán un régimen específico, así:

1. Inmediatamente después de haberse pronunciado sobre la procedencia de una petición de orden preliminar, el tribunal arbitral notificará a todas las partes la solicitud presentada de una medida cautelar, la petición de una orden preliminar, la propia orden preliminar, en caso de haberse decretado, así como todas las comunicaciones al respecto, incluida la constancia del contenido de toda comunicación verbal, entre cualquiera de las partes y el tribunal arbitral en relación con ello.

2. Al mismo tiempo, el tribunal arbitral dará a la parte contra la que haya proferido la orden preliminar la oportunidad de hacer valer sus derechos a la mayor brevedad posible.

3. El tribunal arbitral se pronunciará sin tardanza sobre cualquiera objeción que se presente contra la orden preliminar.

4. Toda orden preliminar caducará a los treinta (30) días contados a partir de la fecha en que el tribunal arbitral la haya emitido. No obstante, el tribunal podrá decretar una medida cautelar por la que ratifique o modifique la orden preliminar, una vez que la parte contra la que se emitió la orden preliminar haya sido notificada y tenido la oportunidad de hacer valer sus derechos.

5. La orden preliminar no constituye laudo ni es ejecutable judicialmente.

Artículo 84: Modificación, suspensión y revocación de medidas cautelares y órdenes preliminares

El tribunal arbitral podrá modificar, suspender o revocar toda medida cautelar u orden preliminar que haya decretado, ya sea a instancia de alguna de las partes o, en circunstancias excepcionales, por iniciativa propia, previa notificación de ello a las partes.

Artículo 85: Exigencia de caución por el tribunal arbitral

El tribunal arbitral exigirá al peticionario de una orden preliminar que preste caución respecto de la orden, salvo que lo considere inapropiado o innecesario.

El tribunal arbitral podrá exigir del solicitante de una medida cautelar que preste caución adecuada respecto de la medida.

Artículo 86: Deber de información

El peticionario de una orden preliminar deberá revelar al tribunal arbitral toda circunstancia que pueda ser relevante para la decisión que el tribunal arbitral vaya a adoptar sobre si debe otorgar o mantener la orden, y seguirá estando obligado a hacerlo en tanto que la parte contra la que la orden haya sido pedida no haya tenido la oportunidad de hacer valer sus derechos. A partir de dicho momento, será aplicable el inciso segundo del presente artículo.

Las partes deberán dar a conocer al tribunal arbitral sin tardanza todo cambio importante que se produzca en relación con las circunstancias que motivaron que la medida se solicitara o decretara.

Artículo 87: Costas y daños y perjuicios

El tribunal arbitral podrá condenar en cualquier momento al peticionario de una medida cautelar o de una orden preliminar a pagar las costas e indemnizar los daños y perjuicios que por su culpa hubiere sufrido cualquier otra parte.

Artículo 88: Ejecución de medidas cautelares

Toda medida cautelar decretada por un tribunal arbitral será vinculante sin necesidad de procedimiento alguno de reconocimiento y, salvo que el tribunal arbitral disponga otra cosa, su ejecución podrá ser solicitada ante la autoridad judicial, cualquiera que sea el Estado en donde haya sido decretada. Para este efecto, la autoridad judicial procederá a la ejecución en la misma forma prevista por la ley para la ejecución de providencias ejecutoriadas proferidas por autoridades judiciales colombianas y dentro de dicho proceso solo podrán invocarse como excepciones las previstas en el artículo 89 de esta sección.

La parte que solicite o haya obtenido de la autoridad judicial la ejecución de una medida cautelar deberá informarle a la autoridad judicial toda revocación, suspensión o modificación que de aquella disponga el tribunal arbitral.

La autoridad judicial solo podrá pronunciarse sobre cauciones cuando el tribunal arbitral no se haya pronunciado sobre el particular, o cuando la caución sea necesaria para proteger los derechos de terceros respecto de los cuales el tribunal arbitral no hubiere tomado alguna decisión.

Concordancias: Art. 68 L. 1563 de 2012

Nota: De conformidad con el artículo 68 de la presente ley, la autoridad judicial competente de que trata el presente artículo es el juez civil del circuito o el juez administrativo, dependiendo de si alguna de las partes intervinientes es una entidad pública colombiana o quien ejerza funciones administrativas. Nota: Respecto de la clasificación de las medidas cautelares de acuerdo con la forma de su ejecución, la Corte Suprema de Justicia, en decisión de 15 de Julio de 2022, AC3091-2022, se ha pronunciado en el sentido de entender la existencia de dos tipos de medidas: las que son ejecutadas directamente por el Tribunal Arbitral y las que son dictadas por la autoridad judicial antes del inicio del trámite. Esto, al mencionar que "En cuanto al arbitraje internacional, las normas colombianas regulan dos tipos de medidas cautelares según quién las decrete. Las primeras son ordenadas por el panel arbitral, se ejecutan de manera directa, inmediata y sin necesidad de reconocimiento de la providencia cautelar ante esta corporación, a menos que se presente alguna de las causas taxativas que justifican su inejecución (art. 88 y 89 de la ley 1563 de 2012). Las segundas son decretadas por la autoridad judicial «con anterioridad a la iniciación del trámite arbitral o en el curso del mismo», para lo cual procederá «de conformidad con su propia ley procesal y teniendo en cuenta los rasgos distintivos de un arbitraje internacional», sin que la petición tuitiva equivalga a desistimiento tácito del pacto arbitral (arts. 90 y 71 ibidem)."

Artículo 89: Motivos para denegar la ejecución de medidas cautelares decretadas por el tribunal arbitral

Para la denegación de la ejecución de medidas cautelares decretadas por el tribunal, se aplicarán las siguientes reglas:

1. La autoridad judicial solo podrá denegar la ejecución de una medida cautelar en los siguientes casos y por las siguientes causales:

a) A solicitud de la parte afectada por la medida cautelar, cuando:

i. Para el momento del acuerdo de arbitraje estaba afectada por incapacidad, o dicho acuerdo no es válido en virtud de la ley a la que las partes lo han sometido, o si nada se hubiera indicado a este respecto, en virtud de la ley del país en que se haya decretado la medida; o

ii. No fue debidamente notificada de la iniciación de la actuación arbitral; o,

iii. La decisión se refiere a una controversia no prevista en el acuerdo de arbitraje o contiene decisiones que exceden los términos del acuerdo de arbitraje. No obstante, si las disposiciones de la providencia que se refieren a las cuestiones sometidas al arbitraje pueden separarse de las que no lo están, se podrá decretar la ejecución de las primeras; o,

iv. La composición del tribunal arbitral o el procedimiento arbitral no se ajustaron al acuerdo celebrado entre las partes o, en defecto de tal acuerdo, no se ajustaron a la ley del país donde se tramita el arbitraje, siempre que por elfo se haya privado a dicha parte de su derecho de defensa en relación con lo dispuesto en la medida cautelar; o,

v. No se haya cumplido la decisión del tribunal arbitral sobre la prestación de la caución que corresponda a la medida cautelar decretada; o,

vi. La medida cautelar haya sido revocada o suspendida por el tribunal arbitral o, en caso de que esté facultado para hacerlo, por una autoridad judicial del Estado en donde se tramite el procedimiento de arbitraje o conforme a cuyo derecho se decretó dicha medida.

En todo caso, no podrá invocar los motivos contemplados en el literal a) numerales (i), (ii), (iii) y (iv), la parte que haya podido invocar dichas circunstancias oportunamente ante el tribunal arbitral y no lo haya hecho.

b. De oficio, cuando:

i. Según la ley colombiana el objeto de la controversia no es susceptible de arbitraje; o

ii. La ejecución de la medida sería contraria al orden público internacional colombiano.

2. La determinación a la que llegue la autoridad judicial respecto de cualquier motivo enunciado en el presente artículo será únicamente aplicable para los fines de la solicitud de ejecución de la medida cautelar. La autoridad judicial a la que se solicite la ejecución solo podrá pronunciarse sobre la existencia de las causales a las que se refiere este artículo y no sobre el contenido de la medida cautelar.

Concordancias: Art. 68 L. 1563 de 2012

Nota: De conformidad con el artículo 68 de la presente ley, la autoridad judicial competente de que trata el presente artículo es el juez civil del circuito o el juez administrativo, dependiendo de si alguna de las partes intervinientes es una entidad pública colombiana o quien ejerza funciones administrativas.

Artículo 90: Medidas cautelares decretadas por la autoridad judicial

Con anterioridad a la iniciación del trámite arbitral o en el curso del mismo, e independientemente que el proceso se adelante en Colombia o en el exterior, cualquiera de las partes podrá acudir a la autoridad judicial para que decrete medidas cautelares. La autoridad judicial ejercerá dicha competencia de conformidad con su propia ley procesal y teniendo en cuenta los rasgos distintivos de un arbitraje internacional.

Concordancias: Art. 68 L. 1563 de 2012

Nota: De conformidad con el artículo 68 de la presente ley, la autoridad judicial competente de que trata el presente artículo es el juez civil del circuito o el juez administrativo, dependiendo de si alguna de las partes intervinientes es una entidad pública colombiana o quien ejerza funciones administrativas.

CAPÍTULO 6° SUSTANCIACIÓN DE LAS ACTUACIONES ARBITRALES

Artículo 91: Trato equitativo de las partes

El tribunal arbitral tratará a las partes con igualdad y dará a cada una de ellas plena oportunidad de hacer valer sus derechos.

Nota: El presente artículo se basa en el artículo 18 de la LM. Al respecto de la igualdad de las partes en los trámites arbitrales, el Consejo de Estado, en decisión de 27 de Febrero de 2020, radicación No. 11001-03-26-000-2018-00012-00 (60714) "Una regla que regule este aspecto debe permitir su aplicación bajo criterios objetivos (evento en el que surge la oportunidad, momento en el que debe ejercerse el derecho). Por tanto, el respeto de tales reglas no puede depender de análisis discrecionales del tribunal arbitral, porque en tal caso se afectaría el propósito fundamental de toda norma procesal, que no es otro que garantizar que las partes tengan claras las reglas de juego bajo las cuales se desarrollará el proceso. Estas reglas deben aplicarse bajo la consideración de que su única función es regular de manera previa los derechos y oportunidades de las partes en el proceso, y deben ser respetadas de manera estricta para no afectar de ninguna manera la igualdad de tratamiento de las partes, que es la base del proceso. Este es el alcance del mandato contenido en el artículo 91 del Estatuto Arbitral, de conformidad con el cual "el tribunal arbitral tratará a las partes con igualdad y dará a cada una de ellas plena oportunidad de hacer valer sus derechos"". Es de anotar que el criterio de igualdad y su aplicación en los procedimientos arbitrales ha sido objeto de discusión en cuanto a su extensión, con la interrogante de su aplicación a tratamientos desiguales a las partes en el pacto arbitral.

Artículo 92: Determinación del procedimiento

Las partes, con sujeción a las disposiciones de la presente sección, podrán convenir el procedimiento, directamente o por referencia a un reglamento arbitral.

A falta de acuerdo, el tribunal arbitral podrá dirigir el arbitraje del modo que considere apropiado, con sujeción a lo dispuesto en la presente sección y sin necesidad de acudir a las normas procesales de la sede del arbitraje. Esta facultad incluye la de determinar la admisibilidad, la pertinencia y el valor de las pruebas.

Nota: El presente artículo se basa en el artículo 19 de la LM. El amplio margen de discrecionalidad concedido a las partes o, en su defecto, al Tribunal Arbitral, constituye un elemento muy importante en la flexibilidad del procedimiento arbitral y la posibilidad de adaptarle a las circunstancias concretas de ciertas materias o casos particulares.

Artículo 93: Sede del arbitraje

Las partes podrán determinar libremente la sede del arbitraje. A falta de acuerdo, el tribunal arbitral la determinará, atendidas las circunstancias del caso, y las conveniencias de aquellas.

El tribunal arbitral, salvo acuerdo en contrario de las partes, podrá reunirse donde lo estime apropiado para practicar pruebas; asimismo, podrá deliberar donde lo estime conveniente, sin que nada de ello implique cambio de la sede del arbitraje.

Concordancia: Arts. 104 Num. 2, 111 Nums. 2 y 3 L. 1563 de 2012

Nota: El presente artículo se basa en el artículo 20 de la LM. CNUDMI. La determinación del lugar o "sede" del arbitraje constituye, entre otras, un criterio relevante para determinar la competencia de las autoridades judiciales para conocer del recurso de anulación de los laudos. Igualmente, la determinación de la "sede" en Colombia otorga el carácter de "nacional" al laudo arbitral, haciéndolo ejecutable sin que sea indispensable su previo reconocimiento.

Artículo 94: Iniciación de la actuación arbitral

Salvo que las partes hayan convenido otra cosa, la actuación arbitral se entenderá iniciada en la fecha en que el demandado reciba la solicitud de someter la controversia a arbitraje.

Nota: El presente artículo se basa en el artículo 21 de la LM CNUDMI.

Artículo 95: Idioma

Las partes podrán acordar libremente el idioma o los idiomas que hayan de utilizarse en las actuaciones arbitrales, en los escritos de las partes, en las audiencias y en cualquier laudo, decisión o comunicación que emita el tribunal arbitral. De lo contrario, el tribunal arbitral hará la determinación que corresponda.

El tribunal arbitral podrá ordenar que una prueba documental vaya acompañada de su correspondiente traducción al idioma o los idiomas convenidos por las partes o determinados por él.

Nota: El presente artículo se basa en el artículo 22 de la LM

Artículo 96: Demanda y contestación

Dentro del plazo convenido por las partes o determinado por el tribunal arbitral, el demandante deberá presentar su demanda, indicando los hechos en que se funda, los puntos controvertidos y el objeto de ella. El demandado, al responderla, deberá referirse a los distintos elementos de aquella, a menos que las partes hayan acordado otra cosa.

El demandante en su demanda y el demandado en su contestación podrán aportar los documentos que consideren pertinentes o hacer referencia a documentos u otras pruebas que pretendan hacer valer.

Salvo acuerdo en contrario de las partes, en el curso de las actuaciones arbitrales cualquiera de ellas podrá modificar o ampliar su demanda o contestación, a menos que el tribunal arbitral considere improcedente esa alteración en razón de la tardanza con que se haya hecho.

Nota: El presente artículo se basa en el artículo 23 de la LM. La redacción del inciso segundo de la norma no debe interpretarse como un limitante a las oportunidades procesales de las partes para aportar pruebas documentales, dado que, de conformidad con el inciso segundo del artículo 92 de la presente ley, el Tribunal Arbitral goza, salvo acuerdo en contrario de las partes, de amplias libertades para determinar la admisibilidad de las pruebas.

Artículo 97: Audiencias y actuaciones por escrito

Salvo acuerdo en contrario de las partes, el tribunal arbitral decidirá si han de celebrarse audiencias para la presentación o práctica de pruebas o para alegatos orales, o si las actuaciones se sustanciarán sobre la base de documentos y demás pruebas. Salvo que las partes hubiesen convenido que no se lleven a cabo audiencias, el tribunal arbitral las celebrará a petición de cualquiera de ellas.

El tribunal arbitral notificará a las partes con suficiente antelación la celebración de las audiencias y su objeto.

El tribunal arbitral dará traslado a la otra u otras partes de las declaraciones, documentos e información que cualquiera de ellas le suministre y pondrá a disposición de estas los peritajes y los documentos probatorios en los que pueda basar su decisión.

Nota: El presente artículo se basa en el artículo 24 de la LM.

Artículo 98: Rebeldía de una de las partes

Salvo acuerdo en contrario de las partes, cuando:

1. El demandante, sin invocar causa suficiente, no presente su demanda con arreglo al inciso primero del artículo 96 el tribunal arbitral dará por terminada la actuación.

2. El demandado no conteste la demanda con arreglo al inciso primero del artículo 96, el tribunal arbitral continuará la actuación, sin que aquella omisión se considere por sí misma como aceptación de las manifestaciones del demandante.

3. Una de las partes no comparezca a una audiencia o no presente pruebas documentales, el tribunal arbitral podrá continuar las actuaciones e incluso proferir laudo con base en las pruebas de que disponga.

Nota: El presente artículo se basa en el artículo 25 de la LM. La Corte Suprema de Justicia, en decisión de 15 de noviembre de 2022, SC3650-2022, reconoció en Colombia un laudo dictado en Chile, en donde el demandado había sido declarado en rebeldía.

Artículo 99: Nombramiento de los peritos por el tribunal arbitral

Salvo acuerdo en contrario de las partes:

1. El tribunal arbitral podrá nombrar uno o más peritos, caso en el cual podrá disponer que una de las partes o ambas suministren al perito la información pertinente o le presenten para su inspección documentos, mercancías u otros bienes, o le proporcionen acceso a ellos.

2. Cuando una de ellas lo solicite o cuando el tribunal arbitral lo considere necesario, el perito o los peritos, después de la presentación de sus dictámenes escritos u orales, deberán participar en una audiencia en la que las partes tendrán oportunidad de interrogarlos y de presentar peritos para que opinen sobre los puntos controvertidos.

Nota: El presente artículo se basa en el artículo 26 de la LM.

Artículo 100: Colaboración de las autoridades judiciales para la práctica de pruebas

Tanto el tribunal arbitral como cualquiera de las partes con la aprobación de aquel, podrán pedir la colaboración de la autoridad judicial de cualquier país para la práctica de pruebas. La autoridad judicial atenderá dicha solicitud dentro del ámbito de su competencia territorial y con arreglo al régimen del respectivo medio probatorio. La autoridad judicial colombiana procederá al efecto de la misma forma que si se tratara de una comisión judicial.

Concordancias: Art. 68 L. 1563 de 2012

Nota: De conformidad con el artículo 68 de la presente ley, la autoridad judicial competente de que trata el presente artículo es el juez civil del circuito o el juez administrativo, dependiendo de si alguna de las partes intervinientes es una entidad pública colombiana o quien ejerza funciones administrativas.

CAPÍTULO 7° PRONUNCIAMIENTO DEL LAUDO Y TERMINACIÓN DE LAS ACTUACIONES

Artículo 101: Normas del laudo y terminación de las actuaciones

El tribunal arbitral decidirá de conformidad con las normas de derecho elegidas por las partes. La indicación del derecho u ordenamiento jurídico de un Estado se entenderá referida, a menos que se exprese lo contrario, al derecho sustantivo de dicho Estado y no a sus normas de conflicto de leyes.

Si las partes no indican la norma, el tribunal arbitral aplicará aquellas normas de derecho que estime pertinentes.

El tribunal arbitral decidirá *ex aequo et bono* solo si las partes lo hubieren autorizado. En todo caso, el tribunal arbitral decidirá con arreglo a las estipulaciones del contrato y teniendo en cuenta los usos mercantiles aplicables al caso.

Nota: El presente artículo se basa en el artículo 28 de la LM. Al respecto de la facultad con que cuentan las partes para decidir sobre la norma sustancial aplicable a su controversia, la Corte Suprema de Justicia, en decisión de 24 de junio de 2016, SC8453-2016, analizó a profundidad la extensión de dicha facultad, al ser enfrentado a la reclamación de la parte que se oponía al reconocimiento y alegaba que la escogencia de ley aplicable por las partes constituía, en el caso concreto, una violación al orden público colombiano.

Artículo 102: Adopción de decisiones cuando hay más de un árbitro

En las actuaciones arbitrales en que haya más de un árbitro, toda decisión del tribunal arbitral se adoptará, salvo acuerdo en contrario de las partes, por mayoría de votos de todos los miembros. A falta de mayoría decidirá el árbitro presidente.

El árbitro presidente podrá decidir cuestiones de procedimiento, si así lo autorizan las partes o todos los miembros del tribunal.

Nota: El presente artículo se basa en el artículo 29 de la LM.

Artículo 103: Transacción

Si durante las actuaciones arbitrales las partes llegan a una transacción o a una conciliación o mediación que resuelva el litigio, el tribunal dará por terminadas las actuaciones. Caso de que lo pidan ambas partes y el tribunal no se oponga, este verterá en un laudo los términos convenidos por aquellas.

Dicho laudo tendrá los mismos efectos que cualquier otro laudo dictado sobre el fondo del litigio.

Nota: El presente artículo se basa en el artículo 30 de la LM.

Artículo 104: Forma y contenido del laudo

El laudo arbitral consultará la siguiente forma y contenido:

1. El laudo se proferirá por escrito y será firmado por el árbitro o los árbitros. En actuaciones arbitrales con más de un árbitro bastará la firma de la mayoría de los miembros del tribunal arbitral o la del árbitro presidente en su caso y se dejará constancia del motivo de la ausencia de una o más firmas. La falta de una o más firmas no afectará la validez del laudo arbitral.

2. El tribunal arbitral deberá motivar el laudo, a menos que las partes hayan convenido otra cosa, y en este caso, siempre y cuando ninguna de ellas tenga su domicilio o residencia en Colombia, o que se trate de un laudo pronunciado en los términos convenidos por las partes conforme al artículo 103.

2. El laudo indicará su fecha y la sede del arbitraje en la que se considerará proferido.

3. Una vez dictado el laudo, el tribunal lo notificará a las partes mediante la entrega de sendas copias firmadas por quienes lo suscribieron.

Nota: El presente artículo se basa en el artículo 31 de la LM. La norma, debido a un error de redacción, contempla dos veces el numeral segundo.

Artículo 105: Terminación de las actuaciones

La terminación de las actuaciones se regirá por las siguientes reglas:

1. La actuación arbitral terminará con el laudo definitivo o al resolver sobre las solicitudes de corrección o aclaración del laudo o, en su caso, cuando se profiera un laudo adicional.

2. El tribunal arbitral ordenará la terminación de la actuación arbitral cuando:

a) El demandante retire su demanda, a menos que el demandado se opusiere a ello y el tribunal arbitral reconozca un legítimo interés de su parte en obtener una solución definitiva del litigio;

b) Las partes acuerden dar por terminadas las actuaciones;

c. El tribunal arbitral compruebe que la prosecución de la actuación resultaría innecesaria o imposible.

3. El tribunal arbitral cesará en sus funciones a la expiración del término que tienen las partes para solicitar corrección, aclaración o laudo adicional o, en su caso, cuando decida la solicitud o profiera el laudo adicional.

Nota: El presente artículo se basa en el artículo 32 de la LM.

Artículo 106: Corrección y aclaración del laudo y laudo adicional

Dentro del mes siguiente a la notificación del laudo, salvo que las partes hayan acordado otro plazo:

a) Cualquiera de las partes podrá, con notificación a la otra, pedir al tribunal arbitral que corrija cualquier error de cálculo, de transcripción o tipográfico, o que aclare un punto determinado del laudo. Si el tribunal arbitral acoge la petición hará la corrección o la aclaración dentro del mes siguiente a la recepción de la solicitud en decisión que formará parte del laudo.

b) El tribunal arbitral podrá, de oficio, corregir cualquier error de cálculo, de transcripción, tipográfico o gramatical.

c) Salvo acuerdo en contrario de las partes, cualquiera de ellas, dándole aviso a la otra u otras, podrá pedir al tribunal arbitral que profiera un laudo adicional sobre pretensiones hechas en el curso del trámite arbitral pero omitidas en el laudo. Si el tribunal arbitral acoge la solicitud, proferirá el correspondiente laudo adicional en el término de sesenta (60) días.

De ser ello necesario, el tribunal arbitral prorrogará el término para la corrección, aclaración o adición del laudo.

Lo dispuesto en el artículo 104 se aplicará a las correcciones o aclaraciones del laudo o a los laudos adicionales.

Nota: El presente artículo se basa en el artículo 33 de la LM.

CAPÍTULO 8° IMPUGNACIÓN DEL LAUDO

Artículo 107: La anulación como único recurso judicial contra un laudo arbitral

Contra el laudo arbitral solamente procederá el recurso de anulación por las causales taxativamente establecidas en esta sección. En consecuencia, la autoridad judicial no se pronunciará sobre el fondo de la controversia ni calificará los criterios, valoraciones probatorias, motivaciones o interpretaciones expuestas por el tribunal arbitral.

Cuando ninguna de las partes tenga su domicilio o residencia en Colombia, las partes podrán, mediante declaración expresa en el acuerdo de arbitraje o mediante un acuerdo posterior por escrito, excluir completamente el recurso de anulación, o limitarlo a una o varias de las causales contempladas taxativamente en la presente sección.

Nota: El presente artículo se basa en la primera parte del artículo 34 de la LM. Las limitaciones en cuanto al alcance del análisis a realizar por las autoridades judiciales en la anulación han sido objeto de amplio estudio por las autoridades judiciales colombianas. Así, la Corte Suprema de Justicia, en decisión de 3 de noviembre de 2021, SC4887-2021, concluyó que "Bajo el anterior panorama, la Sala sólo está habilitada para emprender el estudio el laudo arbitral con observancia en las causales previstas en el artículo 108 del estatuto arbitral, bien que sean solicitadas por las partes (numeral 1°) ora de oficio (numeral 2°)", sentando nuevamente la posición del carácter limitado del control judicial a los laudos. Similar aproximación ha realizado la Corte Suprema de Justicia en decisión de 19 de diciembre de 2018, SC5677-2018, donde manifestó que "(...) e la Corte, al resolver el recurso, no podrá realizar un estudio de fondo de la situación debatida, de la valoración probatoria, o de los razonamientos jurídicos en que el tribunal soportó su determinación, como diamantinamente lo establece en nuestro país el artículo 107 de la ley 1563 de 2012, según el cual «la autoridad judicial no se pronunciará sobre el fondo de la controversia ni calificará los criterios, valoraciones probatorias, motivaciones o interpretaciones expuestas por el tribunal arbitral»"

El inciso segundo de la norma es una adición al texto original del artículo 34 de la LM. Adoptando esta redacción, Colombia se sumó a países como Bélgica, Suiza y Francia, entre otros, que permiten la renuncia al recurso de anulación. El caso francés constituye una particularidad adicional, pues bajo la norma vigente francesa, es posible que la renuncia ocurra aun cuando alguna de las partes tenga su domicilio en Francia.

La Corte Constitucional, en decisión T-354 de 2019 de 6 de agosto de 2019, entendió que la tutela es igualmente procedente en contra de los laudos internacionales, manifestando que dicha situación es "excepcionalísima", al afirmar "La procedencia de la tutela contra laudos internacionales es excepcionalísima pues, además de compartir a ese efecto las consideraciones jurisprudenciales en relación con los laudos nacionales, a estas se les deben sumar las incidencias propias de la naturaleza internacional del arbitraje, las cuales —como se verá— acentúan el análisis estricto de los requisitos de procedibilidad y dan un alcance concreto a las reglas adicionales de procedencia."

Artículo 108: Causales de anulación

La autoridad judicial podrá anular el laudo arbitral a solicitud de parte o de oficio:

1. A solicitud de parte, cuando la parte recurrente pruebe:

a) Que para el momento del acuerdo de arbitraje estaba afectada por alguna incapacidad; o que dicho acuerdo no es válido en virtud de la ley a que las partes lo han sometido, o si nada se hubiera indicado a este respecto, en virtud de la ley colombiana; o

b) Que no fue debidamente notificada de la designación de un árbitro o de la iniciación de la actuación arbitral o no pudo, por cualquiera otra razón, hacer valer sus derechos; o

c) Que el laudo versa sobre una controversia no prevista en el acuerdo de arbitraje o contiene decisiones que exceden los términos del acuerdo de arbitraje. No obstante, si las disposiciones del laudo que se refieren a las cuestiones sometidas al arbitraje pueden separarse de las que no lo están, sólo se podrán anular estas últimas; o

d) Que la composición del tribunal arbitral o el procedimiento arbitral no se ajustaron al acuerdo entre las partes, salvo que dicho acuerdo estuviera en conflicto con una disposición de esta sección de la que las partes no pudieran apartarse o, a falta de dicho acuerdo, que no se ajustaron a las normas contenidas en esta sección de la ley.

2. De oficio, cuando:

a) Según la ley colombiana, el objeto de la controversia no es susceptible de arbitraje; o,

b) El laudo sea contrario al orden público internacional de Colombia.

Concordancias: Art. 68 Ley 1563 de 2012

Nota: De conformidad con el artículo 68 de la presente ley, la autoridad judicial competente de que trata el presente artículo es la Sala de Casación Civil de la Corte Suprema de Justicia. Cuando en el trámite sea parte una entidad pública colombiana o quien ejerza funciones administrativas colombianas será competente la Sala Plena de la Sección Tercera de la Sala de lo Contencioso Administrativo del Consejo de Estado.

Nota: El presente artículo se basa en la segunda parte del artículo 34 de la LM, que a su vez se basa en la redacción del artículo V de la Convención de Nueva York. Al momento de analizar la extensión de la revisión que habrán de hacer las autoridades judiciales colombianas, se ha concluido que debe ser de aplicación el denominado principio de "mínima intervención judicial". En los términos expuestos por la Corte Suprema de Justicia, en decisión de 15 de enero de 2019, SC001-2019 "Para que en este recurso se haga efectivo el principio de mínima intervención judicial en el arbitraje, se han establecido especialmente las siguientes reglas: (i) ausencia de revisión sustancial, (ii) taxatividad de las causales, (iii) armonización internacional, e (iv) indisponibilidad; (…)". Al explicar la procedencia y categorías de causales que justifican la anulación de los laudos, la misma decisión ha manifestado que "Si Colombia es la sede del arbitraje, los interesados podrán acudir al excepcional instrumento de la anulación, por las precisas causales y de acuerdo con el procedimiento dispuesto en el Estatuto de Arbitraje Nacional e Internacional —ley 1563—. A través de este remedio se propende porque el órgano de cierre pueda verificar, a petición de parte, aspectos extrínsecos de la decisión sustancial adoptada por los árbitros, así como oficiosamente adentrarse en el análisis de la arbitrabilidad objetiva de la controversia y la observancia del orden público internacional del país."

Como principal modificación relevante a la redacción original de la LM, el literal b del numeral segundo de la norma adiciona la palabra "internacional" al concepto de orden público. En virtud de esta adición, el orden público internacional ha sido entendido como "los valores y principios básicos o fundamentales en que se inspiran las instituciones jurídicas del ordenamiento patrio", de conformidad con lo dicho por la Corte Suprema de Justicia, en decisión de 24 de Junio de 2016, SC8453-2016. Dicha interpretación fue acogida igualmente en decisión de la Corte Suprema de Justicia, fechada de 15 de Octubre de 2021, SC4111-2021.

Artículo 109: Procedimiento para el recurso de anulación

El recurso de anulación se tramitará mediante el siguiente procedimiento:

1. El recurso de anulación deberá proponerse y sustentarse, con indicación de las causales invocadas, ante la autoridad judicial competente de acuerdo con la presente sección, dentro del mes siguiente a la notificación del laudo o, en su caso, a la notificación del laudo adicional o de la providencia que resuelva sobre la corrección o aclaración del laudo o de la providencia que rechace la solicitud de laudo adicional.

2. El recurso será rechazado de plano cuando aparezca de manifiesto que su interposición fue extemporánea o no fue oportunamente sustentado, o que las causales alegadas no corresponden a las establecidas en la presente sección.

2. Al admitir el recurso se correrá traslado común por el término de un (1) mes a la parte o partes opositoras para que presenten sus alegaciones. El traslado se surtirá en la secretaría de la autoridad competente.

3. Al día siguiente del vencimiento del traslado, el secretario de la autoridad judicial pasará el expediente al despacho para sentencia, que deberá proferirse dentro de los dos (2) meses siguientes. En ella se liquidarán las costas y condenas a cargo de las partes, con arreglo a lo convenido por ellas o, de haberse adoptado un reglamento de procedimiento en particular, con arreglo a lo que en dicho reglamento se establezca a propósito, o en su defecto, con arreglo a lo previsto para los procesos civiles. Igualmente se ordenarán las restituciones a que haya lugar cuando el laudo anulado haya sido ejecutado en todo o en parte.

4. Si no prospera ninguna de las causales invocadas, se declarará infundado el recurso y se condenará en costas al recurrente, salvo que dicho recurso haya sido presentado por el Ministerio Público.

5. Contra la decisión del recurso de anulación no procederá recurso o acción alguna.

La interposición y el trámite del recurso extraordinario de anulación no suspenden el cumplimiento de lo resuelto en el laudo.

Artículo 110: Efectos del recurso de anulación

Cuando prospere alguna de las causales señaladas en el numeral 1 literal a), del artículo 108 se declarará la nulidad del laudo y las partes podrán acudir ante la autoridad judicial competente.

Cuando prospere alguna de las causales señaladas en el numeral 1 literal b), c) y d), del artículo 108 se declarará la nulidad del laudo, sin que ello perjudique el acuerdo de arbitraje.

Cuando prospere alguna de las causales señaladas en el numeral 2 del artículo 108 se declarará la nulidad del laudo.

En caso de anulación del laudo, las pruebas practicadas en el curso del trámite arbitral podrán ser apreciadas bien por tribunal arbitral o bien por la autoridad judicial.

CAPÍTULO 9° RECONOCIMIENTO Y EJECUCIÓN DE LOS LAUDOS

Artículo 111: Reconocimiento y ejecución

Los laudos arbitrales se reconocerán y ejecutarán así:

1. Un laudo arbitral, cualquiera que sea el país en que se haya proferido, será ejecutable ante la autoridad judicial competente, a solicitud de parte interesada.

2. La parte que invoque un laudo o pida su ejecución deberá presentar el laudo original o copia de él. Si el laudo no estuviere redactado en idioma español, la autoridad judicial competente podrá solicitar a la parte que presente una traducción del laudo a este idioma.

2. Los laudos dictados en arbitrajes internacionales cuya sede sea Colombia se considerarán laudos nacionales y, por ende, no estarán sujetos al procedimiento de reconocimiento y podrán ser ejecutados directamente sin necesidad de este, salvo cuando se haya renunciado al recurso de anulación, caso en el cual será necesario su reconocimiento.

3. Para la ejecución de laudos extranjeros, esto es de aquellos proferidos por un tribunal arbitral cuya sede se encuentre fuera de Colombia, será necesario su reconocimiento previo por la autoridad judicial competente.

Concordancias: Art. 68 L. 1563 de 2012

Nota: De conformidad con el artículo 68 de la presente ley, la autoridad judicial competente de que trata el presente artículo es el juez civil del circuito o el juez administrativo, dependiendo de si alguna de las partes intervinientes es una entidad pública colombiana o quien ejerza funciones administrativas.

Nota: El presente artículo se separa de la redacción 35 de la LM, aunque coincide en solicitar que el reconocimiento del laudo sea solicitado por escrito, junto a una versión original o copia del mismo y la posibilidad de la autoridad judicial de requerir la traducción del laudo si estuviera en idioma diferente al español. El segundo inciso segundo contempla un escenario en donde un laudo, a pesar de haber sido dictado en un arbitraje con sede Colombia, puede no ser considerado como un "laudo nacional" y, por tanto, requerir de reconocimiento de forma previa a su ejecución. En este caso, la legislación Colombiana hace aplicación del trámite de reconocimiento de laudos a las decisiones que no son consideradas "sentencias nacionales" de acuerdo con el apartado final del artículo I.1 de la Convención de Nueva York, al mencionar que "Se aplicará también a las sentencias arbitrales que no sean consideradas como sentencias nacionales en el Estado en el que se pide su reconocimiento y ejecución."

Artículo 112: Motivos para denegar el reconocimiento

Solo se podrá denegar el reconocimiento de un laudo arbitral, cualquiera que sea el país en que se haya dictado, en los casos y por las causales que taxativamente se indican a continuación:

a) A instancia de la parte contra la cual se invoca, cuando ella pruebe ante la autoridad judicial competente del país en que se pide el reconocimiento o la ejecución:

i. Que para el momento del acuerdo de arbitraje estaba afectada por alguna incapacidad; o que dicho acuerdo no es válido en virtud de la ley a que las partes lo han sometido, o si nada se hubiera indicado a este respecto, en virtud de la ley del país en que se haya dictado el laudo; o

ii. Que la parte contra la cual se invoca el laudo no fue debidamente notificada de la designación de un árbitro o de la iniciación de la actuación arbitral o no pudo, por cualquiera otra razón, hacer valer sus derechos; o

iii. Que el laudo versa sobre una controversia no prevista en el acuerdo de arbitraje o contiene decisiones que exceden los términos del acuerdo de arbitraje. No obstante, si las disposiciones del laudo que se refieren a las cuestiones sometidas al arbitraje pueden separarse de las que no lo están, se podrá dar reconocimiento y ejecución a las primeras; o

iv. Que la composición del tribunal arbitral o el procedimiento arbitral no se ajustaron al acuerdo celebrado entre las partes o, en defecto de tal acuerdo, a la ley del país donde se adelantó o tramitó el arbitraje; o

v. Que el laudo no es aún obligatorio para las partes o fue anulado o suspendido por una autoridad judicial del país sede del arbitraje; o

b) Cuando la autoridad judicial competente compruebe:

i. Que, según la ley colombiana, el objeto de la controversia no era susceptible de arbitraje; o

ii. Que el reconocimiento o la ejecución del laudo serían contrarios al orden público internacional de Colombia.

Si se hubiere pedido la anulación o la suspensión del laudo ante una autoridad judicial del país sede del arbitraje, la autoridad judicial colombiana, si lo considera procedente, podrá aplazar su decisión sobre el reconocimiento del laudo y, a instancia de la parte que pida aquello, esta podrá también ordenar a la otra parte que otorgue caución apropiada.

Nota: El presente artículo se basa en el artículo 36 de la LM, que a su vez se inspira directamente en el artículo V de la Convención de Nueva York. De igual manera a lo sucedido con el artículo 108 numeral segundo literal b de la presente ley, incluye la palabra "internacional" para determinar el orden público que habrá de ser contrariado para permitir el no reconocimiento de un laudo extranjero. Notablemente, la Corte Suprema de Justicia analizó los criterios a tener en cuenta en materia de reconocimiento de laudos extranjeros, en decisión de 12 de Julio de 2017, SC9909-2017, donde afirmó que "El régimen de homologación se asienta en unas máximas, que le sirven de guía y de fuente de interpretación, las cuales pueden compendiarse de la siguiente manera: (i) interpretación pro-internacional; (ii) principio pro-ejecución o pro-reconocimiento; (iii) taxatividad de las causales de denegación; (iv) ausencia de revisión sustancial; y (v) doble control." Igualmente, al analizar los efectos del concepto de "orden público internacional", la Corte Suprema de Justicia, en decisión de 24 de Junio de 2016, SC8453-2016, realiza un recuento de las múltiples posiciones y discusiones que han rodeado el concepto de "orden público internacional", afirmando que "En la doctrina del derecho internacional privado, el concepto de orden público internacional ha ocasionado variados debates, pero la mayoría se sitúa en una corriente restrictiva o minimalista al paso que en cuanto a la arbitrabilidad la tendencia es expansiva e incluso algunos propugnan por una autonomía conceptual de la noción de orden público en el marco del arbitraje indicando que «el orden público como anulación o causa de la no homologación de una sentencia arbitral internacional se debe aplicar en atención a criterios todavía más reducidos que los utilizados para anular o denegar el reconocimiento y la ejecución a las sentencias jurídicas internacionales»" Continúa la precitada decisión haciendo una precisión al aclarar que el "orden público internacional" no debe ser confundido con el "orden público interno", afirmando que "Ahora bien, es preciso aclarar que el concepto de «orden público internacional» de un país no puede ser confundido con el de «orden público interno» de ese Estado, noción que según se ha explicado en la doctrina nacional «se refiere a las leyes imperativas en el derecho privado, las cuales no pueden ser desconocidas o derogadas por convenciones entre particulares, como lo dice, impropiamente, el artículo 16 del Código Civil. Estas leyes imperativas o de orden público tienen validez permanente y se oponen a las meramente supletivas o interpretativas de la voluntad de las partes que sólo rigen a falta de estipulaciones de los contratantes que modifican sus previsiones».”

Artículo 113: Competencia funcional

La decisión adoptada por la autoridad judicial competente en el trámite de reconocimiento de los laudos que conforme a la presente sección demanden del mismo se tramitará en única instancia y contra ella no procederá recurso o acción alguna.

Concordancias: Art. 68 L. 1563 de 2012

Nota: De conformidad con el artículo 68 de la presente ley, la autoridad judicial competente de que trata el presente artículo es el juez civil del circuito o el juez administrativo, dependiendo de si alguna de las partes intervinientes es una entidad pública colombiana o quien ejerza funciones administrativas.

Artículo 114: Normatividad aplicable al reconocimiento

Al reconocimiento del laudo arbitral se aplicarán exclusivamente las disposiciones de la presente sección y las contenidas en los tratados, convenciones, protocolos y demás actos de derecho internacional suscritos y ratificados por Colombia. En consecuencia, no serán aplicables las disposiciones establecidas en el Código de Procedimiento Civil sobre motivos, requisitos y trámites para denegar dicho reconocimiento, disposiciones que se aplicarán únicamente a las sentencias judiciales proferidas en el exterior.

Concordancia: Art. 607, 608 y 609 C.G.P.

Nota: El presente artículo tuvo como efecto, desde su expedición, cambiar la línea jurisprudencial aplicable hasta la fecha, según la cual los requisitos para el reconocimiento de laudos extranjeros incluían, también, los requisitos para los denominados *exequaturs* de sentencias en el Código de Procedimiento Civil. Tal era el caso de decisiones como la tomada por la Corte Suprema de Justicia el 12 de mayo de 2011, en donde consideró aplicables al reconocimiento de un laudo arbitral extranjero, los artículos 695 y 694 del Código de Procedimiento Civil, entonces vigentes.

Artículo 115: Trámite del reconocimiento

La parte que pida el reconocimiento presentará la solicitud ante la autoridad judicial competente acompañada de los documentos a que se refiere el artículo 111.

En caso de encontrar completa la documentación, la autoridad judicial competente admitirá la solicitud y dará traslado por diez días (10) a la otra u otras partes.

Vencido el término del traslado y sin trámite adicional, la autoridad judicial competente decidirá dentro de los veinte (20) días siguientes.

Artículo 116: Ejecución

Reconocido el laudo en todo o en parte, de su ejecución conocerá la autoridad judicial competente.

Concordancia: Art. 68 Ley 1563 de 2012

Nota: De conformidad con el artículo 68 de la presente ley, la autoridad judicial competente de que trata el presente artículo es el juez civil del circuito o el juez administrativo, dependiendo de si alguna de las partes intervinientes es una entidad pública colombiana o quien ejerza funciones administrativas.

SECCIÓN CUARTA. ARBITRAJE SOCIAL

Artículo 117: Arbitraje social

Los centros de arbitraje deberán promover jornadas de arbitraje social para la prestación gratuita de servicios en resolución de controversias de hasta cuarenta salarios mínimos legales mensuales vigentes (40 smlmv), sin perjuicio de que cada centro pueda prestar el servicio por cuantías superiores. Este arbitraje podrá prestarse a través de procedimientos especiales, autorizados por el Ministerio de Justicia y del Derecho, breves y sumarios.

En estos procesos las partes no requieren de apoderado, se llevarán por un solo árbitro y el centro de arbitraje cumplirá las funciones secretariales. Los centros tendrán lista de árbitros voluntarios y será escogido por las partes de dicha lista. Cuando el arbitraje no pueda adelantarse por los árbitros de la referida lista, el centro sorteará de la lista general de árbitros del centro. El árbitro sorteado que se abstenga de aceptar el nombramiento, sin justa causa, será excluido de la lista de árbitros del respectivo centro.

PARÁGRAFO. El Ministerio de Justicia y del Derecho expedirá la reglamentación a que haya lugar, en donde establezca el número mínimo de arbitrajes sociales gratuitos que cada centro debe adelantar en cada anualidad.

Los árbitros serán aceptados expresamente por las partes, y en ningún caso recibirán honorarios profesionales en los asuntos de arbitraje social.

Concordancia: Arts. 1.25 Num. 22, 4.3, 4.5, 4.7, 4.8, 4.16 y 9.13 Reg. CCAA CCC

SECCIÓN QUINTA

CAPÍTULO ÚNICO. DEROGACIONES Y VIGENCIA

Artículo 118: Derogaciones

Deróguese el Decreto número 2279 de 1989; el inciso primero del artículo 10 del Decreto número 1056 de 1953, los artículos 90 a 117 de la Ley 23 de 1991; los artículos 12 a 20 del Decreto número 2651 de 1991; los artículos 70 a 72 de la Ley 80 de 1993; los artículos 111 a 132 de la Ley 446 de 1998; los artículos 111 a 231 del Decreto número 1818 de 1998; el inciso 3 del artículo 331 del Código de Procedimiento Civil modificado por el artículo 34 de la Ley 794 de 2003; el artículo 22 de la Ley 1150 de 2007; la Ley 315 de 1996; el literal b) del artículo 3o y el inciso 3 del artículo 7 de la Ley 1394 de 2010, el numeral 12 del artículo 43 de la Ley 1480 de 2011; el inciso 2 del artículo 693 del Código de Procedimiento Civil; y el artículo 194 del Código de Comercio, así como todas las disposiciones contrarias a la presente ley.

Artículo 119: Vigencia

Esta ley regula íntegramente la materia de arbitraje, y empezará a regir tres (3) meses después de su promulgación. Esta ley sólo se aplicará a los procesos arbitrales que se promuevan después de su entrada en vigencia.

Los procesos arbitrales en curso a la entrada en vigencia de esta ley seguirán rigiéndose hasta su culminación por las normas anteriores.

LEY 2220 DE 2022

Por medio de la cual se expide el estatuto de conciliación y se dictan otras disposiciones.

TÍTULO I. OBJETO Y GENERALIDADES

CAPÍTULO 1° OBJETO, ÁMBITO Y PRINCIPIOS

Artículo 1: Objeto

La presente ley tiene por objeto expedir el Estatuto de Conciliación y crear el Sistema Nacional de Conciliación.

Artículo 2: Ámbito de aplicación

La conciliación se regulará por las disposiciones de la presente ley.

En los aspectos no regulados en esta ley, se seguirán las reglas establecidas en la normatividad relativa a la materia o asunto objeto de conciliación.

Concordancias: Art. 116 C.P.; Art. 145 L. 2220 de 2022; Dec. 1069 de 2015.

Nota: El artículo 146 de la Ley 2220 de 2022 establece la derogatoria de todas las disposiciones que le sean contrarias, y deroga artículos específicos de la Ley 23 de 1991, sin embargo, hay artículos de la Ley 23 de 1991 que no fueron derogados expresamente por la Ley 2220 de 2022.

Artículo 3: Definición y fines de la conciliación

La conciliación es un mecanismo de resolución de conflictos a través del cual dos o más personas gestionan por sí mismas la solución de las diferencias, con la ayuda de un tercero neutral y calificado denominado conciliador, quien, además de proponer fórmulas de arreglo, da fe de la decisión de acuerdo, la cual es obligatoria y definitiva para las partes que concilian.

La conciliación, en sus diversas modalidades, es una figura cuyos propósitos son facilitar el acceso a la justicia, generar condiciones aptas para el diálogo y la convivencia pacífica, y servir como instrumento para la construcción de paz y de tejido social.

Además de los fines generales, la conciliación en materia contencioso administrativa tiene como finalidad la salvaguarda y protección del patrimonio público y el interés general.

Concordancias: Arts. 2, 13, 29, 116 y 229 C.P.; Arts. 4 Num. 8, 29 núm. 5 y 6, 32 Num. 4, 61 inc. 2°, 64 L. 2220 de 2022; Arts. 8 y 13 Num. 3 L. 270 de 1996

Nota: Sobre los fines constitucionales de la conciliación, puede consultarse la sentencia C-222 de 2013, M.P. María Victoria Calle Correa, en resumen: "1. buscan hacer efectivo uno de los fines constitucionales como es el de la convivencia pacífica; 2. permiten la participación directa de los interesados en la resolución de sus conflictos, como una manifestación del principio de participación democrática que es axial a nuestra organización estatal; 3. son otra forma de hacer efectivo el derecho de acceso a la administración de justicia; y 4. son un buen mecanismo para lograr la descongestión judicial, pero no se debe tener como su fin único o esencia".

Artículo 4: Principios

La conciliación se guiará, entre otros, por los siguientes principios:

1. Autocomposición. Son las propias partes confrontadas las que resuelven su conflicto, desavenencias o diferencias en ejercicio de la autonomía de la voluntad, asistidos por un tercero neutral e imparcial que promueve y facilita el diálogo y la búsqueda de soluciones al conflicto y negociación entre ellas y que puede proponer fórmulas de solución que las partes pueden o no aceptar según su voluntad. Los interesados gozan de la facultad de definir el centro de conciliación donde se llevará a cabo la conciliación, elegir el conciliador.

Nota: En sentencia C 1195 de 2001, al referirse a la naturaleza autocompositiva de la conciliación la Corte Constitucional consideró: "la conciliación promueve la participación de los particulares en la solución de controversias, bien sea como conciliadores, o como gestores de la resolución de sus propios conflictos. Por ello se ha calificado la conciliación como un mecanismo de autocomposición (...) Como quiera que el papel del conciliador no es el de imponer una solución ni sustituir a las partes en la resolución del conflicto, la conciliación constituye precisamente una importante vía para propiciar la búsqueda de soluciones consensuales y para promover la participación de los individuos en el manejo de sus propios problemas."

2. Garantía de acceso a la justicia. En la regulación, implementación y operación de la conciliación se garantizará que todas las personas, sin distinción, tengan las mismas oportunidades, y la posibilidad real y efectiva de acceder al servicio que solicitan. Esta garantía implica que la prestación del servicio tanto por los particulares, como por las autoridades, investidas de la facultad de actuar como conciliadores generen condiciones para acceder al servicio a poblaciones urbanas y rurales, aisladas o de difícil acceso geográfico, y acogiendo la caracterización requerida por el servicio a la población étnica, población en condición de vulnerabilidad, niños, niñas y adolescentes y personas con discapacidad.

Se deberá garantizar que el trato brindado no resulte discriminatorio por razones de género, raza, idioma, opinión política, condición social, origen étnico, religión, preferencia ideológica, orientación sexual, ubicación territorial, prestando especial atención a la garantía de acceso a la justicia en la ruralidad, en especial en los municipios a que se refiere el Decreto ley 893 de 2017.

En consecuencia, habrá diferentes modelos para la implementación del instrumento, que atenderán a los diversos contextos sociales, geográficos, económicos, etnográficos y culturales donde se aplique. Para tal efecto se podrán constituir centros de conciliación especializados en la atención de grupos vulnerables específicos.

Concordancias: Arts. 13, 116 y 229 C.P.; Arts. 6, 8, 20, 21 Num. 16 L. 2220 de 2022

3. Celeridad. Los procedimientos definidos en la presente ley se erigen sobre preceptos ágiles, de fácil compresión y aplicación en todo contexto y materia, por lo que los mismos deberán interpretarse y aplicarse por el conciliador, con la debida diligencia, en función de la solución autocompositiva del conflicto. El conciliador, las partes, sus apoderados o representantes legales y los centros de conciliación evitarán actuaciones dilatorias injustificadas, en procura de garantizar el acceso efectivo a la justicia.

Concordancias: Arts. 116 y 229 C.P.; Arts. 55, 56 y 60 L. 2220 de 2022

4. Confidencialidad. El conciliador, las partes y quienes asistan a la audiencia, mantendrán y garantizarán el carácter confidencial de todos los asuntos relacionados con la conciliación, incluyendo las fórmulas de acuerdo que se propongan y los datos sensibles de las partes, los cuales no podrán utilizarse como pruebas en el proceso subsiguiente cuando este tenga lugar.

Concordancias: Arts. 6 Inc. 4, 30 Num. 7 L. 2220 de 2022

5. Informalidad. La conciliación esta desprovista de las formalidades jurídicas procesales.

La competencia del conciliador se determinará conforme a lo establecido en la presente ley, y el factor territorial no será obstáculo alguno para que el conciliador pueda ejercer su labor.

El conciliador en equidad podrá realizar audiencias de conciliación en cualquier espacio que considere adecuado para tramitar el conflicto.

Lo previsto en los incisos primero y tercero de este numeral no son aplicables a la conciliación extrajudicial en asuntos de lo contencioso administrativo o cuando se trata de una conciliación judicial.

Concordancias: Arts. 78 y siguientes, 86 y siguientes L. 2220 de 2022

6. Economía. En el ejercicio de la conciliación los conciliadores procurarán el más alto nivel de calidad en sus actuaciones y la protección de los derechos de las personas. El conciliador y las partes deberán proceder con austeridad y eficiencia.

7. Transitoriedad de la función de administrar justicia del conciliador particular. La función transitoria inicia con la designación como conciliador y cesa con la suscripción del acta de conciliación, las constancias que establece la ley o el desistimiento de una o ambas partes. El conciliador se revestirá nuevamente de la función transitoria en los eventos en que proceda la aclaración de un acta o constancia expedida por este.

En el caso de la conciliación extrajudicial en derecho, también terminará con el vencimiento del término de los tres (3) meses en que debió surtirse la audiencia, lo que ocurra primero, salvo por habilitación de las partes para extender la audiencia en el tiempo.

Concordancias: Art. 116 C.P.; Arts. 55, 56 y 60 L. 2220 de 2022; Arts. 55, 56 y 60 L. 2220 de 2022

8. Independencia del conciliador. Como administrador de justicia en los términos del artículo 116 de la Constitución, el conciliador tendrá autonomía funcional, es decir, no estará subordinado a la voluntad de otra persona; entidad o autoridad superior que le imponga la forma en que debe dirigir la audiencia o proponer las fórmulas de acuerdo en la conciliación.

Las actuaciones de los operadores de la conciliación extrajudicial en derecho en asuntos contenciosos administrativos, tendrán en razón al interés general y defensa del patrimonio público una autonomía funcional reglada.

Concordancias: Art. 116 C.P.; Art. 3 Inc. 3 y 5 L. 2220 de 2022

9. Seguridad jurídica. El análisis del conflicto deberá contar con referentes de confianza en el proceso conciliatorio como medio para la solución alternativa y pacífica del conflicto y creador de derechos con efectos de cosa juzgada, lealtad procesal en la actuación, y certeza en la justicia desde actores sociales e institucionales.

10. Principio de neutralidad e imparcialidad. Como administrador de justicia, el conciliador garantizará su actuar y su conducta de manera honesta, leal, neutral e imparcial, antes y durante la audiencia de conciliación y hasta que se alcance una decisión final al conflicto o controversia.

Concordancias: Art. 116 C.P.; Arts. 28, 29 Num. 3, 33 L. 2220 de 2022

11. Principio de presunción de buena fe. En todas las actuaciones de la conciliación se presumirá la buena fe de conformidad con lo previsto en el artículo 83 de la Carta Política, que incluye la presunción de autenticidad de todos los documentos y actuaciones, físicas y virtuales, de conformidad con las disposiciones del CGP.

Concordancias: Art. 87 C.P.; Arts. 114 y 244 C.G.P; Art. 50 Inc. 4 y 5 L. 2220 de 2022

PARÁGRAFO 1o. La conciliación por medios virtuales se regirá por los principios señalados en el presente artículo y, además, por los principios de neutralidad tecnológica, autenticidad, integridad, disponibilidad e interoperabilidad de la información. En el tratamiento de datos se deberá garantizar el cumplimiento de los principios y disposiciones contenidos en la Ley 1581 de 2012 o la ley que la modifique, complemente o sustituya.

Con el uso de las tecnologías de la información y las comunicaciones se deberá aumentar, profundizar y hacer eficiente y eficaz el aprovechamiento de los datos, con la finalidad de generar valor social y económico, en el marco de lo establecido en la Ley 1581 de 2012 o la ley que la modifique, complemente o sustituya.

Concordancias: L. 527 de 1999; Arts. 6, 50, 55, 64 Num. 8 L. 2220 de 2022

PARÁGRAFO 2o. La conciliación extrajudicial en asuntos contencioso administrativos se guiará por los principios generales previstos en la presente ley, los cuales deben ser interpretados de acuerdo con la naturaleza e intervinientes en la misma, así como el principio de la función administrativa de que trata el artículo 209 de la Constitución Política. Igualmente, serán aplicables los principios de que trata el Código de Procedimiento Administrativo y de lo Contencioso Administrativo en cuanto resulten compatibles con la naturaleza y características de este mecanismo alternativo de solución de controversias.

Concordancias: Art. 3 Inc. 3, 86 y siguientes L. 2220 de 2022.

CAPÍTULO 2° DE LA CONCILIACIÓN

Artículo 5: Clases

La conciliación podrá ser judicial, si se realiza dentro de un proceso judicial, o extrajudicial, si se realiza antes o por fuera de un proceso judicial.

La conciliación extrajudicial se denominará en derecho, cuando se realice a través de centros de conciliación, ante particulares autorizados para conciliar que cumplen función pública o ante autoridades en cumplimiento de funciones conciliatorias.

La conciliación extrajudicial se denominará en equidad cuando se realice ante conciliadores en equidad aplicando principios de justicia comunitaria dentro del ámbito establecido por la ley.

Concordancias: Art. 372 C.G.P.; Art. 77 Dec. L. 2158 de 1948; Art. 180 Num. 8 C.P.A.C.A.; Arts. 4 Num. 9, 57 Num. 5, 67, 72, 78, 87, 92 y 131 L. 2220 de 2022

Artículo 6: Formas de llevar a cabo el proceso de conciliación y uso de tecnologías de la información y las comunicaciones

El proceso de conciliación se podrá realizar en forma presencial, digital o electrónica o mixta, para lo cual las partes deberán manifestar en la solicitud de conciliación o una vez citadas, la forma en que actuarán y si se acogen a la forma digital o electrónica o mixta, certificando que cuentan con la idoneidad y los medios tecnológicos necesarios o si pueden acceder a través de las alcaldías, las personerías municipales y demás entidades públicas habilitadas por la Constitución y la ley, que se encuentren en disponibilidad de facilitar el acceso en sus sedes a las actuaciones virtuales.

Para tal efecto dentro del año siguiente a la entrada en vigencia de la presente ley los centros de conciliación y autoridades con funciones conciliatorias deberán adoptar el uso de las tecnologías de la información y las comunicaciones para garantizar la prestación del servicio de manera digital o electrónica. Para ello, deberá dar cumplimiento a los lineamientos y estándares dados por el Ministerio de Tecnologías de la Información y las Comunicaciones en el marco de la política de Gobierno digital, o la que haga sus veces, y solo respecto de la función pública que cumplen.

Cuando se trate de autoridades judiciales se deberá adoptar el uso de las tecnologías de la información y las comunicaciones para garantizar la prestación del servicio de manera digital o electrónica, siguiendo los lineamientos y estándares que establezca el Consejo Superior de la Judicatura en el marco del proceso de transformación digital de la justicia.

El uso de las tecnologías de la información y las comunicaciones deberá garantizar condiciones de autenticidad, integridad, disponibilidad y confidencialidad; este último cuando se requiera. Así mismo, deben ser idóneas, confiables, seguras, accesibles para personas con discapacidad y suficientes para garantizar la adecuada comparecencia de las partes y la adecuada prestación del servicio de conciliación digital o electrónico.

El uso de medios digitales o electrónicos es aplicable en todas las actuaciones, entre otras, para llevar a cabo las comunicaciones tanto con las partes como con terceros, para la comunicación sobre las decisiones adoptadas, la presentación de memoriales y la realización de audiencias a través de videoconferencia, teleconferencia o por cualquier otro medio tecnológico, así como, la incorporación de documentos, el archivo de la actuación y su posterior consulta.

A partir de la vigencia de la presente ley cuando se decida por la realización de la conciliación por medios digitales o electrónicos, todo el trámite conciliatorio se deberá digitalizar y cuando sea posible automatizar. En dicho caso, se deberá posibilitar, entre otros, la presentación de la solicitud y radicación digital, el reparto digital, la formación de expedientes y guarda de la información por medios digitales, el acceso al expediente, las notificaciones, la gestión documental digital de la información, la preparación de las actas y constancias, su firma y la interoperabilidad con otros sistemas de información.

Sin perjuicio que las entidades dispongan de sistemas que permitan el uso de tecnologías de la información y las comunicaciones para la realización completa del proceso de conciliación, en el evento que una o alguna de las partes opte por realizar el trámite de forma física, este deberá ser garantizado, en cuyo caso, la gestión documental se deberá integrar en el sistema de gestión documental digital o electrónico dispuesto.

Los centros de conciliación que presten el servicio de conciliación por medios digitales o electrónicos incluirán en su reglamento el procedimiento para su utilización.

La aprobación del reglamento o su modificación deberá ser solicitada al Ministerio de Justicia y del Derecho. El Ministerio de Justicia y del Derecho elaborará un reglamento modelo que pondrá a disposición en su sede electrónica dentro de los seis (6) meses siguientes a la entrada en vigencia de la presente ley.

PARÁGRAFO 1o. Las comunicaciones a las entidades públicas de todos los niveles y las privadas que cumplan funciones administrativas se realizarán a través del canal digital dispuesto en la sede electrónica de la entidad, según lo señalado en el Artículo 56 del Código de Procedimiento Administrativo y de lo Contencioso Administrativo o la norma que lo sustituya o modifique.

En todo caso, los convocantes deberán proporcionar el canal digital para los efectos señalados en el presente artículo, y para efectos de la notificación deberá seguirse lo señalado en el artículo 56 del Código de Procedimiento Administrativo y de lo Contencioso Administrativo. Cuando se trate de notificaciones o comunicaciones en el marco de la función judicial el numeral 2 del artículo 291 del Código General del Proceso o la norma que lo modifique, adicione o sustituya.

PARÁGRAFO 2o. El Gobierno nacional reglamentará, dentro de los seis (6) meses siguientes a la entrada en vigencia de la presente ley, las condiciones que deberán cumplir los centros de conciliación para prestar el servicio de conciliación por medios virtuales.

PARÁGRAFO 3o. Los conciliadores en equidad podrán prestar sus servicios por medios digitales o electrónicos siempre que se garantice la autenticidad, integridad, disponibilidad y confidencialidad. Esta última cuando se requiera. Para garantizar la igualdad de acceso a los centros de conciliación y autoridades con funciones conciliatorias, se deberán asegurar mecanismos suficientes y adecuados de acceso gratuito a los medios electrónicos, o permitir el uso alternativo de otros procedimientos.

Las autoridades municipales deberán facilitar y/o compartir el espacio físico y las herramientas tecnológicas para tal efecto, dispuestos para las inspecciones de policía y corregidoras, así también los dispuestos en las casas de justicia de los respectivos municipios donde estas existan.

Las Instituciones de Educación Superior públicas o privadas que cuenten con consultorios jurídicos y/o centros de conciliación deberán coordinar con los conciliadores en equidad y a solicitud de estos para facilitar y/o compartir el espacio físico y las herramientas tecnológicas dispuestas por la institución para el mecanismo de conciliación.

Concordancias: Arts. 8 y 9 L. 527 de 1999; Arts. 4 Num. 2, 4, 11 y Par. 1, 30 Num. 7 L. 2220 de 2022

Artículo 7: Asuntos conciliables

Serán conciliables todos los asuntos que no estén prohibidos por la ley, siendo principio general que se podrán conciliar todas las materias que sean susceptibles de transacción, desistimiento y los derechos de los cuales su titular tenga capacidad de disposición.

Para la procedencia de la conciliación no será necesaria la renuncia de derechos.

En asuntos de naturaleza laboral y de la seguridad social podrá conciliarse si con el acuerdo no se afectan derechos ciertos e indiscutibles. En materia contenciosa administrativa, serán conciliables los casos en los eventos previstos en la presente ley, siempre y cuando no afecten el interés general y la defensa del patrimonio público.

Concordancias: Art. 53 C.P.; Arts. 13, 14 y 15 C.S.T.; Art. 2469 y siguientes C.C.; Arts. 138, 140 y 141 C.P.A.C.A.; Art. 7. 54 y 89 L. 2220 de 2022

Artículo 8: Gratuidad de la prestación del servicio de conciliación

La prestación del servicio de conciliación que se adelante ante los conciliadores en equidad, servidores públicos facultados para conciliar, centros de conciliación de entidades públicas y de consultorios jurídicos universitarios, será gratuita.

Los notarios podrán cobrar por sus servicios. El marco tarifario que fije el Gobierno nacional, cuando lo considere conveniente será obligatorio.

Los centros de conciliación autorizados deberán establecer los casos en los cuales prestarán el servicio de forma gratuita.

PARÁGRAFO. Los centros de conciliación de los consultorios jurídicos universitarios no podrán atender casos de una cuantía mayor a los cincuenta (50) salarios mínimos legales mensuales vigentes.

Concordancias: Arts. 4 Num. 2, 9, 15, 30 Num. 3, 21 Num. 16, 23, 24, 78 L. 2220 de 2022

Artículo 9: Extensión de la gratuidad en la conciliación en equidad

Teniendo en cuenta que la conciliación en equidad es gratuita, también lo será el servicio de asesoría, patrocinio o gestión de quien acompañe o represente a las partes, salvo lo concerniente a los costos ocasionados en el trámite conciliatorio que deberán ser sufragados por las partes a título de expensas.

Concordancias: Arts. 8 y 78 L. 2220 de 2022

CAPÍTULO 3° DE LOS OPERADORES AUTORIZADOS PARA CONCILIAR

Artículo 10: Operadores autorizados para conciliar extrajudicialmente

Serán operadores de la conciliación extrajudicial en derecho:

a) Los conciliadores inscritos en los centros de conciliación debidamente autorizados para prestar sus servicios, sean de entidades con o sin ánimo de lucro, de notarías, de entidades públicas o de los consultorios jurídicos de las Instituciones de Educación Superior.

Concordancias: Arts. 23, 25 y 28 L. 2220 de 2022

b) Los servidores públicos facultados por la ley para conciliar.

c) Los defensores del consumidor financiero.

Concordancias: Art. 13 Lit. c) L. 1328 de 2009

En la conciliación en equidad, serán operadores de la conciliación, los conciliadores en equidad debidamente nombrados por la autoridad competente, conforme a lo establecido en la presente ley.

Concordancias: Arts. 8, 28 Num. 3 y 78 L. 2220 de 2022

Artículo 11: Operadores autorizados para conciliar extrajudicialmente en materias que sean competencia de los jueces civiles

La conciliación extrajudicial en derecho en materias que sean competencia de los jueces civiles, sin perjuicio de la naturaleza jurídica de las partes, podrá ser adelantada ante los conciliadores de los centros de conciliación, ante los delegados regionales y seccionales de la Defensoría del Pueblo, los agentes del ministerio público en materia civil y ante los notarios. A falta de todos los anteriores en el respectivo municipio, esta conciliación podrá ser adelantada por los personeros y por los jueces civiles o promiscuos municipales, siempre y cuando el asunto a conciliar sea de su competencia.

Se excluye competencia a los consultorios jurídicos cuando una de las partes sea una entidad pública.

Concordancias: Art. 15 C.G.P.; Arts. 23, 25 y 28 L. 2220 de 2022

Artículo 12: Operadores autorizados para conciliar extrajudicialmente en materia de familia

La conciliación extrajudicial en derecho en materia de familia podrá ser adelantada ante los conciliadores de los centros de conciliación, ante los defensores y los comisarios de familia cuando ejercen competencias subsidiarias en los términos de la Ley 2126 de 2021, los delegados regionales y seccionales de la Defensoría del Pueblo, los agentes del ministerio público ante las autoridades judiciales y administrativas en asuntos de familia y ante los notarios. A falta de todos los anteriores en el respectivo municipio, esta conciliación podrá ser adelantada por los personeros y por los jueces civiles o promiscuos municipales, siempre y cuando el asunto a conciliar sea de su competencia.

En la conciliación extrajudicial en materia de familia los operadores autorizados lo son en los asuntos específicos que los autorice la ley.

Artículo 13: Operadores autorizados para conciliar extrajudicialmente en materia laboral

La conciliación extrajudicial en derecho en materia laboral podrá ser adelantada ante los jueces laborales competentes conforme las reglas de competencia territorial estatuidas en el Código Procesal del Trabajo y Seguridad Social o ante los inspectores de trabajo, los delegados regionales y seccionales de la Defensoría del Pueblo, y los agentes del Ministerio Público en materia laboral. A falta de todos los anteriores en el respectivo municipio, esta conciliación podrá ser adelantada por los personeros y por los jueces civiles o promiscuos municipales, siempre y cuando el asunto a conciliar sea de su competencia.

Concordancias: Art. 2 y siguientes Dec. L. 2158 de 1948; Art. 51 L. 2220 de 2022

Artículo 14: Operadores autorizados para conciliar extrajudicialmente en materia de protección especial al consumidor financiero

En las entidades vigiladas que por definición del Gobierno nacional deben contar con un Defensor del Consumidor Financiero serán estos los competentes para adelantar conciliaciones entre los consumidores financieros y la respectiva entidad vigilada en los términos de la Ley 1328 de 2009, o la norma que la modifique o sustituya.

Concordancias: Art. 13 Lit. C y 14 L. 1328 de 2009

Artículo 15: Centro de conciliación

Es la línea de acción autorizada por el Ministerio de Justicia y del Derecho a una entidad promotora para que preste el soporte operativo y administrativo requerido para la prestación del servicio de la conciliación extrajudicial en derecho, contando para ello con conciliadores inscritos en sus listas, y estableciendo su propio reglamento para un funcionamiento, el cual igualmente, deberá ser aprobado por el Ministerio de Justicia y del Derecho.

Artículo 16: Entidad promotora

Es la entidad pública, persona jurídica sin ánimo de lucro, Instituto de Educación Superior con consultorio jurídico, o notaría que es responsable que la prestación del servicio de conciliación ante el Ministerio de Justicia y del Derecho.

Artículo 17: Creación de centros de conciliación

Las personas jurídicas sin ánimo de lucro, las notarías, las entidades públicas y los consultorios jurídicos universitarios podrán crear centros de conciliación, previa autorización del Ministerio de Justicia y del Derecho.

Artículo 18: Contenido y anexos de la solicitud de creación de centros de conciliación

Las entidades interesadas en la creación de centros de conciliación deberán presentar al Ministerio de Justicia y del Derecho una solicitud suscrita por el representante legal de la entidad promotora en la que se manifieste expresamente su interés de crear el centro de conciliación, se indique el nombre, domicilio y el área de cobertura territorial de este.

A la solicitud se deberá anexar:

1. Certificado de existencia y representación legal de la entidad promotora, salvo en relación con la nación, los departamentos y los municipios y las demás entidades creadas por la Constitución y la ley.

2. Fotografías, planos y folio de matrícula inmobiliaria o contrato de arrendamiento del inmueble donde funcionará el centro, que evidencie que cuenta con instalaciones que como mínimo deben satisfacer las siguientes características:

a) Área de espera.

b) Área de atención al usuario.

c) Área para el desarrollo de los procesos de administración internos del centro de conciliación.

d) Área para el desarrollo de los trámites conciliatorios, independiente del área destinada a los procesos de administración internos del centro de conciliación, que garantice la privacidad, confidencialidad y accesibilidad según la legislación vigente.

e) Espacio para el almacenamiento de la documentación generada por los trámites, que garantice su conservación, seguridad y confidencialidad.

3. El proyecto de reglamento del centro de conciliación, que deberá contener como mínimo:

a) Las políticas y parámetros del centro de conciliación que garanticen la calidad de la prestación del servicio y la idoneidad de sus conciliadores.

b) Un código interno de ética al que deberán someterse todos los conciliadores inscritos en la lista oficial del centro, con el cual se garantice la transparencia e imparcialidad del servicio.

c) Los requisitos de inclusión en la lista de conciliadores y las causales y el procedimiento de exclusión de estas.

d) El procedimiento para la prestación del servicio de conciliación.

e) Los criterios y protocolos de atención inclusiva con enfoque diferencial que permitan cumplir con el principio de garantía de acceso a la justicia.

4. Los documentos que acrediten la existencia de recursos financieros necesarios para la dotación y puesta en funcionamiento del centro, así como para su adecuada operación. Cuando el interesado en la creación del centro sea una entidad pública, debe aportar el proyecto de inversión respectivo o la información que permita establecer que el presupuesto de funcionamiento de la entidad cubrirá la totalidad de los gastos generados por el futuro centro de conciliación.

5. Diagnóstico de conflictividad y tipología de conflicto de la zona en la cual tendrá influencia el centro de conciliación.

6. Los casos en los cuales prestará el servicio voluntariamente y de forma gratuita.

7. El diseño de las herramientas tecnologías, hardware y software que se compromete a garantizar para la operación y modernización del servicio.

PARÁGRAFO 1o. La entidad promotora podrá solicitar al Ministerio de Justicia y del Derecho la ampliación, de la cobertura territorial de sus servicios de conciliación prestados en el centro de conciliación autorizado, siempre que acredite nuevamente los requisitos mencionados en este artículo para cumplir con este propósito.

Artículo 19: Autorización de creación de centros de conciliación

El Ministerio de Justicia y del Derecho decidirá sobre la solicitud de creación de centros de conciliación.

El Ministerio podrá requerir a la entidad promotora solicitante para que complete o adicione la documentación presentada con la solicitud.

Las entidades promotoras podrán modificar sus reglamentos previa aprobación del Ministerio de Justicia y del Derecho.

PARÁGRAFO. El Ministerio de Justicia y del Derecho establecerá las condiciones o requisitos especiales para autorizar la creación de centros de conciliación que se ubiquen en los municipios a que refiere el Decreto ley 893 de 2017 y para constituir centros de conciliación especializados en la atención de grupos vulnerables específicos.

Concordancias: Art. 16 Num. 7 Dec. 1427 de 2017

Artículo 20: Reglas generales de los centros de conciliación

Los centros de conciliación deberán prestar sus servicios de acuerdo con los siguientes parámetros:

1. **Calidad de la prestación del servicio:** Los centros de conciliación deberán prestar los servicios de conciliación procurando generar el mayor grado de satisfacción a las partes en la solución de los conflictos. Los centros de conciliación deberán brindar las condiciones necesarias para que los servicios de conciliación se presten en las condiciones de calidad definidas por el Ministerio de Justicia y del Derecho.

2. **Participación:** Los centros de conciliación deberán establecer en su reglamento la estrategia para generar espacios de participación de la comunidad y de promoción y divulgación de los mecanismos alternativos de solución de conflictos.

3. **Responsabilidad social:** Los centros de conciliación prestarán en algunos casos el servicio de conciliación de manera gratuita, o en condiciones preferenciales de conformidad con los parámetros establecidos al respecto por el Ministerio de Justicia y del Derecho.

Concordancias: Arts. 4 Num. 2, 8, 21 Num. 16 L. 2220 de 2022

Artículo 21: Obligaciones de los centros de conciliación

Los centros de conciliación deberán cumplir las siguientes obligaciones:

1. Aplicar el reglamento del centro de conciliación.

2. Contar con una sede dotada de los elementos administrativos y técnicos necesarios para servir de apoyo al procedimiento conciliatorio.

3. Velar porque las audiencias se desarrollen en un lugar y en condiciones adecuadas.

4. Conformar una lista de conciliadores, cuya inscripción se actualizará por lo menos cada tres (3) años.

Concordancias: Art. 28 L. 2220 de 2022; Arts. 5.1., 5.2. y 5.7. Reg. CAC CCB

5. Designar al conciliador de la lista del centro cuando corresponda.

Concordancias: Art. 57 Num. 3 L. 2220 de 2022; Art. 5.8. Reg. CAC CCB

6. Establecer y publicitar las tarifas del servicio de conciliación.

7. Fijar la proporción que corresponderá al conciliador de las tarifas que se cobren por la conciliación.

8. Organizar un archivo de actas y constancias, y de todos los documentos relacionados con el procedimiento conciliatorio, de acuerdo con lo establecido en esta ley.

Concordancias: Arts. 30 Num. 5, 54, 64, 65 y 66 Num. 3 L. 2220 de 2022

9. Registrar ante el Ministerio de Justicia y del Derecho, dentro de los tres (3) días siguientes a su recibo, el acta de conciliación, que cumpla con los requisitos formales establecidos en esta ley, certificando la calidad de conciliador inscrito.

Concordancias: Art. 64 L. 2220 de 2022

10. Reportar la información requerida, por el Ministerio de Justicia y del Derecho a través del medio dispuesto para ello, y con las condiciones determinadas por dicho Ministerio.

11. Velar por la debida conservación de las actas.

Concordancias: Art. 66 L. 2220 de 2022

12. Dar trámite a las quejas que se presenten contra la actuación de los conciliadores de su lista y trasladarlas a la autoridad disciplinaria correspondiente, cuando a ello hubiere lugar, siguiendo el procedimiento establecido en el reglamento.

13. Excluir de la lista a los conciliadores en los casos previstos por la ley, siguiendo el procedimiento establecido en el reglamento.

14. Pronunciarse respecto de los impedimentos y recusaciones a que hubiere lugar, de acuerdo con el procedimiento establecido en su reglamento.

15. Organizar su propio programa de educación continuada en materia de mecanismos alternativos de solución de conflictos.

Concordancias: Art. 41 y siguientes L. 2220 de 2022; Art. 16 Num. 9, Num. 10 Dec. 1427 de 2017

16. Realizar por lo menos una vez al año campañas de promoción del mecanismo de resolución de conflictos en el área de influencia u operación del centro para el cual se encuentra habilitado.

Concordancias: Arts. 4 Num. 2, 8, 20 Num. 3 L. 2220 de 2022

17. Las demás que le imponga la ley.

Artículo 22: Tarifas del servicio de conciliación

El Gobierno nacional, si lo considera conveniente, podrá establecer el marco de regulación de tarifas de los centros de conciliación y los notarios. En todo caso, se podrán establecer límites máximos a las tarifas si se considera conveniente.

Concordancias: Dec. 1885 de 2021

Artículo 23: Centros de conciliación en consultorios jurídicos de instituciones de educación superior

El Gobierno nacional, si lo considera conveniente, podrá establecer el marco de regulación de tarifas de los centros de conciliación y los notarios. En todo caso, se podrán establecer límites máximos a las tarifas si se considera conveniente.

Los consultorios jurídicos de Instituciones de Educación Superior podrán organizar su propio centro de conciliación, para el cual se tendrán en cuenta las siguientes reglas:

1. Los estudiantes podrán actuar como conciliadores sólo en los asuntos que por su cuantía sean competencia de los consultorios jurídicos, de conformidad con lo señalado en la normativa vigente y bajo la supervisión y orientación del director o asesor del área respectiva, quienes deberán estar certificados como conciliadores de acuerdo con los requisitos y trámites previstos en la ley.
2. Los estudiantes serán auxiliares de los abogados que actúen como conciliadores, en los asuntos que superen la cuantía de competencia de los consultorios jurídicos.
3. Las conciliaciones realizadas en estos centros de conciliación deberán llevar la firma del director o del asesor del área respecto de la cual se trate el tema a conciliar, de conformidad con la organización interna del consultorio jurídico.
4. Los abogados titulados vinculados a los centros de conciliación de los consultorios jurídicos tramitarán casos de conciliación.
5. Cuando la conciliación se realice por el director del centro de conciliación del consultorio jurídico o el asesor del área correspondiente, no operará la limitación por cuantía, establecida en el numeral primero del presente artículo.

El Ministerio de Justicia y del Derecho fijará los contenidos mínimos del programa de capacitación de los estudiantes que desarrollen su práctica como conciliadores en los centros de conciliación de los consultorios jurídicos de instituciones de Educación Superior, el proceso formativo de los estudiantes y la autonomía universitaria. Esta capacitación deberá ser impartida preferiblemente por los docentes o asesores de las distintas áreas de los consultorios jurídicos.

El Ministerio de Justicia y del Derecho de manera periódica realizará jornadas de capacitación a los asesores de los consultorios jurídicos, sobre los contenidos y técnicas de conciliación.

El Ministerio de Justicia y del Derecho velará porque los centros de conciliación de las Instituciones de Educación Superior cuenten con el personal administrativo necesario para el trámite de la conciliación.

Concordancias: Arts. 10, 11 L. 2220 de 2022

CAPÍTULO 4° CONCILIACIÓN POR NOTARIOS Y CENTROS DE CONCILIACIÓN DE NOTARÍAS

Artículo 24: Conciliación por notarios

El notario podrá actuar como conciliador en su notaría de forma personal e indelegable en los asuntos directamente autorizados por la ley en materia civil y de familia y tendrá los mismos deberes y obligaciones establecidos en la presente ley.

Artículo 25: Centros de conciliación de notarías

Cuando el notario, decida prestar el servicio a través de conciliadores en derecho, deberá crear centro de conciliación de conformidad con el procedimiento y los requisitos establecidos en la presente ley.

En tal evento, el notario responderá como titular de la notaría por el cumplimiento de las obligaciones establecidas para los centros de conciliación.

Concordancias: Arts. 10, 11 L. 2220 de 2022

Artículo 26: Responsabilidad del notario y de los conciliadores de su lista

Cuando una conciliación se realice en un centro de conciliación de una notaría la responsabilidad directa frente al procedimiento será del conciliador que la desarrolle. El notario será responsable respecto de quienes conforman la lista, de la administración del Centro como director del mismo, y de la aplicación del reglamento del centro de conciliación.

Artículo 27: Obligaciones del notario como director del centro de conciliación

El notario responderá como director del centro de conciliación de la notaría, entre otros, por el cumplimiento de las siguientes obligaciones:

1. Conformar, a través del centro de conciliación, la lista de conciliadores entre quienes cumplan los requisitos exigidos por la ley.

Concordancias: Arts. 28 y siguientes L. 2220 de 2022

2. Fijar la proporción que corresponderá al conciliador de las tarifas que se cobren por la conciliación.

3. Dar trámite a las quejas que se presenten contra la actuación de los conciliadores de su lista y trasladarlas a la autoridad disciplinaria correspondiente, cuando a ello hubiere lugar, siguiendo el procedimiento establecido en el reglamento.

4. Excluir de la lista a los conciliadores en los casos previstos por la ley, siguiendo el procedimiento establecido en el reglamento.

5. Designar al conciliador de la lista.

6. Pronunciarse respecto de los impedimentos y recusaciones a que hubiere lugar.

7. Velar porque las audiencias se desarrollen en un lugar y en condiciones adecuadas.

8. Velar por la debida conservación de las actas, y de la demás documentación relacionada dentro del proceso conciliatorio.

9. Hacer cumplir el reglamento del centro de conciliación de la Notaría.

10. Las demás que le imponga la ley.

El Ministerio de Justicia y del Derecho, ejercerá la inspección, vigilancia y control, de los centros de conciliación creados por las notarías.

CAPÍTULO 5° EL CONCILIADOR

Artículo 28: Requisitos para ser conciliador

El conciliador deberá ser colombiano y ciudadano en ejercicio, y estar en pleno goce de sus derechos civiles, los conciliadores no podrán estar incursos en las causales de inhabilidad, incompatibilidad o impedimento consagradas en el Código General del Proceso, o en el Código de Procedimiento Administrativo y de lo Contencioso Administrativo, según sea el caso, así como tampoco en conflicto de interés frente a los asuntos objeto de conciliación.

Concordancias: Art. 116 C.P.; Arts. 140 y siguientes C.G.P; Arts. 11 y siguientes C.P.A.C.A.; Art. 71 L. 1952 de 2019; Arts. 4 Num. 10, 28, 29 núm. 3 y 33 L. 2220 de 2022; Art. 5.2. Reg. CAC CCB

Además de los enunciados anteriormente, los conciliadores deberán cumplir los siguientes requisitos:

1. El conciliador en derecho, deberá ser abogado y con tarjeta profesional vigente, certificarse como conciliador en derecho de acuerdo con los parámetros

establecidos por el Ministerio de Justicia y del Derecho, estar registrado en el Sistema de Información del Ministerio de Justicia y del Derecho, e inscribirse en un centro de conciliación.

Concordancias: Art. 26 C.P.; Dec. 196 de 1971; L. 1905 de 2018

A los servidores públicos facultados para conciliar, sólo les serán exigibles los requisitos establecidos para el ejercicio del cargo. Estos deberán formarse como conciliadores en derecho, según lo dispuesto en el artículo 46 de la presente ley.

2. Cuando se trate de estudiantes que desarrollen su práctica como conciliadores centros de conciliación de consultorios jurídicos universitarios, no tendrán que cumplir los requisitos anteriores.

3. El conciliador en equidad deberá gozar de reconocimiento comunitario y un alto sentido del servicio social y voluntario, haber residido mínimo dos (2) años en la comunidad donde va a conciliar, ser postulado por las organizaciones cívicas de los correspondientes barrios, corregimientos y veredas que la conforman, y certificarse como conciliador en equidad de acuerdo con los parámetros establecidos por el Ministerio de Justicia y del Derecho.

Los Tribunales Superiores de Distrito Judicial de Jurisdicción Ordinaria de las ciudades sede de estos y los jueces primeros del mayor nivel jerárquico en los demás municipios del país, nombrarán los conciliadores en equidad que cumplan con los requisitos establecidos por el Ministerio de Justicia y del Derecho.

El nombramiento como conciliador en equidad constituye un especial reconocimiento al ciudadano por su servicio y dedicación a su comunidad.

El conciliador en equidad deberá estar inscrito en un Programa Local de Justicia en Equidad.

Teniendo en cuenta que los conciliadores en equidad prestan su servicio de manera gratuita, su labor se regulará de acuerdo con lo establecido en la Ley 720 de 2001 "por medio de la cual se reconoce, promueve y regula la acción voluntaria de los ciudadanos colombianos".

Concordancias: Arts. 10, 11, 78 y siguientes L. 2220 de 2022

Artículo 29: Deberes y obligaciones del conciliador

El conciliador tendrá las siguientes obligaciones:

1. Citar a las partes de conformidad con lo dispuesto en esta ley.

Concordancias: Art. 55 L. 2220 de 2022

2. Citar por solicitud de las partes o de acuerdo con su criterio, a quienes deban asistir a la audiencia, incluidos los expertos en la materia objeto de conciliación.

Concordancias: Art. 32 Num. 2 y 55 L. 2220 de 2022

3. Propender por un trato igualitario entre las partes.

Concordancias: Arts. 4 Num. 10 y 33 L. 2220 de 2022

4. Dirigir la audiencia de conciliación, de manera personal e indelegable, además de ilustrar a los comparecientes acerca del objeto, alcance y límites de la conciliación.

Concordancias: Art. 32 Num. 1 y Num. 3 L. 2220 de 2022

5. Motivar a las partes para que presenten fórmulas de arreglo con base en los hechos tratados en la audiencia.

Concordancias: Arts. 3, 32 Num. 4 y 61 Inc. 2 L. 2220 de 2022

6. Formular propuestas de arreglo.

Concordancias: Arts. 3, 32 Num. 4 y 61 Inc. 2 L. 2220 de 2022

7. Emitir constancias cuando corresponda.

Concordancias: Arts. 54, 59 y 65 L. 2220 de 2022

8. Redactar y suscribir el acta de conciliación en caso de acuerdo total o parcial.

Concordancias: Arts. 64 L. 2220 de 2022

Artículo 30: Deberes y obligaciones del conciliador en derecho ante el centro de conciliación

Son obligaciones del conciliador en derecho ante el centro de conciliación en cuya lista se encuentra inscrito:

1. Suministrar información veraz y completa en el procedimiento de inscripción en la lista del centro de conciliación.

Concordancias: Arts. 21 y 25 L. 2220 de 2022

2. Informar al centro de conciliación el acaecimiento de cualquier hecho que pueda ser constitutivo de conflicto de interés, impedimento o inhabilidad.

Concordancias: Arts. 140 y siguientes C.G.P; Arts. 11 y siguientes C.P.A.C.A.; Art. 28 Inc. 1 L. 2220 de 2022

3. Informar al centro de conciliación cualquier modificación en la información suministrada en el momento de su inscripción en la lista.

4. Aceptar la designación para el asunto objeto de la conciliación, salvo que esté incurso en alguna causal de impedimento, de conflicto de interés o fuerza mayor.

Concordancias: Art. 57 L. 2220 de 2022; Art. 64 C.C.

5. Entregar al centro de conciliación en el cual se encuentre inscrito, el original del acta de conciliación, o de las constancias y los documentos aportados por las partes y/o el archivo digital cuando medió la utilización de medios tecnológicos para adelantar el procedimiento conciliatorio, dentro del dos (2) días siguientes al de la audiencia. La constancia de inasistencia deberá ser entregada dentro de los cuatro (4) días hábiles después de realizada la audiencia.

Concordancias: Arts. 59, 64, 65 y 66 L. 2220 de 2022

6. Expedir cualquier certificación que sea solicitada por las partes, relacionadas con determinados aspectos del procedimiento.

7. Guardar reserva sobre el contenido y disposición de documentos, discusiones, fórmulas de arreglo y acuerdos a los que hayan llegado las partes en el trámite conciliatorio, los cuales solo quedarán a disposición de las partes y las autoridades judiciales y administrativas que lo requieran para fines eminentemente procesales, estadísticos o de registro.

Concordancias: Arts. 4 Num. 4, 6 Inc. 4 L. 2220 de 2022

El incumplimiento de cualquiera de los deberes y obligaciones mencionados facultará al centro de conciliación para aplicar las sanciones establecidas para esos efectos, dentro de su reglamento.

Concordancias: Arts. 5.12. y 5.14. Reg. CAC CCB

Artículo 31: Deberes y obligaciones especiales de los servidores públicos facultados para conciliar

La facultad para conciliar otorgada por la ley a los servidores públicos es indelegable.

Los servidores públicos facultados para conciliar deberán entregar a la entidad correspondiente las actas o las constancias y demás documentos aportados por las partes en el procedimiento de conciliación para su archivo, en la forma dispuesta en la Ley General de Archivo vigente.

Igualmente, deberán registrar la información correspondiente a las solicitudes, procedimientos, actas y constancias de conciliación, en el sistema de información dispuesto para esos efectos, por el Ministerio de Justicia y del Derecho.

También deberán proporcionar la información adicional que el Ministerio de Justicia y del Derecho, les solicite en cualquier momento.

PARÁGRAFO. Para el caso de las conciliaciones extrajudiciales en materia contencioso administrativa, la información que sea requerida por el Ministerio de Justicia y del Derecho será aportada por la Procuraduría General de la Nación mediante los mecanismos que, en virtud del principio de colaboración armónica, acuerden previamente las entidades.

Concordancias: L. 594 de 2000

Artículo 32: Atribuciones del conciliador en derecho

El conciliador en derecho tendrá las siguientes atribuciones:

1. Dar trámite, o solicitar aclaraciones o información complementaria a la solicitud de conciliación.

En caso del retiro de la solicitud, o del no cumplimiento del requerimiento del conciliador, en el sentido de información complementaria o aclaración de la misma, se tendrá como no presentada.

Concordancias: Arts. 29 Num. 4, 52 y 53 L. 2220 de 2022

2. Citar a audiencia de conciliación extrajudicial por el medio más expedito.

Concordancias: Arts. 29 Num. 2 y 55 L. 2220 de 2022

3. Dirigir de manera personal, directa e indelegable la audiencia e ilustrar a los comparecientes sobre el objeto, alcance y límites de la conciliación.

Concordancias: Arts. 29 Num. 4 L. 2220 de 2022

4. Proponer fórmulas de acuerdo y motivar a las partes para que las presenten.

Concordancias: Arts. 3, 29 Num. 5 y Num. 6 L. 2220 de 2022

También podrá realizar audiencias privadas con las partes para explorar fórmulas de arreglo.

5. Tomar las decisiones que en su criterio son necesarias, para el buen desarrollo de la audiencia de conciliación.

6. Suspender la audiencia de conciliación cuando las partes lo soliciten, o cuando en su criterio, no se estén dando las condiciones para el normal desarrollo de la misma.

7. Solicitarle a las autoridades judiciales o administrativas, la colaboración por parte de estas en asuntos que considere que necesitan de su concurso, para la correcta realización del procedimiento conciliatorio.

Artículo 33: Impedimentos y recusaciones

El conciliador deberá declararse impedido tan pronto como advierta la existencia de alguna causal que comprometa la independencia o imparcialidad de su gestión, expresando los hechos en que se fundamenta. No podrá aceptar la designación cuando tengan un interés directo o indirecto en la conciliación.

Las causales de impedimento, recusación o conflicto de interés serán las previstas en el Código General del Proceso o la norma que lo modifique, complemente o sustituya, sin perjuicio de lo previsto para la conciliación en materia contencioso administrativo.

Cuando se configure cualquiera de las causales señaladas, el centro de conciliación, el superior jerárquico del servidor público habilitado por la ley para conciliar, o el Programa Local de Justicia en Equidad, según corresponda, decidirá sobre el impedimento o recusación y de proceder, designará otro conciliador y aplicará el procedimiento y sanciones establecidos en su reglamento normativo.

Concordancias: Arts. 140 y siguientes C.G.P; Arts. 11 y siguientes C.P.A.C.A.; Art. 71 L. 1952 de 2019; Arts. 4 Num. 10, 28, 29 Num. 3 L. 2220 de 2022

Artículo 34: Inhabilidad especial

El conciliador no podrá actuar como árbitro, asesor o apoderado de una de las partes intervinientes en la conciliación en cualquier proceso judicial o arbitral durante un (1) año a partir de la expiración del término previsto para la misma.

Esta prohibición será permanente en la causa en que haya intervenido como conciliador.

Los conciliadores inscritos en los centros de conciliación no podrán intervenir en casos en los cuales se encuentren directamente interesados dichos centros, sus funcionarios. En virtud de esta inhabilidad los centros de conciliación tampoco podrán asumir el trámite de estas solicitudes.

PARÁGRAFO 1o. El conciliador en equidad podrá ser sancionado por incurrir en las faltas previstas en el Código de Ética del Programa Local de Justicia en Equidad, siempre que la conducta investigada no sea constitutiva de falta disciplinaria. En este evento·, el coordinador del Programa Local de Justicia en Equidad podrá conducir la correspondiente investigación y la sanción será impuesta por el Comité de Ética, conformado por conciliadores en equidad.

Concordancias: Art. 7 L. 1563 de 2012; Art. 78 L. 2220 de 2022

Artículo 35: Régimen disciplinario

El régimen disciplinario del conciliador será el previsto en la Ley 1952 dé 2019 - Código Único Disciplinario, la Ley 2094 de 2021 o las normas que las modifiquen, complementen, o sustituyan, el cual será adelantado por la Comisión de Disciplina Judicial competente.

Las quejas que se presenten en contra de los servidores públicos o notarios cuando actúan como conciliadores en los términos de la presente ley, aplicando el principio de la autonomía de la función jurisdiccional, deberán ser trasladadas a la Comisión Nacional o Seccional de Disciplina Judicial, de acuerdo con lo previsto en la Ley 2094 de 2021, o la norma que lo modifique, complemente, o sustituya, a menos de que se trate de servidores públicos con régimen especial.

Adicionalmente, los conciliadores también podrán ser sancionados, cuando incurran en alguna de las siguientes conductas:

1. Cuando utilice su investidura para sacar provecho económico a favor propio, o de un tercero.

2. Cuando el conciliador en equidad solicite a las partes el pago de emolumentos por el servicio de la conciliación.

PARÁGRAFO 1o. Recibida la queja y luego de garantizar el derecho de defensa del conciliador en equidad, la autoridad judicial nominadora del conciliador podrá suspenderlo de manera preventiva en el ejercicio de sus funciones, hasta que se produzca una decisión de fondo por parte de la autoridad disciplinaria respectiva.

PARÁGRAFO 2o. El conciliador en equidad podrá ser sancionado por incurrir en las faltas previstas en el Código de Ética del Programa Local de Justicia en Equidad, siempre que la conducta investigada no sea constitutiva de falta disciplinaria. En este evento, el coordinador del Programa Local de Justicia en Equidad podrá conducir la correspondiente investigación y la sanción será impuesta por el Comité de Ética, conformado por conciliadores en equidad.

Las sanciones serán las previstas en el código de ética del Programa Local de Justicia en Equidad.

Concordancias: Arts. 2, 25, 38 Num. 29, 69, 70, 72 Par. 2 L. 1952 de 2019

CAPÍTULO 6° CONTROL, INSPECCIÓN Y VIGILANCIA

Artículo 36: Control, inspección y vigilancia de los centros de conciliación

El Ministerio de Justicia y del Derecho tendrá funciones de control, inspección y vigilancia sobre los centros de conciliación y de los programas locales de justicia en equidad.

En ejercicio de estas funciones, el Ministerio de Justicia y del Derecho podrá solicitar de oficio o por queja recepcionada la información que estime pertinente y efectuar visitas como mínimo cada dos años desde la autorización de funcionamiento de los Centros de Conciliación, a las instalaciones en que funcionan sus vigilados, para procurar, exigir y verificar el cumplimiento de las obligaciones legales y reglamentarias a cargo de estos, con el propósito de garantizar el acceso a la justicia a través de los mecanismos alternativos de solución de conflictos. En caso que de las labores de inspección y vigilancia se encuentren irregularidades en la prestación del servicio por parte de los centros de conciliación y los programas locales de justicia en equidad, deberá proponerse el respectivo plan de mejoramiento suscrito por las partes.

El Ministerio de Justicia y del Derecho creará un plan anual de visitas aleatorias a los centros de conciliación y de los programas locales de justicia en equidad con el ánimo de cumplir con lo establecido en este artículo.

Concordancias: Art. 16 Num. 7 Dec. 1427 de 2017

Artículo 37: Procedimiento sancionatorio

El trámite para la investigación y sanción de los centros de conciliación atenderá las reglas previstas en el capítulo III del título III de la parte primera de la Ley 1437 de 2011 o la norma que la sustituya, modifique o complemente sobre el procedimiento administrativo sancionatorio.

Concordancias: Art. 47 C.P.A.C.A.; Art. 16 Num. 7 Dec. 1427 de 2017

Artículo 38: Actuaciones preliminares

Cuando por cualquier medio el Ministerio de Justicia y del Derecho conozca la existencia de un presunto incumplimiento de las obligaciones impuestas por la ley y sus reglamentos a un centro de conciliación o a un Programa Local de Justicia en Equidad, deberá solicitar la explicación pertinente o disponer visitas al centro correspondiente.

Artículo 39: Actos que resuelvan de fondo el procedimiento

La decisión de no iniciar el proceso administrativo sancionatorio deberá estar debidamente motivada y se notificará en la forma establecida para el procedimiento administrativo conforme a la Ley 1437 de 2011 o la norma que lo sustituya, modifique o complemente.

Las decisiones que se profieran dentro del procedimiento administrativo sancionatorio iniciado contra un centro de conciliación deberán comunicarse en la forma establecida en la Ley 1437 de 2011 o la norma que lo sustituya, modifique o complemente, para este tipo de procedimientos.

Concordancias: Art. 47, 49, 53, 66 y siguientes C.P.A.C.A.; Art. 16 Num. 7 Dec. 1427 de 2017

Artículo 40: Sanciones por incumplimiento de obligaciones

El Ministerio de Justicia y del Derecho, una vez comprobada la infracción a la ley, a sus reglamentos, al incumplimiento total o parcial de los planes de mejoramiento suscritos con el Ministerio de Justicia y del Derecho o al incumplimiento del reglamento del centro de conciliación o del programa de justicia en equidad, y cumplido el procedimiento establecido para ello, podrá imponer a los centros de conciliación y a los programas de justicia en equidad, mediante resolución motivada, y en atención a la gravedad de la infracción de menor a mayor, las siguientes sanciones:

1. Amonestación escrita.
2. Multa hasta doscientos (200) salarios mínimos legales mensuales vigentes, teniendo la capacidad económica del centro de conciliación, a favor del Tesoro Público.
3. Suspensión de la operación del programa, del centro o de la sede del centro donde se cometió la irregularidad, hasta por un término de seis (6) meses.
4. Revocatoria de la autorización para la operación del centro o del programa.

Para evaluar la gravedad de la conducta investigada se atenderá lo dispuesto en el artículo 50 de la Ley 1437 de 2011 o la norma que lo sustituya, modifique o complemente.

El Ministerio de Justicia y del Derecho determinará en el acto administrativo de la sanción de suspensión o revocatoria, en atención a los hechos y a la naturaleza de la infracción, si esta recae sobre todos o algunos de los servicios o para una o todas las sedes del centro de conciliación o del programa, o para la totalidad de la operación de aquel.

Cuando a un centro de conciliación se le haya revocado la autorización para la operación, la entidad promotora no podrá solicitar nuevamente dicha autorización, por un término de cinco (5) años.

PARÁGRAFO. En caso de revocatoria o sanción temporal de la operación de un centro de conciliación, se indicará en el acto administrativo sancionatorio, el centro o centros de conciliación que continuarán conociendo de los procedimientos en curso y que recibirán los soportes documentales del centro sancionado o suspendido.

Para estos eventos, se preferirán los centros de conciliación de entidades públicas ubicados en el lugar donde se encuentra el centro revocado.

Cuando se suspenda la operación de una sede de un centro de conciliación, la entidad promotora determinará cuál de sus sedes continuará conociendo de los procedimientos en curso y recibirá los soportes documentales de la sede del centro suspendido.

Este procedimiento también se aplicará cuando la misma entidad promotora sea la que solicite la revocatoria de la autorización.

CAPÍTULO 7° FORMACIÓN EN CONCILIACIÓN EN DERECHO

Artículo 41: Entidades avaladas para formar en conciliación en derecho

Las entidades promotoras de centros de conciliación, entidades sin ánimo de lucro y entidades públicas, interesadas en impartir la formación en conciliación en derecho, deberán presentar solicitud de aval al Ministerio de Justicia y del Derecho.

Las instituciones de educación superior podrán ofrecer formación en conciliación de conformidad con la normatividad vigente. Los certificados que expida en el que conste la formación como conciliador, el cumplimiento las áreas necesarias para avalar la formación y número de créditos y horas dictadas, será suficiente para inscribirse como conciliador, en cuyo caso el Ministerio de Justicia y del Derecho dará aval a su inscripción.

Las entidades avaladas podrán hacer uso de herramientas electrónicas con el fin de realizar cursos virtuales y a distancia.

PARÁGRAFO. El Ministerio de Justicia y del Derecho señalará los requisitos exigidos y el procedimiento para el otorgamiento de este aval.

Concordancias: Art. 21 Num. 15 L. 2220 de 2022; Art. 16 Num. 9, Num. 10 Dec. 1427 de 2017

Artículo 42: Contenido del programa de formación

El Ministerio de Justicia y del Derecho fijará los contenidos mínimos que debe comprender el programa de formación para conciliadores en derecho, incluidas las actualizaciones para efectos de renovación de la inscripción.

Concordancias: Art. 16 Num. 9, Num. 10 Dec. 1427 de 2017; Res. 425 de 2023 Ministerio de Justicia y del Derecho

Artículo 43: Certificación

Las entidades avaladas deberán certificar a las personas que cursen y aprueben el programa académico ofrecido, el cual deberá contener por lo menos la siguiente información:

1. Nombre de la entidad avalada.
2. Número y fecha de la resolución de otorgamiento del aval para impartir la formación.
3. Nombre y documento de entidad del estudiante.
4. Certificación de la aprobación del programa académico respectivo.
5. Intensidad horaria del programa.

Artículo 44: Registro de formados ante el Ministerio de Justicia y del Derecho

La entidad avalada deberá registrar en el sistema de información que el Ministerio de Justicia y del Derecho disponga para ello, los datos de quienes hayan cursado y aprobado el programa de formación.

Artículo 45: Formación de conciliadores de centros de conciliación

Los conciliadores de centros de conciliación deberán formarse como conciliadores en derecho y acreditar la formación de acuerdo con lo establecido por esta ley.

El Gobierno nacional reglamentará los requisitos que permitan acreditar la idoneidad y experiencia de los conciliadores en el área que vayan a actuar.

Concordancias: Arts. 28 y 41 L. 2220 de 2022

Artículo 46: Formación de los notarios y servidores públicos facultados para conciliar

Los notarios y servidores públicos facultados para conciliar deberán formarse como conciliadores en derecho.

El Ministerio de Justicia y del Derecho deberá velar porque los funcionarios públicos facultados para conciliar reciban capacitación en mecanismos alternativos de solución de conflictos.

La Procuraduría General de la Nación deberá velar porque los procuradores judiciales facultados para conciliar reciban capacitación en mecanismos alternativos de solución de conflictos.

Los miembros de los comités de conciliación deberán recibir capacitación en conciliación en materia contencioso administrativa, por lo menos una vez cada año por parte del Ministerio Público de conformidad con los lineamientos impartidos por el Ministerio de Justicia y del Derecho y la Procuraduría General de la Nación.

El Ministerio de Justicia y del Derecho dentro de los seis meses siguientes a la entrada en vigencia de la presente disposición legal, implementará módulo virtual de conciliación evaluable que pondrá a disposición de las entidades públicas del nivel nacional y territorial para ser aplicado en los procesos de inducción y reinducción de los servidores públicos de niveles directivos quienes deberán realizar el módulo hasta aprobar la evaluación.

CAPÍTULO 8° JUDICATURA Y PRÁCTICA PROFESIONAL EN CONCILIACIÓN

Artículo 47: Práctica en conciliación en derecho

A efectos de realizar su práctica en los consultorios jurídicos, los estudiantes de derecho deberán cumplir con una carga mínima en conocimientos en conciliación. Para ello, con anterioridad a la práctica, deberán cursar y aprobar la formación respectiva, de conformidad con los requisitos establecidos por el Instituto de Educación Superior, bajo las recomendaciones del Ministerio de Justicia y del Derecho.

La judicatura en las casas de justicia o en los centros de conciliación públicos, o los programas locales de justicia en equidad, tendrá una duración de siete (7) meses.

Quienes la realicen en estas condiciones, en caso de igualdad de puntaje en la lista de elegibles, tendrán derecho a ser nombrados en empleos de carrera en cualquier entidad u organismo estatal.

Los egresados de las facultades de derecho que obtengan licencia provisional para el ejercicio de la profesión podrán realizar su judicatura como abogados conciliadores en los centros de conciliación de los consultorios jurídicos, siempre que hayan realizado el curso de formación en conciliación en derecho.

Artículo 48: Judicatura en conciliación

Los egresados de las facultades de derecho podrán realizar la judicatura en conciliación extrajudicial en derecho en los centros de conciliación, en las casas de justicia y en los programas locales de justicia en equidad, de acuerdo con los parámetros establecidos por el Ministerio de Justicia y del Derecho.

La judicatura en las casas de justicia o en los centros de conciliación públicos, o los programas locales de justicia en equidad, tendrá una duración de siete (7) meses.

Quienes la realicen en estas condiciones, en caso de igualdad de puntaje en la lista de elegibles, tendrán derecho a ser nombrados en empleos de carrera en cualquier entidad u organismo estatal.

Los egresados de las facultades de derecho que obtengan licencia provisional para el ejercicio de la profesión podrán realizar su judicatura como abogados conciliadores en los centros de conciliación de los consultorios jurídicos, siempre que hayan realizado el curso de formación en conciliación en derecho, de acuerdo a lo establecido en esta Ley.

Artículo 49: Práctica en conciliación en carreras distintas a derecho

Los estudiantes de último año de psicología, trabajo social, sicopedagogía, comunicación social y carreras afines a la resolución de conflictos podrán hacer sus prácticas en conciliación, apoyando la labor del conciliador y el desarrollo de las audiencias.

Para el efecto, se celebrarán convenios entre las respectivas facultades universitarias y los programas locales de justicia en equidad, las entidades que cuenten con servidores públicos habilitados para conciliar y fas entidades promotoras de centros de conciliación.

TÍTULO II. DEL PROCEDIMIENTO CONCILIATORIO

CAPÍTULO 1° DEL PROCEDIMIENTO CONCILIATORIO EN ASUNTOS PRIVADOS. DE LA SOLICITUD, LA CITACIÓN Y LA AUDIENCIA DE CONCILIACIÓN

Artículo 50: Inicio de la actuación

La conciliación extrajudicial inicia con la solicitud del interesado, quien deberá asistir a las audiencias que se lleven a cabo dentro del proceso conciliatorio.

Cualquier persona interesada podrá solicitar audiencia de conciliación en forma verbal o escrita, individual o conjunta, física o electrónica, conforme a lo dispuesto en el reglamento de la entidad, del centro de conciliación o del Programa Local de Justicia en Equidad.

En la conciliación extrajudicial en derecho, el interesado podrá presentar la solicitud de conciliación personalmente o por medio de abogado con facultad expresa para conciliar.

El poder podrá aportarse física o electrónicamente conforme lo dispone el Código General del Proceso.

Las solicitudes de conciliación extrajudicial presentadas por medios virtuales no requerirán de la firma digital definida por la Ley 527 de 1999 y en estos casos bastará la identificación suministrada por el solicitante, sin perjuicio de lo señalado en el artículo 6o. de la presente ley.

PARÁGRAFO 1o. Podrá presentarse solicitud de conciliación a nombre de una persona de quien no se tenga poder, en los eventos y bajo las condiciones previstas en el Código General del Proceso para el agente oficioso. No será necesario prestar caución.

Si el interesado no ratifica la solicitud dentro de los diez (10) días siguientes a su radicación, se entenderá como no presentada.

Concordancias: Art. 7 L. 527 de 1999; Arts. 57 y 74 C.G.P.; Art. 5 L. 2213 de 2022; Art. 4 Num. 11 y Par. 1 L. 2220 de 2022

Artículo 51: De la solicitud de conciliación extrajudicial ante juez laboral

Las personas que tengan interés en conciliar diferencias que sean de competencia de la especialidad laboral podrán presentar solicitud de conciliación, indicando los motivos ante el juez laboral conforme las reglas de competencia territorial estatuidas en el Código Procesal del Trabajo y Seguridad Social, sin atención a la cuantía.

La solicitud de conciliación extrajudicial ante juez laboral será distribuida por sistema de reparto y, una vez recibida, se señalará día y hora para celebración de audiencia dentro de los diez (10) días siguientes a su recepción.

La concurrencia de los interesados a la audiencia de conciliación será responsabilidad de quien la solicite, razón por la cual deberá adelantar las gestiones de notificación para tal efecto.

Concordancias: Art. 2 y siguientes Dec. L. 2158 de 1948; Art. 13 L. 2220 de 2022

Artículo 52: Contenido de la solicitud de conciliación

La solicitud de conciliación extrajudicial en derecho deberá contener los siguientes requisitos:

1. Indicación del conciliador o el centro de conciliación a quien se dirige.
2. Individualización de las partes y de sus representantes si fuere el caso.
3. Descripción de los hechos
4. Pretensiones del convocante.
5. Estimación razonada de la cuantía.
6. Relación de las pruebas que se acompañan cuando se trate de conciliación en derecho.
7. Indicación del correo electrónico de las partes en donde se surtirán las comunicaciones o la identificación del medio que considere más expedito y eficaz para ello;
8. Firma del solicitante o solicitantes o de su apoderado, según el caso.

En el caso de solicitudes enviadas por correo electrónico, el requisito de la firma, se entenderá cumplido, conforme lo establece el artículo 7o. de la Ley 527 de 1999.

Concordancias: Arts. 165 y siguientes, 206, 243 C.G.P.; Art. 32 Num. 1, 62 L. 2220 de 2022

Artículo 53: Recepción y corrección de la solicitud

Recibida la solicitud, el conciliador procederá a revisar si la solicitud cuenta con la información suficiente para proceder a la citación del o los convocados.

En la conciliación extrajudicial en derecho, el conciliador procederá a revisar si la solicitud cumple con todos los requisitos establecidos en el artículo anterior.

En ningún caso se podrá rechazar de plano la solicitud por ausencia de cualquiera de los requisitos señalados. En este evento, el conciliador informará al interesado sobre los requisitos faltantes para que los complete. Si no lo hiciere dentro del término de cinco (5) días siguientes al requerimiento realizado, se entenderá que el solicitante ha perdido el interés en la solicitud, y en consecuencia se tendrá por no presentada.

Concordancias: Arts. 32 Num. 1 y 52 L. 2220 de 2022

Artículo 54: Constancia de asunto no conciliable

Cuando se presente una solicitud de conciliación extrajudicial y el asunto de que se trate no sea conciliable por estar prohibido por la ley, el conciliador expedirá la correspondiente constancia dentro de los diez (10) días siguientes a la presentación de la solicitud.

Si durante el trámite de la audiencia se observare que no es procedente se expedirá la respectiva constancia y se devolverán los documentos aportados.

Concordancias: Arts. 7, 21 Num. 8, 29 Num. 7 y 30 Num. 5 L. 2220 de 2022

Artículo 55: Citación

Si de conformidad con la ley el asunto es conciliable, el conciliador citará a las partes a la audiencia de conciliación por el medio que considere más expedito y eficaz, indicando sucintamente el objeto de la conciliación.

La citación a la audiencia podrá realizarse por medios virtuales, de conformidad con lo previsto en el reglamento de la entidad que preste el servicio.

Cuando se trate de una conciliación extrajudicial en derecho, dentro de los diez (10) días siguientes al recibo de la solicitud o de la corrección de 12 misma, si a ello hubiere lugar, el conciliador fijará fecha y hora para la celebración de la audiencia de conciliación, la cual deberá realizarse dentro de los treinta (30) días siguientes a la fecha de admisión de la solicitud.

En el evento en que se programe la realización de la audiencia por videoconferencia, teleconferencia o por cualquier otro medio técnico, así se informará en el acto de citación y en caso de requerirse por alguno de los interesados, el conciliador o el centro de conciliación, deberán facilitar los medios tecnológicos correspondientes.

La dirección electrónica para dirigir todas las comunicaciones necesarias, dentro del procedimiento, deberá corresponder a la informada a través de registro mercantil o la acordada por las partes contenida en el contrato o negocio jurídico cuando corresponda, o la relacionada por la parte en la solicitud de conciliación.

Concordancias: Arts. 4 Num. 3, Num. 7 y Par. 1, 29 Num. 1 y Num. 2 y 32 Num. 2 L. 2220 de 2022

Artículo 56: Suspensión del término de caducidad o prescripción

La presentación de la solicitud de conciliación extrajudicial en derecho suspende el término de prescripción o de caducidad, según el caso, hasta que suscriba el acta de conciliación, se expidan las constancias establecidas en la presente ley o hasta que se venza el término de tres (3) meses, o la prórroga a que se refiere el artículo 60 de esta ley, lo que ocurra primero.

Esta suspensión operará por una sola vez y será improrrogable.

Concordancias: Art. 94 C.G.P.; Art. 4 Num. 3 y Num. 7 L. 2220 de 2022.

Artículo 57: Designación del conciliador

La designación de la persona que actuará como conciliador, de la lista correspondiente, se podrá realizar:

1. Por mutuo acuerdo entre las partes.
2. Por solicitud de la parte convocante.
3. Por la designación que haga el centro de conciliación de la lista que para el efecto haya conformado.

Concordancias: Art. 21 Num. 5 L. 2220 de 2022

4. Por la designación que haga la entidad correspondiente.
5. Por orden judicial, en el caso previsto en el artículo 131 de esta ley y siguiendo el procedimiento previsto en el capítulo II del título V de la presente ley.

Concordancias: Art. 5 L. 2220 de 2022

PARÁGRAFO 1o. Si la solicitud es presentada ante un servidor público habilitado para conciliar la designación se hará conforme a las reglas establecidas por la institución a que este pertenece.

Artículo 58: Asistencia y representación en la audiencia de conciliación

Las partes deberán asistir a la audiencia de conciliación, y podrán hacerlo con sus apoderados cuando así lo consideren.

En aquellos eventos en los que el domicilio de alguna de las partes no se encuentre en el municipio del lugar donde se vaya a celebrar la audiencia, o alguna de ellas se encuentre por fuera del territorio nacional o cuando ocurran circunstancias que configuren caso fortuito o fuerza mayor, podrá solicitarse al conciliador que la audiencia de conciliación pueda celebrarse con la sola comparecencia del apoderado de la parte, debidamente facultado para conciliar.

PARÁGRAFO. En las circunstancias donde se permite la presencia del apoderado, sin la asistencia de la parte, este deberá aportar el correspondiente poder, para ser reconocido como tal. Si es una persona jurídica, la representación se hará a través del apoderado judicial, constituido como tal, a través del correspondiente poder general.

Concordancias: Arts. 54 y 74 C.G.P.; Art. 5 L. 2213 de 2022; Arts. 64 y 76 C.C.; Arts. 29 Num. 2, 32 Num. 1, 110 num. 3 C. Co.; Art. 5 Num. 3 L. 1258 de 2008

Artículo 59: Inasistencia a la audiencia

Cuando alguna de las circunstancias contempladas en el artículo anterior impida a una de las partes acudir a la audiencia, deberá informarlo así dentro de los tres (3) días siguientes a la fecha en que debió celebrarse la audiencia.

Si las partes o alguna de ellas no comparece a la audiencia de conciliación a la que fue citada y no justifica su inasistencia en los términos indicados en el inciso anterior, siempre que la conciliación constituya requisito de procedibilidad, su conducta podrá ser considerada como indicio grave en contra de sus pretensiones o de sus excepciones de mérito en un eventual proceso judicial que verse sobre los mismos hechos.

En este evento, además, siempre que la conciliación constituya requisito de procedibilidad, el juez impondrá a la parte que no haya justificado su inasistencia a la audiencia, una multa hasta por valor de dos (2) salarios mínimos legales mensuales vigentes.

Concordancias: Art. 65 Num. 1 L. 2220 de 2022

Artículo 60: Término para realizar la audiencia de conciliación

La audiencia de conciliación deberá intentarse en el menor tiempo posible y podrá suspenderse y reanudarse cuantas veces sea necesario a petición de las partes de mutuo acuerdo.

En todo caso, la conciliación extrajudicial en derecho tendrá que surtirse dentro de los tres (3) meses siguientes a la presentación de la solicitud. Las partes por mutuo acuerdo podrán prorrogar este término, hasta por tres (3) meses más.

Concordancias: Arts. 4 y 7 Num. 3 L. 2220 de 2022

Artículo 61: Desarrollo de la audiencia de conciliación extrajudicial

Con la presencia de las partes y/o sus apoderados, según sea el caso y demás convocados el día y hora señalados para la celebración de la audiencia de conciliación, esta se llevará a cabo bajo la orientación del conciliador, quien conducirá el trámite en la siguiente forma:

En la audiencia de conciliación las partes deberán determinar con claridad los hechos alegados y las pretensiones que en ellos se fundamentan para facilitar la consecución del acuerdo. Si los interesados no plantean fórmulas de arreglo, el conciliador podrá proponer las que considere procedentes para la solución de la controversia.

Logrado el acuerdo, se levantará un acta de conciliación, conforme de con lo previsto en la presente ley. El acta será firmada, en los términos de la Ley 527 de 1999, por quienes intervinieron en la diligencia y por el conciliador.

Si no fuere posible la celebración del acuerdo, el conciliador expedirá inmediatamente la constancia de no acuerdo que trata la presente ley.

PARÁGRAFO. El conciliador solicitará a la Comisión Nacional o Seccional de Disciplina Judicial, según sea el caso, que investigue al abogado; que pudiera haber incurrido durante el trámite de la conciliación en las faltas disciplinarias establecidas en la Ley 1123 de 2007, o en la norma que lo modifique, sustituya o complemente.

Concordancias: Arts. 28 y 38 L. 1123 de 2007; Art. 3, 29 Num. 2, Num. 5 y Num. 6 y 32 Num. 4; 64, 65 Num. 2 L. 2220 de 2022

Artículo 62: Pruebas

En la conciliación en derecho, las pruebas podrán aportarse con la solicitud de conciliación, teniendo en cuenta los requisitos consagrados en los artículos 243 y siguientes del Código General del Proceso o las normas que lo sustituyan, adicionen o complementen.

Las pruebas aportadas serán tomadas como un respaldo para eventuales fórmulas de arreglo que se presenten en la audiencia de conciliación.

Sin embargo, su falta de presentación en el procedimiento conciliatorio, no impedirá que sean presentadas posteriormente, en el proceso judicial.

Concordancias: Arts. 165 y siguientes, 206, 243 C.G.P.; Art. 52 Num. 6 L. 2220 de 2022

Nota: La redacción del inciso tercero del artículo 62 de la Ley 2220 de 2022, proviene del estudio de constitucionalidad que en su momento realizó la Corte Constitucional respecto de la redacción del parágrafo 2º del artículo 35 de la Ley 640 de 2001, que al ser modificado por la Ley 1395 de 2010 establecía que "de fracasar la conciliación, en el proceso que se promueva no serán admitidas las pruebas que las partes hayan omitido aportar en el trámite de la conciliación, estando en su poder", sobre este particular, la Corte Constitucional en sentencia C 598 de 2011 M.P. Jorge Ignacio Pretelt Chaljub precisó: "El carácter fundamental del derecho de las partes a presentar y solicitar pruebas en los procesos judiciales, hace que la sanción que incorporó el legislador en el precepto acusado resulte desproporcionada, pues es claro que las partes si así lo quieren, pueden aportar a la conciliación las pruebas que consideren respaldan sus pretensiones, sin que le sea válido al legislador impedir que en el proceso formal, de no darse la conciliación, puedan ejercer el derecho de allegar aquellas que omitieron en esa etapa".

Artículo 63: Suspensión de la audiencia de conciliación

La audiencia de conciliación es susceptible de suspensión por solicitud expresa de ambas partes o cuando el conciliador encuentre elementos de juicio respecto de la existencia de ánimo conciliatorio.

CAPÍTULO 2° DEL ACTA DE CONCILIACIÓN

Artículo 64: Acta de conciliación

El acta de conciliación contentiva del acuerdo prestará mérito ejecutivo y tendrá carácter de cosa juzgada.

De realizarse por escrito, el acta de conciliación surtirá sus efectos jurídicos a partir de la firma de las partes y del conciliador, o si consta por cualquier otro medio desde la aceptación expresa de las partes.

El acta de conciliación deberá contener por lo menos lo siguiente:

1. Lugar, fecha y hora de la audiencia de conciliación.
2. Nombre e identificación del conciliador.
3. Identificación de las personas citadas, con señalamiento expreso de quienes asistieron a la audiencia.
4. Relación sucinta de los hechos motivo de la conciliación.
5. Relación sucinta de las pretensiones motivo de la conciliación.
6. El acuerdo logrado por las partes con indicación de la cuantía cuando corresponda y modo, tiempo y lugar de cumplimiento de las obligaciones pactadas.
7. Si el acuerdo es parcial, se dejará constancia de ello, precisando los puntos que fueron materia de arreglo y aquellos que no lo fueron.
8. Aceptación expresa del acuerdo por las partes por cualquier mecanismo ya sea escrito, oral o virtual conforme a la normativa vigente.

Cuando el acuerdo ha sido producido en una audiencia realizada por medios virtuales, la firma del acta de conciliación se aplicará lo invocado en el artículo 7o de la Ley 527 de 1999, o la norma que la modifique, sustituya o complemente.

Concordancia: Art. 4 Par. 1 L. 2220 de 2022

9. Firma del conciliador.

PARÁGRAFO 1o. Las partes podrán solicitar copia del acta de conciliación, la cual tendrá el mismo valor probatorio.

PARÁGRAFO 2o. Las actas de conciliación y su contenido no requerirán ser elevadas a escritura pública, salvo expresa disposición de las partes.

Concordancias: Arts. 3, 21 Num. 9, 29 Num. 9 y 30 Num. 5 L. 2220 de 2022

Artículo 65: Constancias

El conciliador expedirá constancia al interesado en la que se indicará la fecha de presentación de la solicitud y la fecha en que se celebró la audiencia o debió celebrarse, y en la que se expresará sucintamente el asunto objeto de conciliación, en los siguientes eventos:

1. Cuando las partes o una de ellas no comparezca a la audiencia. En este caso, deberá indicarse la justificación de su inasistencia si la hubiere, la cual deberá allegarse a más tardar, dentro de los tres (3) días siguientes a la fecha en que debió realizarse la audiencia.
2. Cuando se efectúe la audiencia de conciliación sin que se logre acuerdo, la cual deberá ser entregada al finalizar la audiencia.
3. Cuando se presente una solicitud para la celebración de una audiencia de conciliación, y el asunto de que se trate no sea conciliable o no sea de competencia del conciliador de conformidad con la ley. En este evento la constancia deberá expedirse dentro de los diez (10) días calendario siguientes a la presentación de la solicitud, o al momento de culminar la audiencia, si es que es en esta que se establece que el asunto no es conciliable.

En todo caso, junto con la constancia, se devolverán los documentos aportados por los interesados. Los funcionarios públicos facultados para conciliar conservarán las copias de las constancias que expidan, y los conciliadores de los centros de conciliación deberán remitirlas al mismo para su archivo.

Concordancias: Art. 21 Num. 8 y 29 Num. 7, 30 Num. 5, 54 y 59 L. 2220 de 2022

Artículo 66: Archivo de las actas y constancias

Las entidades públicas, los centros de conciliación y los programas locales de justicia en equidad conservarán las copias de las actas, las constancias y demás documentos que expidan los conciliadores, de acuerdo con la Ley Nacional de Archivo vigente, o la norma que la sustituya, modifique o complemente.

Para tal efecto el conciliador deberá entregar al centro de conciliación el acta de conciliación, las constancias y demás documentos dentro de los cuatro (4) días siguientes a la audiencia. Los conciliadores en equidad deberán hacer entrega de estos documentos dentro del término establecido en el respectivo reglamento del programa local.

PARÁGRAFO. Las actas, constancias y demás documentos que hagan parte del procedimiento conciliatorio podrán conservarse a través de medios electrónicos o magnéticos, de acuerdo con el artículo 16 del Decreto ley 2106 de 2019.

PARÁGRAFO TRANSITORIO. Dentro de los dos (2) años siguientes a la expedición de la presente ley, las alcaldías o sus dependencias delegadas para estos efectos, dispondrán lo necesario para recibir el archivo de las actas de conciliación realizadas por los conciliadores en equidad hasta la fecha, de acuerdo con los parámetros establecidos en la Ley General de Archivo vigente o la norma que los sustituya, modifique o complemente.

Concordancias: Art. 21 Num. 8, 11 y 30 Num. 5 L. 2220 de 2022

CAPÍTULO 3° DEL REQUISITO DE PROCEDIBILIDAD

Artículo 67: Acta de conciliación como requisito de procedibilidad

En los asuntos susceptibles de conciliación, se tendrá como regla general que la conciliación extrajudicial en derecho es requisito de procedibilidad para acudir ante las jurisdicciones que por norma así lo exijan, salvo cuando la ley lo exceptione.

PARÁGRAFO 1o. La conciliación en asuntos laborales no constituye requisito de procedibilidad.

PARÁGRAFO 2o. Podrá interponerse la demanda sin agotar el requisito de procedibilidad de la conciliación en los eventos en que el demandante bajo juramento declare que no conoce el domicilio, el lugar de habitación o el lugar de trabajo del demandado o este se encuentra ausente y no se conozca su paradero, o cuando quien demande sea una entidad pública. Igualmente, cuando la administración demande un acto administrativo que ocurrió por medios ilegales o fraudulentos.

PARÁGRAFO 3o. En todo proceso y ante cualquier jurisdicción, cuando se solicite la práctica de medidas cautelares se podrá acudir directamente al juez, sin necesidad de agotar la conciliación prejudicial como requisito de procedibilidad.

Lo anterior, sin perjuicio de lo previsto al respecto para los asuntos contencioso administrativo.

Concordancias: Art. 590 Par. 1 C.G.P.; Art. 5 L. 2220 de 2022

Artículo 68: La conciliación como requisito de procedibilidad en materia civil

La conciliación como requisito de procedibilidad en materia civil se regirá por lo normado en la Ley 1564 de 2012 - Código General del Proceso o la norma que lo modifique, sustituya o complemente, conforme el cual si la materia de que trate es conciliable, la conciliación extrajudicial en derecho como requisito de procedibilidad deberá intentarse antes de acudir a la especialidad jurisdiccional civil en los procesos declarativos, con excepción de los divisorios, los de expropiación, los monitorios que se adelanten en cualquier jurisdicción y aquellos en donde se demande o sea obligatoria la citación de indeterminados.

Igualmente en la restitución de bien arrendado de que trata el artículo 384 y en la cancelación, reposición y reivindicación de títulos valores de que trata el artículo 398 de la Ley 1564 de 2012, el demandante no estará obligado a solicitar y tramitar la audiencia de conciliación extrajudicial como requisito de procedibilidad de la demanda, ni del trámite correspondiente, casos en los cuales el interesado podrá presentar la demanda directamente ante el juez.

Concordancias: Arts. 87, 108, 368, 375, 384, 398, 399, 406, 419, 590 Par. 1 C.G.P.

Artículo 69: La conciliación como requisito de procedibilidad en materia de familia

La conciliación extrajudicial en derecho en materia de familia, será requisito de procedibilidad en los siguientes asuntos:

1. Controversias sobre la custodia y el régimen de visitas sobre menores y personas en condición de discapacidad de conformidad con la Ley 1996 de 2019, la que la modifique o derogue.
2. Asuntos relacionados con las obligaciones alimentarias.
3. Declaración de la unión marital de hecho, su disolución y la liquidación de la sociedad patrimonial.
4. Rescisión de la partición en las sucesiones y en las liquidaciones de sociedad conyugal o de sociedad patrimonial entre compañeros permanentes.
5. Conflictos sobre capitulaciones matrimoniales.
6. Controversias entre cónyuges sobre la dirección conjunta del hogar y entre padres sobre el ejercicio de la autoridad paterna o la patria potestad.
7. Separación de bienes y de cuerpos.
8. En todos aquellos que no estén expresamente exceptuados por la ley.

Nota: En vigencia de la Ley 640 de 2001, se estudió la constitucionalidad del requisito de procedibilidad en materia de familia; en esta oportunidad la Corte Constitucional en sentencia C-1195 de 2011 M.P. Manuel José Cepeda Espinosa y Marco Gerardo Monroy Cabra, expresó consideraciones que resultan relevantes al señalar que "para la Corte la obligatoriedad de la conciliación prejudicial como requisito de procedibilidad, resulta no sólo adecuada para alcanzar los fines señalados, sino efectivamente conducente para el logro de éstos, salvo en el caso de la conciliación en asuntos de familia cuando existen condiciones de violencia intrafamiliar. Por esta razón, en materia de familia, la constitucionalidad de este medio depende de que no se hayan presentado situaciones de violencia intrafamiliar, pues en esos eventos no resulta adecuado ni efectivamente conducente que se obligue a la víctima a encontrarse con su agresor. Por ello, la exequibilidad de la norma será condicionada a que cuando hubiere violencia intrafamiliar, la víctima no esté obligada a asistir a la audiencia de conciliación y que pueda manifestar tal circunstancia ante el juez competente, si opta por acudir directamente a la jurisdicción del Estado"

Artículo 70: Cumplimiento de los requisitos de procedibilidad

El requisito de procedibilidad se entenderá cumplido en los siguientes eventos:

1. Cuando se efectúe la audiencia de conciliación sin que se logre acuerdo.

2. Cuando las partes o una de ellas no comparezca a la audiencia. En este evento deberán indicarse expresamente las excusas presentadas por la inasistencia, si las hubiere.

3. Cuando vencido el término de tres (3) meses a partir de la presentación de la solicitud de conciliación extrajudicial o su prórroga, la audiencia no se hubiere celebrado por cualquier causa; en este último evento se podrá acudir directamente a la Jurisdicción Ordinaria con la sola presentación de la solicitud de conciliación.

Para los eventos indicados en los numerales 1 y 2 del presente artículo el requisito de procedibilidad deberá acreditarse mediante las constancias de que trata la presente ley.

Realizada la audiencia sin que se haya logrado acuerdo conciliatorio total o parcial, se prescindirá de la conciliación prevista en el artículo 37 del Código General del Proceso, 180 de la Ley 1437 de 2011 y de la oportunidad de conciliación que las normas aplicables contemplen como obligatoria en el trámite del proceso. Sin embargo, en cualquier estado del proceso las partes de común acuerdo, o el Ministerio Público, podrán solicitar la realización de una audiencia de conciliación, o el Juez podrá acudir a ella, conforme a lo previsto en el artículo 131 de la presente ley.

Si la conciliación recae sobre la totalidad del litigio no habrá lugar al proceso respectivo; si el acuerdo fuere parcial, se expedirá constancia de ello y las partes quedarán en libertad de discutir en juicio solamente las diferencias no conciliadas.

Concordancias: Arts. 59, 61 y 65 L. 2220 de 2022

Artículo 71: Inadmisión de la demanda judicial

Además de las causales establecidas en la ley, el juez de conocimiento inadmitirá la demanda cuando no se acredite que se agotó la conciliación extrajudicial como requisito de procedibilidad, requisito que podrá ser aportado dentro del término para subsanar la demanda, so pena de rechazo.

Concordancias: Arts. 82 y 90 C.G.P.; Art. 161 C.P.A.C.A.

TÍTULO III. NORMAS ESPECIALES RELATIVAS A LA CONCILIACIÓN EXTRAJUDICIAL EN MATERIA POLICIVA

CAPÍTULO ÚNICO. MODIFICACIÓN DE LA LEY 1801 DE 2016

Artículo 72

Modifíquese el artículo 154 de la Ley 1801 de 2016, el cual quedará así:

Artículo 154. Mediación policial. Es el instrumento que nace de la naturaleza de la función policial, cuyas principales cualidades son la comunitariedad y la proximidad, a través del cual la autoridad es el canal para que las personas en conflicto decidan voluntariamente resolver sus desacuerdos armónicamente.

PARÁGRAFO 1o. De realizarse el acuerdo de mediación policial de que trata este artículo, en atención al motivo de policía in situ quedará plasmado en orden de comparendo o en sala de mediación policial, se dejará constancia de todo lo actuado.

PARÁGRAFO 2o. La mediación policial no configura requisito de procedibilidad.

Exeq. C-015 de 2024: *«Declarar EXEQUIBLES los artículos 72, 73 y 75 de la Ley 2220 de 2022 por el cargo de desconocimiento del principio de unidad de materia contenido en los artículos 158 y 169 de la Constitución Política»*.

Concordancias: Art. 5 L. 2220 de 2022

Artículo 73

Modifíquese el artículo 231 de la Ley 1801 de 2016, el cual quedará:

Artículo 231. Mecanismos alternativos de solución de conflictos de convivencia. Los conflictos relacionados con la convivencia pueden ser objeto de conciliación, o mediación cuando los derechos de las partes en disputa sean de libre disposición, se encuentren dentro del ámbito de la convivencia, no se trate de conductas delictivas o que sean competencia de otras jurisdicciones.

Exeq. C-015 de 2024: «*Declarar EXEQUIBLES los artículos 72, 73 y 75 de la Ley 2220 de 2022 por el cargo de desconocimiento del principio de unidad de materia contenido en los artículos 158 y 169 de la Constitución Política*».

Artículo 74

Modifíquese el artículo 232 de la Ley 1801 de 2016, el cual quedará así:

Artículo 232. Conciliación. La conciliación en materia de convivencia procederá ante la autoridad de policía que conozca del caso, en cualquier etapa del trámite del procedimiento o en el momento en que se presente el conflicto de convivencia.

Una vez escuchados quienes se encuentren en conflicto, la autoridad de policía o el conciliador, propondrá fórmulas de solución que aquellos pueden acoger o no.

De realizarse el acuerdo, se suscribirá el acta de conciliación, donde se consignarán las obligaciones a cargo de cada uno de los interesados, lo cual hará tránsito a cosa juzgada y prestará mérito ejecutivo ante las autoridades judiciales competentes. Las medidas correctivas de competencia de los comandantes de estación, subestación o centro de atención inmediata de policía no son susceptibles de conciliación.

No serán objeto de conciliación o mediación los comportamientos que infringen o resultan contrarios a las normas urbanísticas, ambientales, sanitarias, del uso del espacio público, del ejercicio de la actividad económica, de la libertad de circulación, de las interacciones entre las personas y las autoridades, los que afectan la integridad de niños, niñas y adolescentes, del ejercicio de la prostitución, y del derecho de reunión.

PARÁGRAFO. En los procedimientos a que hace referencia el Título VII del Libro II, será obligatoria la invitación a conciliar.

Concordancias: Arts. 7 y 64 L. 2220 de 2022

Artículo 75

Modifíquese el artículo 233 de la Ley 1801 de 2016, el cual quedará así:

Artículo 233. Mediación. La mediación permite que el mediador escuche a las personas que se encuentran en situación de conflicto de convivencia y facilite un camino para encontrar una solución equitativa.

Exeq. C-015 de 2024: «*Declarar EXEQUIBLES los artículos 72, 73 y 75 de la Ley 2220 de 2022 por el cargo de desconocimiento del principio de unidad de materia contenido en los artículos 158 y 169 de la Constitución Política*».

Artículo 76

Modifíquese el artículo 234 de la Ley 1801 de 2016, el cual quedará así:

Artículo 234. Conciliadores y mediadores. Para efectos de la presente ley, además de las autoridades de policía, pueden ser conciliadores o mediadores en el sector urbano o rural, los conciliadores reconocidos como tales por la ley, siempre que su servicio sea gratuito.

Artículo 77

Adiciónese un artículo 234A en la ley 1801 de 2016, el cual quedará así:

Artículo 234A. Autoridades competentes para hacer exigibles las actas de conciliación y mediación. Serán competentes para conocer los casos de incumplimiento a las actas suscritas en audiencias de conciliación y mediación de conflictos de convivencia, los inspectores de policía o las autoridades de policía especiales en los casos de su competencia a través del proceso verbal abreviado dispuesto en el artículo 233 de la Ley 1801.

De igual manera, las partes en conflicto podrán acudir al trámite del proceso del verbal abreviado, cuando habiendo presentado la solicitud ante las autoridades facultadas por la ley para adelantar audiencia de mediación en asuntos de convivencia, alguna de las partes no se haya presentado a la audiencia o cuando habiéndose presentado las partes y adelantado la audiencia, no se haya llegado a un acuerdo, persistiendo el conflicto de convivencia.

Si como consecuencia de los acuerdos suscritos en las actas de mediación por las partes para solucionar el conflicto de convivencia, se generan obligaciones que son competencia de otras jurisdicciones, las mismas, podrán ser exigidas ante estas.

TÍTULO IV. NORMAS ESPECIALES RELATIVAS A LA CONCILIACIÓN EN EQUIDAD

CAPÍTULO 1° PROGRAMAS LOCALES DE JUSTICIA EN EQUIDAD

Artículo 78: Programas locales de justicia en equidad

Los departamentos, distritos y municipios crearán un Programa Local de Justicia en Equidad.

Estos programas tendrán como finalidad fomentar, desarrollar y fortalecer el ejercicio de la conciliación en equidad o de cualquier forma de resolución de conflictos en el ámbito comunitario en determinada zona, departamento, distrito o municipio del país, así como realizar el seguimiento y monitoreo a la labor de los conciliadores en equidad. Lo anterior, conforme a la reglamentación que expida para esos efectos el Gobierno nacional. Una vez expedida la correspondiente reglamentación los departamentos, distritos y municipios tendrán un año a partir de la vigencia de la misma para la creación e implementación del Programa Local de Justicia en Equidad, conforme sus necesidades y condiciones.

A partir de la expedición de la presente ley las iniciativas relacionadas con la justicia en equidad deberán realizarse en el marco del respectivo programa en el ámbito territorial, y deberán contemplar como su primer objetivo la implementación y desarrollo de la conciliación en equidad.

PARÁGRAFO 1o. También podrá haber programas locales de justicia en equidad desde el sector privado, a partir de iniciativas que le sean presentadas al Ministerio de Justicia y del Derecho, por parte de las entidades sin ánimo de lucro, las Instituciones de Educación Superior, las notarías o las organizaciones no gubernamentales.

PARÁGRAFO 2o. Los coordinadores de los programas locales de justicia en equidad de los entes territoriales serán nombrados por las entidades de las que hagan parte.

Su periodo será fijo, conforme a lo establecido, en la respectiva ordenanza o acuerdo que disponga su creación.

PARÁGRAFO 3o. Los centros de conciliación de entidades públicas, las casas de justicia y los centros de convivencia ciudadana del país incluirán en su gestión el Programa Local de Justicia en Equidad y deberán asegurar de esta manera la prestación de los servicios de conciliación en el sector urbano y rural, en el respectivo municipio o distrito.

PARÁGRAFO 4o. A partir de su nombramiento, el conciliador en equidad se inscribirá dentro del Programa Local de Justicia en Equidad que le corresponda, y estará sujeto a las disposiciones que hacen parte de su marco normativo y reglamentario.

Esta inscripción deberá renovarse cada dos (2) años y a partir de esta el conciliador en equidad será objeto de los beneficios y estímulos señalados en la presente ley.

Así mismo, en ese lapso, el respectivo Programa Local de Justicia en Equidad deberá enviar el listado de conciliadores inscritos al Ministerio de Justicia y del

Derecho, y reportar su actividad en el sistema de información que se disponga para ese propósito por dicha entidad.

Concordancias: Arts. 5, 8, 9, 10 y 28 Num. 3 L. 2220 de 2022

Artículo 79: Puntos de atención de la conciliación en equidad

Los conciliadores en equidad que quieran organizarse al interior del programa local de justicia en equidad podrán hacerlo a través de un punto de atención de conciliación en equidad, que será creado y promovido por los mismos conciliadores en equidad, o por el Programa Local de Justicia en Equidad, y deberán reportar su gestión al sistema de información del Ministerio de Justicia y del Derecho.

La operación de los puntos de atención de la conciliación en equidad será coordinada por los programas locales de justicia en equidad, y podrán recibir recursos públicos o privados, provenientes de entidades estatales o de personas jurídicas privadas, a título de donación o asignación presupuestal.

El Ministerio de Justicia y del Derecho tendrá la función de control, inspección y vigilancia de los puntos de atención de la conciliación en equidad, conforme a la reglamentación que expida al respecto.

Concordancias: Art. 4 Num. 5 L. 2220 de 2022

Artículo 80: Implementación de la conciliación en equidad

La implementación de la conciliación en equidad se realizará en cinco (5) momentos:

1. Diagnóstico de conflictividad, lectura del contexto local y determinación de las necesidades jurídicas insatisfechas.
2. Postulación comunitaria de los candidatos a conciliadores en equidad.
3. Formación y nombramiento de los postulados a conciliadores en equidad.
4. Operación de la conciliación en equidad.
5. Fortalecimiento y ampliación de cobertura de la conciliación.

El Ministerio de Justicia y del Derecho establecerá los parámetros y estrategias para garantizar el cumplimiento de cada uno de los momentos descritos anteriormente, y para el establecimiento de los programas locales de justicia en equidad.

Las entidades y organizaciones que implementen la conciliación en equidad lo harán bajo la orientación del Ministerio de Justicia y del Derecho, de conformidad con el reglamento que expida al respecto.

PARÁGRAFO 1o. Los candidatos a conciliadores en equidad podrán ser postulados por las organizaciones cívicas o comunitarias de los correspondientes barrios, corregimientos o veredas, ante los tribunales superiores de distrito judicial de las ciudades sedes de estos y los jueces de mayor nivel jerárquico en los demás municipios del país.

La autoridad judicial nominadora de los conciliadores en equidad remitirá copia de los nombramientos efectuados al Ministerio de Justicia y del Derecho, quien implementará un sistema de información para el monitoreo y seguimiento de la conciliación en equidad.

PARÁGRAFO 2o. Los servidores públicos podrán ser nombrados conciliadores en equidad siempre y cuando ejerzan esta labor por fuera del sitio y el horario de trabajo, y dicha labor no resulte incompatible con el desarrollo de sus funciones.

PARÁGRAFO 3o. Los miembros de las comunidades indígenas y afrocolombianas podrán ser nombrados conciliadores en equidad, siempre y cuando hubieren sido postulados por las comunidades de las cuales hacen parte y cuenten con la autorización de sus autoridades tradicionales.

Concordancias: Art. 16 Num. 11 a 15 Dec. 1427 de 2017

Artículo 81: Reconocimiento y estímulos a los conciliadores en equidad

El Gobierno nacional establecerá una estrategia de reconocimiento y otorgamiento de estímulos, con el fin de resaltar la labor, potenciar la formación, mejorar las competencias ciudadanas y la calidad de vida y familiar de los conciliadores en equidad, que hacen parte de los programas locales de justicia en equidad.

Las instituciones de educación superior y las instituciones de educación para el trabajo y el desarrollo humano podrán tener en cuenta la calidad de los conciliadores en equidad, para otorgar beneficios en matrículas y en la financiación de los costos asociados al proceso formativo de los conciliadores y a los integrantes de su núcleo familiar, de acuerdo con lo establecido en sus reglamentos y en el marco de la autonomía universitaria.

En la definición de la lista de potenciales beneficiarios de los subsidios de vivienda o programas de vivienda de interés social, el Gobierno nacional tendrá en cuenta de priorización para los hogares en los que por lo menos un integrante sea conciliador en equidad que haga parte del Programa Local de Justicia en Equidad.

Estos subsidios se otorgarán de conformidad con la normatividad vigente que regula la materia.

Artículo 82: Deber de colaboración

Las autoridades judiciales y administrativas del orden nacional, departamental, municipal y distrital, en especial los alcaldes, secretarios de gobierno u homólogos, inspectores de policía, comisarios de familia, personeros municipales y distritales y jueces de la República, deberán colaborar con el ejercicio de los conciliadores en equidad y reconocer los efectos legales del acuerdo de conciliación en equidad.

Artículo 83: Veedurías a la conciliación en equidad

Las organizaciones cívicas y comunitarias ejercerán veeduría al funcionamiento de los programas locales de justicia en equidad, y podrán solicitar que se cite al coordinador del Programa Local de Justicia en Equidad ante el respectivo Concejo Municipal para que responda por las posibles fallas en el servicio y las presuntas irregularidades en que incurran los conciliadores en equidad.

Los programas locales de justicia en equidad incluirán en sus reglamentos la forma como interactuarán con las organizaciones cívicas y comunitarias que ejercerán la veeduría respectiva.

CAPÍTULO 2° CONCILIACIÓN EN EQUIDAD EN LAS JUNTAS DE ACCIÓN COMUNAL

Artículo 84: Comisión de convivencia y conciliación

Los miembros de las comisiones de convivencia y conciliación de las juntas de acción comunal podrán hacer parte del Programa Local de Justicia en Equidad.

Los miembros de estas comisiones que deseen ser conciliadores en equidad deberán cumplir con los mismos requisitos de los conciliadores en equidad previstos en esta ley.

Artículo 85: Puntos de atención en salones comunales

Los conciliadores en equidad podrán hacer uso de los puntos de atención en salones comunales.

Los organismos de control, inspección y vigilancia de las juntas de acción comunal procurarán que no se ejerza ningún impedimento u oposición para esta actividad.

TÍTULO V. NORMAS ESPECIALES RELATIVAS A LA CONCILIACIÓN EN ASUNTOS DE LO CONTENCIOSO ADMINISTRATIVO

CAPÍTULO 1° ASPECTOS GENERALES DE LA CONCILIACIÓN EN ASUNTOS DE LO CONTENCIOSO ADMINISTRATIVO

Artículo 86: Objeto

Este capítulo tiene por objeto fortalecer y promover la conciliación en los asuntos de lo contencioso administrativo, para lo cual se establecen los principios especiales aplicables, las autoridades que intervienen en estas actuaciones, los procedimientos, recursos, medios de control y otras disposiciones especiales relacionadas con esta materia.

Concordancias: Arts. 4 Num. 5 y Par. 2, 7 L. 2220 de 2022

Artículo 87: Ámbito de aplicación

La conciliación extrajudicial en asuntos de lo contencioso administrativo se regulará por las disposiciones de la presente ley, en especial por lo previsto en el presente título. Y en los aspectos de procedimiento no regulados se aplicarán, en su orden, las reglas de procedimiento establecidas en la Parte Primera de la Ley 1437 de 2011, Código de Procedimiento Administrativo y de lo Contencioso Administrativo y en la segunda parte de la Ley 1437 de 2011, Código de Procedimiento Administrativo y de lo Contencioso Administrativo o las normas que las modifiquen o sustituyan.

De manera supletoria y en cuanto sea compatible con el trámite de la conciliación, se recurrirá a las normas contenidas en el Código General del Proceso o las normas que lo modifiquen o sustituyan.

Concordancias: Art. 5 L. 2220 de 2022

Artículo 88: Definición de la conciliación extrajudicial en asuntos de lo contencioso administrativo

La conciliación extrajudicial en asuntos contencioso administrativos es un mecanismo alternativo de resolución de conflictos, autocompositivo, por medio del cual las partes, por conducto de apoderado, gestionan ante un agente del Ministerio Público neutral y calificado la solución de aquellas controversias cuyo conocimiento corresponda a la Jurisdicción de lo Contencioso Administrativa.

Concordancias: Art. 5 L. 2220 de 2022

Artículo 89: Asuntos susceptibles de conciliación en materia de lo contencioso administrativo

En materia de lo contencioso administrativo serán conciliables todos los conflictos que puedan ser conocidos por la Jurisdicción de lo Contencioso Administrativo, siempre que la conciliación no esté expresamente prohibida por la ley.

Podrán conciliar, total o parcialmente, las entidades públicas y las personas privadas que desempeñan funciones propias de los distintos órganos del Estado, por conducto de apoderado.

Podrá acudirse a la conciliación extrajudicial sin que medie una intención de demanda y podrá ser presentada de común acuerdo por las partes de un eventual conflicto.

Para la procedencia de la conciliación no será necesaria la renuncia de derechos.

En asuntos de naturaleza laboral y de la seguridad social podrá conciliarse si con el acuerdo no se afectan derechos ciertos e indiscutibles.

Cuando medie acto administrativo de carácter particular, podrá conciliarse sobre los efectos económicos del mismo si se da alguna de las causales del artículo 93 de la Ley 1437 de 2011, evento en el cual, una vez aprobado el acuerdo por el juez contencioso administrativo, se entenderá revocado o modificado el acto y sustituido por el acuerdo.

Concordancias: Art. 7 L. 2220 de 2022

Artículo 90: Asuntos no conciliables

No son susceptibles de conciliación extrajudicial en asuntos de lo contencioso administrativo:

1. Los que versen sobre conflictos de carácter tributario.

2. Aquellos que deban ventilarse a través de los procesos ejecutivos de los contratos estatales.

3. En los que haya caducado la acción.

4. Cuando se pretenda la nulidad y restablecimiento del derecho, y aún procedan recursos en el procedimiento administrativo o este no estuviere debidamente agotado.

5. Cuando la Administración cuente con elementos de juicio para considerar que el lado administrativo ocurrió por medios fraudulentos.

Concordancias: Art. 164 C.P.A.C.A.

Artículo 91: Principios de la conciliación extrajudicial en asuntos de lo contencioso administrativo

La conciliación extrajudicial en asuntos contencioso administrativos se guiará por los principios generales previstos en la presente ley, así como por los principios de la función administrativa y de la gestión fiscal de que tratan los artículos 209 y 267 de la Constitución Política. Igualmente, serán aplicables los principios de que trata el Código de Procedimiento Administrativo y de lo Contencioso Administrativo en cuanto resulten compatibles con la naturaleza y características de este mecanismo alternativo de solución de controversias. Serán principios especiales en la conciliación en materia contenciosa administrativa:

1. La salvaguarda y protección del patrimonio público y el interés general. En la conciliación en materia de lo contencioso administrativo la actuación se guiará siempre con miras a la protección y salvaguarda del patrimonio público y el interés general, por lo cual el agente del Ministerio Público en su carácter de conciliador deberá actuar y guiar a las partes para que en su fórmula de arreglo de las diferencias no se menoscabe esta salvaguarda y protección.

2. La salvaguarda y protección de los derechos ciertos e indiscutibles. En la conciliación en materia de lo contencioso administrativo el agente del Ministerio Público en su carácter de conciliador deberá actuar y guiar a las partes para que en su fórmula de arreglo de las diferencias no se menoscaben los derechos ciertos e indiscutibles, partiendo de la garantía de los derechos.

3. Protección reforzada de la legalidad. En la conciliación. en materia contencioso administrativa el agente del Ministerio Público velará porque en la fórmula de arreglo de las diferencias no se comprometa la legalidad, salvaguardando que la misma sea conforme a la Constitución Política y la ley, esté conforme al interés público o social, no cause un agravio injustificado a una de las partes o a un tercero, o sea lesivo para el patrimonio público.

PARÁGRAFO 1o. Los principios especiales de la conciliación en materia contencioso administrativa son aplicables al momento de estudiar la aprobación de los acuerdos conciliatorios por parte del juez de lo contencioso administrativo.

PARÁGRAFO 2o. La conciliación extrajudicial en asuntos contencioso administrativos por medios electrónicos se regirá por los principios de economía, neutralidad tecnológica, autenticidad, integridad, interoperabilidad y recuperabilidad de la información y armonización directa con las corporaciones o despachos judiciales de conformidad con la normativa aplicable en materia de uso de las tecnologías de la información y las comunicaciones.

Con el uso de las tecnologías de la información y las comunicaciones en el proceso de conciliación extrajudicial contencioso administrativo se deberá aumentar, profundizar y hacer eficiente y eficaz el aprovechamiento de los datos, con la finalidad de generar valor social y económico, en el marco de lo establecido en la Ley 1581 de 2012.

Artículo 92: Conciliación extrajudicial como requisito de procedibilidad

Cuando los asuntos sean conciliables, el trámite de la conciliación extrajudicial constituirá requisito de procedibilidad de toda demanda en que se formulen pretensiones relativas a nulidad con restablecimiento del derecho, reparación directa y controversias contractuales.

En la conciliación extrajudicial en asuntos laborales y de la seguridad social, se dará aplicación a lo previsto en los incisos 4 y 5 del artículo 89 de la presente ley.

La ausencia del agotamiento del requisito de procedibilidad dará lugar al rechazo de plano de la demanda por parte del juez de conocimiento.

En los demás asuntos podrá adelantarse la conciliación extrajudicial siempre y cuando no se encuentre expresamente prohibida.

Con el uso de las tecnologías de la información y las comunicaciones, en el trámite de conciliación extrajudicial contencioso administrativa se deberá aumentar, profundizar y hacer eficiente y eficaz el aprovechamiento de los datos, con la finalidad de generar valor social y económico, en el marco de lo establecido en la Ley 1581 de 2012.

PARÁGRAFO. La conciliación será requisito de procedibilidad en los eventos en que ambas partes sean entidades públicas.

Concordancias: Arts. 161 Num. 1, 138, 140 y 141 C.P.A.C.A.; Art. 5 L. 2220 de 2022

Nota: En vigencia de la Ley 640 de 2001, la Corte Constitucional estudió la constitucionalidad del requisito de procedibilidad en acciones relativas a nulidad con restablecimiento del derecho, reparación directa y controversias contractuales; las consideraciones de la Corte mantienen su vigencia para el análisis de este artículo. En efecto, la Corte Constitucional en sentencia C-713 de 2008 M.P. Clara Inés Vargas Hernández señaló: "De conformidad con la reiterada jurisprudencia de esta Corporación, la Sala considera que es conforme a la Carta Política que se mantenga el instituto de la conciliación como requisito de procedibilidad para las acciones consagradas en los artículos 86 y 87 del CCA. Así mismo, es constitucionalmente válido que se haga extensiva su exigencia a la acción de nulidad y de restablecimiento del derecho prevista en el artículo 85 del CCA. En este último evento resulta razonable aceptar la exigencia de conciliación prejudicial, pues lo que se discute son intereses de contenido particular y subjetivo, generalmente de orden patrimonial, y no la legalidad o constitucionalidad en abstracto, que se ventila a través de la acción de simple nulidad (artículo 84 del Código Contencioso Administrativo) o de la acción de nulidad por inconstitucionalidad (art. 237-2 de la Constitución Política)".

Artículo 93: Asuntos en los cuales es facultativo el agotamiento de la conciliación extrajudicial en materia contencioso administrativa

Será facultativo agotar la conciliación extrajudicial en materia contencioso administrativa, en los procesos ejecutivos diferentes a los regulados en la Ley 1551 de 2012, o la norma que la modifique o sustituya, en los procesos en que el demandante pida medidas cautelares de carácter patrimonial, en relación con el medio de control de repetición o cuando quien demande sea una entidad pública, salvo cuando sea obligatorio de acuerdo con el parágrafo del artículo 92 de la presente ley.

En los demás asuntos podrá adelantarse la conciliación extrajudicial siempre y cuando no se encuentre expresamente prohibida en la ley.

El trámite de la conciliación extrajudicial en asuntos contencioso administrativos no será necesario para efectos de acudir ante tribunales arbitrales encargados de resolver controversias derivadas de contratos estatales.

Artículo 94: Cumplimiento del requisito de procedibilidad

En los asuntos conciliables en los que la conciliación extrajudicial en asuntos de lo contencioso administrativo constituya requisito de procedibilidad, esta actuación se entenderá surtida en los siguientes eventos:

1. Cuando se efectúe la audiencia de conciliación sin que se logre acuerdo.
2. Cuando las partes o una de ellas no comparezca a la audiencia. En este evento deberán indicarse expresamente en la constancia las excusas presentadas por la inasistencia, si las hubiere.
3. Cuando vencido el término de tres (3) meses a partir de la presentación de la solicitud de conciliación extrajudicial o su prórroga, la audiencia no se hubiere celebrado por cualquier causa; en este último evento se podrá acudir directamente a la Jurisdicción de lo Contencioso Administrativo con la sola presentación de la solicitud de conciliación.
4. Cuando por virtud de la aprobación ante el juez contencioso administrativo competente el acuerdo conciliatorio total o parcial no sea aprobado.

PARÁGRAFO. Para los eventos indicados en los numerales 1 y 2 del presente artículo el requisito de procedibilidad deberá acreditarse mediante la constancia de que trata la presente ley.

Artículo 95: Competencia para la conciliación

Las conciliaciones extrajudiciales en materia de lo contencioso administrativo serán adelantadas ante los agentes del Ministerio Público, de acuerdo con las reglas de reparto que defina el Procurador General de la Nación, las cuales no estarán sujetas, necesariamente, al factor de competencia territorial definido para los jueces de conocimiento y deberán brindar garantías de reparto equitativo de la carga y asegurar la imparcialidad y neutralidad frente al asunto de conciliación.

Los agentes del Ministerio Público que adelanten conciliaciones extrajudiciales en materia de lo contencioso administrativo actuarán como servidores públicos imparciales y calificados y velarán porque el acuerdo no afecte el patrimonio público, el orden jurídico, ni los derechos y garantías fundamentales, y que los supuestos de hecho y de derecho cuenten con el debido respaldo probatorio.

PARÁGRAFO 1o. Los agentes del Ministerio Público velarán porque en las conciliaciones extrajudiciales no se menoscaben derechos ciertos e indiscutibles, así como los derechos mínimos irrenunciables e imprescriptibles.

PARÁGRAFO 2o. Los procuradores delegados que intervengan como agentes del Ministerio Público ante la Jurisdicción de lo Contencioso Administrativo podrán adelantar la conciliación extrajudicial en materia contencioso administrativa por asignación especial del Procurador General de la Nación cuando lo amerite el interés general, desplazando la competencia que corresponda a los procuradores judiciales para asuntos administrativos.

Concordancias: Art. 303 Num. 7 y Par. C.P.A.C.A.

Nota: La posibilidad de realizar audiencias de conciliación en asuntos contenciosos administrativos ante centros privados (que durante un tiempo permitió la Ley 640 de 2001) fue declarada inexequible por la Corte Constitucional en sentencia C-893 de 2001 M.P. Clara Inés Vargas Hernández

Artículo 96: Suspensión del término de caducidad del medio de control

La presentación de la petición de convocatoria de conciliación extrajudicial ante los agentes del Ministerio Público suspende el término de caducidad del medio de control contencioso administrativo, según el caso, hasta:

1. La ejecutoria de la providencia que imprueba del acuerdo conciliatorio por el juez de lo contencioso administrativo.

2. La expedición de las constancias a que se refiere la presente ley; o

3. El vencimiento del término de tres (3) meses contados a partir de la presentación de la solicitud.

Lo primero que ocurra.

PARÁGRAFO. Las partes por mutuo acuerdo podrán prorrogar el término de tres (3) meses consagrado para el trámite conciliatorio extrajudicial, pero en dicho lapso no operará la suspensión del término de caducidad o prescripción.

Artículo 97: Impedimentos y recusaciones

Las causales de recusación y de impedimento previstas en el artículo 11 de la Ley 1437 de 2011, o la norma que la modifique o sustituya, serán las aplicables a los agentes del Ministerio Público en el trámite de conciliación extrajudicial en asuntos contencioso administrativos.

La intervención del agente del Ministerio Público en cumplimiento de las atribuciones que le son propias en la conciliación extrajudicial en materia contencioso administrativo, no dará lugar a impedimento ni recusación por razón del desempeño de tal cargo, respecto de las actuaciones posteriores que deba cumplir ante la Jurisdicción de lo Contencioso Administrativo.

Artículo 98: Atribuciones de los agentes del Ministerio Público

Los agentes del Ministerio Público tendrán, entre otras, las siguientes atribuciones dentro del trámite de la conciliación extrajudicial:

1. Admitir, inadmitir, rechazar o declarar desistida la solicitud de conciliación extrajudicial. Cuando se declare desistida se entenderá como no presentada.

2. Solicitar que se complemente la solicitud de conciliación cuando a ello hubiere lugar.

3. Citar a audiencia de conciliación por el medio más expedito.

4. Dirigir de manera personal, directa e indelegable la audiencia; ilustrar a los comparecientes sobre el objeto, alcance y límites de la conciliación.

5. Citar a la audiencia de conciliación al funcionario que ostente la ordenación del gasto o a su delegado.

6. Solicitar que se alleguen nuevas pruebas o se complementen las presentadas por las partes con el fin de establecer los presupuestos de hecho y de derecho para la conformación del acuerdo conciliatorio.

7. Solicitar el apoyo técnico de la Dirección Nacional de Investigaciones Especiales de la Procuraduría General de la Nación o quien haga sus veces, cuyos informes o conceptos servirán de prueba en los procedimientos conciliatorios.

8. Solicitar al Comités de Conciliación que reconsidere su decisión positiva o negativa de conciliar en los casos en los que se evidencie:

I. Alta probabilidad de condena.

II. Que existan sentencias de unificación o jurisprudencia reiterada sobre la materia.

III. Se considere que la fórmula de conciliación compromete la legalidad, en cuanto en el mismo sea manifiesta su oposición a la Constitución Política o a la ley, o no esté conforme al interés público o social o se atente contra él o del mismo se derive un agravio injustificado a una de las partes o a un tercero, o sea lesivo para el patrimonio público.

En caso de que el comité persista en su decisión, deberá manifestar sus razones.

9. Proponer fórmulas de acuerdo y motivar a las partes para que las presenten. El agente del Ministerio Público podrá realizar audiencias privadas con las partes para explorar fórmulas de arreglo.

10. Suspender la audiencia de conciliación.

CAPÍTULO 1° ASPECTOS GENERALES DE LA CONCILIACIÓN EN ASUNTOS DE LO CONTENCIOSO ADMINISTRATIVO

Artículo 99: Utilización de medios electrónicos

En el trámite de la conciliación extrajudicial en materia contencioso administrativo deberán utilizarse medios electrónicos en todas las actuaciones y, en particular, para llevar a cabo todas las comunicaciones, tanto del Ministerio Público con las partes como con terceros, para la comunicación sobre las decisiones adoptadas, la presentación de memoriales y la realización de audiencias, así como para el archivo de la actuación y su posterior consulta. La comunicación transmitida por medios electrónicos se considerará recibida cuando el iniciador recepcione acuse de recibo o se pueda por otro medio constatar el acceso del destinatario al mensaje, de lo cual se dejará constancia en el expediente.

Bajo la dirección del agente del Ministerio Público, las partes y los demás intervinientes participarán en las audiencias a través de videoconferencia, teleconferencia o por cualquier otro medio técnico. La formación y guarda del expediente deberá llevarse íntegramente a través de medios electrónicos o magnéticos.

La Procuraduría General de la Nación deberá implementar los mecanismos electrónicos idóneos, confiables, seguros y suficientes para la implementación de la conciliación extrajudicial en materia contencioso administrativa por medios electrónicos.

Las audiencias de conciliación se realizarán de forma presencial o por medios virtuales conforme a la regulación que expida la Procuraduría General de la Nación para tales efectos.

PARÁGRAFO 1o. Las comunicaciones a las entidades públicas de todos los niveles y las privadas que cumplan funciones administrativas serán realizadas al buzón de correo electrónico de que trata el artículo 197 del Código de Procedimiento Administrativo y de lo Contencioso Administrativo o la norma que lo sustituya o modifique. Los convocantes deberán proporcionar el canal digital para los efectos señalados en el presente artículo, sin perjuicio de poder realizar notificaciones o comunicaciones al correo electrónico de que trata el numeral 2 del artículo 291 del Código General del Proceso o la norma que lo modifique, adicione o sustituya. Las comunicaciones a las personas jurídicas o naturales privadas serán realizadas al buzón de correo electrónico que aparece registrado en el certificado de existencia y representación legal expedido por la Cámara de Comercio.

PARÁGRAFO 2o. No obstante lo dispuesto en la Ley 527 de 1999, se presumen auténticos los memoriales y demás comunicaciones cruzadas entre los agentes del Ministerio Público y las partes o sus abogados, cuando sean originadas desde el canal digital suministrado en la petición de convocatoria o en cualquier otro acto del trámite.

Artículo 100: Inicio de la actuación

La conciliación extrajudicial en asuntos de lo contencioso administrativo se iniciará con la radicación por los medios electrónicos dispuestos por el Ministerio Público de la solicitud del interesado, que deberá presentarla por medio de abogado inscrito con facultad expresa para conciliar, quien concurrirá, en todo caso, a las audiencias en que se lleve a cabo la conciliación.

El poder podrá aportarse física o electrónicamente. En este último caso se podrá conferir mediante mensaje de datos, sin firma manuscrita o digital, con la sola antefirma y se presumirá auténtico y no requerirá de ninguna presentación personal o reconocimiento.

En el poder se indicará expresamente la dirección de correo electrónico del apoderado que deberá coincidir con la inscrita en el Registro Nacional de Abogados.

Los poderes otorgados por personas inscritas en el registro mercantil, deberán ser remitidos desde la dirección de correo electrónico inscrita para recibir notificaciones judiciales y los conferidos por entidades públicas deberán ser remitidos desde el correo electrónico institucional del funcionario con la facultad para su otorgamiento.

PARÁGRAFO. Podrá presentarse solicitud de convocatoria de conciliación extrajudicial en asuntos de lo contencioso administrativo a nombre de una persona de quien no se tenga poder, en los eventos y bajo las condiciones previstas en el Código General del Proceso para el agente oficioso. No será necesario prestar caución.

Si el interesado no ratifica la solicitud dentro de los diez (10) días siguientes a la admisión de la convocatoria, se entenderá desistida y como no presentada.

El agente oficioso deberá actuar por medio de abogado.

Concordancias: Art. 160 C.P.A.C.A.; Arts. 57 y 74 C.G.P.; Art. 5 L. 2213 de 2022; Art. 2304 C.C.

Artículo 101: Petición de convocatoria de conciliación extrajudicial

La petición de convocatoria de conciliación extrajudicial podrá presentarse en forma individual o conjunta, física o electrónica, ante el agente del Ministerio Público, y deberá contener los siguientes requisitos:

1. Designación del funcionario a quien se dirige.
2. Individualización de las partes y de sus representantes legales, si fuere el caso.
3. Fundamentos de hecho en que se sustenta la solicitud.
4. Fundamentos jurídicos de la solicitud.
5. Pretensiones que el convocante formularía en una eventual demanda y la fórmula de conciliación extrajudicial que propone, expresado con precisión y claridad.
6. Estimación razonada de la cuantía.
7. Indicación del medio de control que se ejercería.
8. Relación de las pruebas que se acompañan y de las que se harían valer en el proceso.
9. Demostración del agotamiento del procedimiento administrativo y de los recursos que sean obligatorios en este, cuando ello fuere necesario.
10. Manifestación, bajo la gravedad del juramento, de no haber presentado demandas o solicitudes de conciliación con base en los mismos hechos y pretensiones.

11. Indicación del canal digital en donde se surtan las comunicaciones y número telefónico de contacto.

12. Constancia de que a la convocada le fue enviada copia íntegra de la petición de convocatoria de conciliación al buzón electrónico de notificaciones judiciales. En el caso de personas no obligadas a contar con buzón electrónico, deberá acreditarse remisión a la dirección física que corresponda.

13. Constancia de que la Agencia Nacional de Defensa Jurídica del Estado recibió copia íntegra de la petición de convocatoria de conciliación, si una de las partes es entidad pública del orden nacional.

14. Firma del apoderado del solicitante.

15. Certificado de existencia y representación legal de las partes cuando los intervinientes son personas naturales o jurídicas de derecho privado y están obligadas al mismo de acuerdo con su actividad.

16. Poder para actuar.

Concordancias: Arts. 138, 140, 141 y 162 C.P.A.C.A.; Art. 5 Ley 1444 de 2011; Dec. 4085 de 2011; Art. 613 C.G.P.; Art. 2.2.3.2.1.4 Dec. 1069 de 2015

Artículo 102: Inadmisión de la petición de convocatoria

El agente del Ministerio Público verificará el cumplimiento de los requisitos señalados en el artículo anterior. En caso de incumplimiento, mediante decisión contra la que no procederán recursos, indicará al solicitante los defectos que debe subsanar, para lo cual concederá un término de cinco (5) días contados a partir del día siguiente de la comunicación de la decisión.

La subsanación de la petición de convocatoria deberá presentarse con la constancia de envío al convocado y, cuando corresponda, a la Agencia de Defensa Jurídica del Estado.

Si vencido el término para subsanar no se corrigen los defectos indicados, mediante decisión que se comunicará al convocante, se declarará el desistimiento de la solicitud y se tendrá por no presentada.

PARÁGRAFO 1o. En ningún caso se podrá rechazar de plano la solicitud por ausencia de cualquiera de los requisitos señalados en el presente artículo. En este evento, se dará aplicación a lo establecido en el artículo siguiente.

PARÁGRAFO 2o. Las solicitudes de conciliación extrajudicial presentadas por medios electrónicos no requerirán de la firma digital definida por la Ley 527 de 1999 y en estos casos bastará la identificación suministrada por el solicitante, sin perjuicio de lo señalado en la presente ley.

PARÁGRAFO 3o. La aclaración, adición y reforma de la petición de conciliación podrá realizarse en los mismos eventos previstos para la demanda en la Ley

1437 de 2011 o la norma que la sustituya o modifique, dentro de los diez (10) días siguientes a su radicación. En estos eventos el agente del Ministerio Público verificará que los asuntos objeto de aclaración, adición o reforma sean conciliables en los términos señalados en esta ley.

Concordancias: Art. 173 C.P.A.C.A.

Artículo 103: Rechazo de plano de la solicitud

El agente del Ministerio Público rechazará la solicitud de conciliación en los siguientes casos:

1. Cuando se haya admitido la demanda formulada con base en los mismos hechos y pretensiones. En los eventos en que se trate de asuntos en donde exista pacto arbitral, el rechazo procederá cuando se haya asumido competencia por los árbitros en la primera audiencia de trámite.
2. Cuando, por los mismos hechos y pretensiones, se haya tramitado previamente el procedimiento de conciliación extrajudicial, salvo que la solicitud se presente de común acuerdo por las partes.

Concordancias: Arts. 1, 3, 4, 5, 6, 30 L. 1563 de 2012

Artículo 104: Constancia para asuntos no conciliables

Cuando se presente una petición de convocatoria de conciliación extrajudicial y el asunto de que se trate no sea conciliable de conformidad con la ley, el agente del Ministerio Público así lo señalará mediante decisión motivada que deberá notificar dentro de los diez (10) días siguientes a la presentación de la solicitud y en la que ordenará la expedición de la constancia de que trata el artículo 103 de la presente ley, una vez en firme la decisión. Si durante el trámite de la audiencia se observare que se trata de un asunto que no es conciliable, se dejará anotación en el acta y se expedirá la respectiva constancia, sin perjuicio de lo establecido para el recurso de reposición en el parágrafo del artículo 114 de la presente ley.

Concordancias: Arts. 7, 90 y 105 Num. 1 L. 2022 de 2022

Artículo 105: Constancia de agotamiento del requisito de procedibilidad de la conciliación extrajudicial

El agente del Ministerio Público expedirá el documento que acredita ante la autoridad judicial que, efectivamente, el trámite de conciliación extrajudicial se surtió para efectos de la presentación de la demanda, cuando a ello hubiere lugar.

En la constancia se indicará. la fecha de presentación de la solicitud, la fecha en que se celebró la audiencia, y se expresará sucintamente el asunto objeto de conciliación. Esta constancia se expedirá en cualquiera de los siguientes eventos:

1. Cuando se presente una solicitud para la celebración de una audiencia de conciliación y el asunto de que se trate no sea conciliable de conformidad con la ley. En este evento, la constancia deberá expedirse en el plazo establecido en el artículo 104 de la presente ley.

2. Cuando las partes o una de ellas no comparezca a la audiencia. En la constancia deberán indicarse, expresamente, las excusas presentadas por la inasistencia, si las hubiere, o la circunstancia de que no fueron presentadas. En este evento, la constancia deberá expedirse al día siguiente del vencimiento del término para la presentación de las excusas por inasistencia.

3. Cuando se efectúe la audiencia de conciliación sin que se logre acuerdo. En este evento, la constancia deberá expedirse y ponerse a disposición del interesado al finalizar la audiencia.

En todo caso, junto con la constancia, de la cual guardará copia el agente del Ministerio Público, se devolverán los documentos aportados por los interesados, si a ello hubiere lugar.

PARÁGRAFO. En los términos del artículo 19 del Decreto ley 2106 de 2019 o la norma que lo modifique, sustituya o complemente, la Procuraduría General de la Nación deberá organizar las constancias expedidas como un registro público y habilitar su consulta gratuita por medios digitales.

Artículo 106: Admisión de la solicitud de conciliación extrajudicial en asuntos contencioso administrativos

Dentro de los diez (10) días siguientes al recibo de la solicitud o de la correspondiente subsanación si a ello hubo lugar, el agente del Ministerio Público, de encontrarlo procedente, admitirá la solicitud de convocatoria de conciliación extrajudicial contencioso administrativa. En la decisión deberá ordenarse:

1. La fecha y hora en la que será realizada la audiencia de conciliación, la cual deberá realizarse dentro de los treinta (30) días siguientes a la notificación del auto.

2. La modalidad, presencial o virtual, en la que se realizará la audiencia.

3. La citación de todos los interesados a la audiencia, la cual se realizará a los buzones electrónicos informados por la parte convocante o por el medio que considere más expedito.

4. Las pruebas que considere necesarias para la conformación del acuerdo, si a ello hubiere lugar.

5. Las consecuencias jurídicas de la no comparecencia a la audiencia.

6. El reconocimiento de personería de los apoderados, cuando corresponda.

7. La remisión, con una antelación no inferior a cinco (5) días a la fecha fijada para la realización de la audiencia de conciliación, del acta o el certificado en el que conste la decisión del Comités de Conciliación de la entidad pública convocada sobre la solicitud de conciliación. En el caso de particulares convocados, deberá remitirse la decisión por escrito por parte de la persona con facultad de disposición para el efecto.

8. Que se comunique a la Agencia Nacional de Defensa Jurídica del Estado cuando corresponda de acuerdo con la ley.

9. Que se comunique a la Contraloría General de la República, para que esta evalúe si participa o no del trámite.

Concordancias: Art. 267 C.P.; Art. 613 C.G.P., Dec. 4085 de 2011; Art. 2.2.3.2.1.4 Dec. 1069 de 2015

Artículo 107: Pruebas

Las pruebas que las partes consideren conveniente deberán aportarse con la petición de convocatoria de conciliación, o durante la celebración de la audiencia de conciliación. Para tal efecto se tendrá en cuenta los requisitos consagrados en los artículos 243 y siguientes del Código General del Proceso o las normas que lo sustituyan, adicionen o complementen.

El agente del Ministerio Público podrá solicitar, las pruebas que considere necesarias para establecer los presupuestos de hecho y de derecho del acuerdo conciliatorio antes de la celebración de la audiencia de conciliación.

Las pruebas tendrán que aportarse dentro de los veinte (20) días calendario siguientes a su solicitud. Este trámite no dará lugar a la ampliación del término de suspensión de la caducidad de la acción previsto en la ley.

Si agotada la oportunidad para aportar las pruebas según lo previsto en el inciso anterior, la parte requerida no ha aportado las solicitadas, se entenderá que no se logró el acuerdo.

PARÁGRAFO. Cuando exista ánimo conciliatorio, el agente del Ministerio Público, de conformidad con lo dispuesto en el artículo 20 del Código Contencioso Administrativo y con miras a estructurar los supuestos fácticos y jurídicos del acuerdo, podrá solicitar a la autoridad competente la remisión de los documentos de carácter reservado que considere necesarios, conservando el deber de mantener la reserva a que se refiere el precepto citado.

Igualmente, cuando exista ánimo conciliatorio, el agente del Ministerio Público podrá solicitar el apoyo técnico de la Dirección Nacional de Investigaciones Especiales de la Procuraduría General de la Nación, así como de las entidades públicas competentes para el efecto.

Concordancias: Arts. 165 y 243 C.G.P.

Artículo 108: Desarrollo de la audiencia de conciliación extrajudicial

Con la presencia de los apoderados de las partes y demás convocados el día y hora señalados para la celebración de la audiencia de conciliación, esta se llevará a cabo bajo la dirección del agente del Ministerio Público designado(s) para dicho fin, quien(es) conducirá(n) el trámite guiado(s) por los principios de imparcialidad, equidad, justicia y legalidad, en la siguiente forma:

1. Las partes expondrán sucintamente sus posiciones, y durante la celebración de la audiencia podrán aportar las pruebas que estimen necesarias.
2. Si los interesados no plantean fórmulas de arreglo, el agente del Ministerio Público propondrá las que considere procedentes para la solución de la controversia.
3. Con el propósito de analizar las fórmulas de avenimiento propuestas por el agente del Ministerio Público, este podrá, excepcionalmente, citar a la audiencia de conciliación al ordenador del gasto o su delegado con capacidad de conciliar, de la entidad u organismo de derecho público que participa en el trámite conciliatorio, diligencia que puede desarrollarse de manera presencial o virtual.
4. En los eventos en que el apoderado de la parte convocante rechace total o parcialmente la propuesta conciliatoria planteada por la convocada y que el agente del Ministerio Público advierta que dicho rechazo no está plenamente justificado, suspenderá la audiencia y ordenará la comparecencia, en el menor tiempo posible, de la persona natural o al representante legal de la persona jurídica convocante para exponerle la fórmula de arreglo propuesta. En este evento, el agente del ministerio público, si lo considera procedente, podrá compulsar copias para que se investiguen las faltas disciplinarias del apoderado de la parte convocante, en especial, las previstas en el artículo 38 de la Ley 1123 de 2007 o las normas que las modifiquen.
5. De lo sucedido en la audiencia se levantará un acta de conformidad con lo señalado en el artículo siguiente.

6. Si no fuere posible la celebración del acuerdo, el agente del Ministerio Público expedirá inmediatamente la constancia respectiva y devolverá a los interesados la documentación aportada, si a ello hay lugar, excepto los documentos que gocen de reserva legal y aquellos que deban reposar en el archivo de la Procuraduría General de la Nación.

7. En caso de acuerdo conciliatorio total o parcial el agente del Ministerio Público les advertirá que el acta una vez suscrita se remitirá al juez o corporación del conocimiento para su aprobación.

8. Si el agente del Ministerio Público no está de acuerdo con la fórmula de conciliación acordada por los interesados, por considerarla lesiva para el patrimonio público, contraria al ordenamiento jurídico o porque no existen las pruebas en que se fundamenta, así lo observará durante la audiencia y dejará expresa constancia de ello. En este caso podrá suspender la audiencia para que se consulte al comité de conciliación sobre las razones expuestas. En caso de que el comité ratifique la fórmula de conciliación, se dará por terminada la audiencia.

PARÁGRAFO. La Procuraduría General de la Nación implementará una base de datos que permita unificar la información sobre los acuerdos conciliatorios logrados.

Artículo 109: Contenido del acta de la audiencia de conciliación

El acta de audiencia de conciliación deberá contener, por lo menos, lo siguiente:

1. Lugar, fecha y hora de audiencia de conciliación.
2. Identificación del agente del Ministerio Público.
3. Identificación de las personas citadas, con señalamiento expreso de quienes asisten a la audiencia.
4. Relación sucinta de los hechos motivo de la conciliación y de las pretensiones que el convocante formularía en una eventual demanda y la posición de las partes frente a la posibilidad de llegar a un acuerdo conciliatorio.
5. En el evento en que las partes arriben a un acuerdo, deberá dejarse constancia expresa de su aceptación por las mismas e indicación de la cuantía, modo, tiempo y lugar de cumplimiento de las obligaciones pactadas.
6. Si la conciliación versa sobre los efectos económicos de un acto administrativo de carácter particular, también se indicará y justificará en el acta cuál o cuáles de las causales de revocación directa previstas en el artículo 93 del Código de Procedimiento Administrativo y de lo Contencioso Administrativo, o normas que lo sustituyan, sirven de fundamento al acuerdo e, igualmente, se precisará si

con ocasión del acuerdo celebrado se produce la revocatoria total o parcial del mismo.

7. Si el cuerdo es parcial, se dejará constancia de ello, precisando los puntos que fueron materia de arreglo y aquellos que no lo fueron, advirtiendo a los interesados acerca de su derecho de acudir ante la Jurisdicción de lo Contencioso Administrativo para demandar respecto de lo que no fue objeto de acuerdo.

8. Firma manuscrita o digital del agente del Ministerio Público y de los demás intervinientes. Si la audiencia se realiza por medios virtuales, el acta será suscrita únicamente por el agente del Ministerio Público.

PARÁGRAFO. En ningún caso, las actas de conciliación requerirán ser elevadas a escritura pública.

Artículo 110: Inasistencia a la audiencia

Cuando circunstancias constitutivas de fuerza mayor o caso fortuito impidan a alguna de las partes acudir a la audiencia, esta deberá informarlo dentro de los tres (3) días siguientes a la fecha en que se celebró la audiencia.

Si las partes o alguna de ellas no comparece a la audiencia de conciliación a la que fue citada y no justifica su inasistencia en los términos indicados en el inciso anterior, su conducta podrá ser considerada como indicio grave en contra de sus pretensiones o de sus excepciones de mérito en un eventual proceso judicial que verse sobre los mismos hechos. En este evento, además, siempre que la conciliación constituya requisito de procedibilidad, el juez impondrá a la parte que no haya justificado su inasistencia a la audiencia, una multa hasta por valor de dos (2) salarios mínimos legales mensuales vigentes.

Artículo 111: Suspensión de la audiencia de conciliación

La audiencia de conciliación es susceptible de suspensión por solicitud expresa de ambas partes o cuando el agente del Ministerio Público en derecho encuentre elementos de juicio respecto de la existencia de ánimo conciliatorio.

También podrá suspenderse para efectos de solicitar la reconsideración por parte del Comités de Conciliación o cuando el agente del Ministerio Público considere necesario, de oficio o a petición de algún interviniente, solicitar pruebas para verificar los fundamentos de hecho o de derecho de la conciliación extrajudicial.

Artículo 112: Culminación del trámite de conciliación por inasistencia de las partes

En caso de inasistencia de una o ambas partes a la audiencia de conciliación sin que se presente la respectiva justificación en los términos del artículo 108 de la presente ley, se entiende que no hay ánimo conciliatorio y el agente del Ministerio Público dejará constancia en el acta de dicha circunstancia y dará por agotada la etapa conciliatoria, ordenando la expedición de la constancia al día hábil siguiente al vencimiento del término para justificar la inasistencia.

Artículo 113: Aprobación judicial

El agente del Ministerio Público remitirá, dentro de los tres (3) días siguientes a la celebración de la correspondiente audiencia, el acta de acuerdo total o parcial de conciliación, junto con el respectivo expediente al juez o corporación competente para su aprobación ~~y a la Contraloría General de la República para que conceptúe ante el juez de conocimiento sobre si la conciliación afecta o no el patrimonio público, para lo cual tendrá un término de 30 días contados a partir de la recepción del acuerdo conciliatorio.~~

~~El concepto de la Contraloría será obligatorio en aquellos casos superiores a 5000 salarios mínimos legales mensuales.~~

~~El juez competente al asumir el conocimiento del trámite conciliatorio informará a la Contraloría respectiva sobre despacho judicial a cargo del trámite.~~

La decisión de aprobación o improbación judicial deberá ser adoptada dentro de los dos (2) meses siguientes ~~a la fecha en que venza el plazo de la Contraloría para conceptuar~~. El plazo que tiene el juez para adoptar la decisión podrá prorrogarse por una única vez hasta por dos (2) meses adicionales para la práctica de pruebas, en caso de resultar necesario.

Los términos aquí establecidos son perentorios e improrrogables.

La providencia que decida sobre el acuerdo conciliatorio deberá ser notificada a las partes y al agente del Ministerio Público que adelantó la conciliación extrajudicial ~~y a la contraloría~~ quienes podrán interponer el recurso de apelación contra el auto que apruebe o impruebe la conciliación.

No podrá realizarse aprobación parcial de los acuerdos conciliatorios, salvo aceptación expresa de las partes.

La improbación del acuerdo conciliatorio no hace tránsito a cosa juzgada.

El acta de acuerdo conciliatorio total o parcial adelantado ante el agente del Ministerio Público y el correspondiente auto aprobatorio debidamente ejecutoriado, prestarán mérito ejecutivo y tendrán efecto de cosa juzgada.

~~La Contraloría General de la República, conformará grupos de trabajo especializados a través de las delegadas correspondientes según el sector, para la atención oportuna de los traslados en conciliaciones que se surtan ante esta.~~

Inexeq. C-071 de 2024: «*Declarar INEXEQUIBLES, las expresiones "y a la Contraloría General de la República para conceptúe ante el juez de conocimiento sobre si la conciliación afecta o no el patrimonio público, para lo cual tendrá un término de 30 días contados a partir de la recepción del acuerdo conciliatorio" del inciso primero; "a la fecha en que venza el plazo de la Contraloría para conceptuar" del inciso cuarto; y "y la contraloría" del inciso sexto, al igual que los incisos segundo, tercero y décimo, todos del artículo 113 de la Ley 2220 de 2022*».

Concordancias: Arts. 104 Num. 6, 243 Num. 3, 303 C.P.A.C.A.

Artículo 114: Recursos

En contra de las decisiones proferidas por los agentes del Ministerio Público en el trámite de la conciliación extrajudicial salvo que se indique lo contrario en la presente ley, solo procede el recurso de reposición dentro de los tres (3) días siguientes a su comunicación.

PARÁGRAFO. Contra el auto que profiera el agente del Ministerio Público mediante el cual declara que un asunto no es susceptible de conciliación extrajudicial en materia contencioso administrativa procede el recurso de reposición dentro de los tres (3) días siguientes a su comunicación.

CAPÍTULO 2° DE LOS COMITÉS DE CONCILIACIÓN DE LAS ENTIDADES PÚBLICAS

Artículo 115: Campo de aplicación

Las normas sobre Comités de Conciliación contenidas en la presente ley son de obligatorio cumplimiento para las entidades de derecho público, los organismos públicos del orden nacional, departamental, distrital, los municipios que sean capital de departamento y los entes descentralizados de estos mismos niveles.

Estos entes modificarán el funcionamiento los Comités de Conciliación, de acuerdo con las reglas que se establecen en la presente ley.

PARÁGRAFO 1o. Las entidades de derecho público de los demás órdenes podrán conformar Comités de Conciliación. De hacerlo se regirán por lo dispuesto en el presente capítulo.

PARÁGRAFO 2o. La decisión del Comité de Conciliación acerca de la viabilidad de conciliar no requiere disponibilidad presupuestal, ni constituye ordenación de gasto.

Artículo 116: Principios de los comités de conciliación

Los Comités de Conciliación deberán aplicar los principios de la función administrativa contenidos en el artículo 209 de la Constitución Política y en ese sentido están obligados a tramitar las solicitudes de conciliación o de otro mecanismo alternativo de solución de conflictos con eficacia, economía, celeridad, moralidad, imparcialidad y publicidad.

Artículo 117: Comités de conciliación

Los Comités de Conciliación son una instancia administrativa que actúa como sede de estudio, análisis y formulación de políticas sobre prevención del daño antijurídico y defensa de los intereses de la entidad.

Igualmente decidirá, en cada caso específico, sobre la procedencia de la conciliación o cualquier otro medio alternativo de solución de conflictos, con sujeción estricta a las normas jurídicas sustantivas, procedimentales y de control vigentes, evitando lesionar el patrimonio público. Asimismo, tendrá en cuenta las sentencias de unificación proferidas por el Consejo de Estado y la jurisprudencia de las altas cortes en esta materia.

La decisión de conciliar tomada en los términos anteriores, por sí sola, no dará lugar a investigaciones disciplinarias, ni fiscales, ni al ejercicio de acciones de repetición contra los miembros del Comité.

Artículo 118: Integración

Los Comités de Conciliación estarán conformados por los siguientes funcionarios, quienes concurrirán con voz y voto y serán miembros permanentes:

1. El jefe, director, gerente, presidente o representante legal del ente respectivo o su delegado.

2. El ordenador del gasto o quien haga sus veces.

3. El Jefe de la Oficina Jurídica o de la dependencia que tenga a su cargo la defensa de los intereses litigiosos de la entidad. En el Departamento Administrativo de la Presidencia de la República, concurrirá el Secretario Jurídico o su delegado.

4. Dos (2) funcionarios de dirección o de confianza que se designen conforme a la estructura orgánica de cada ente.

La participación de los integrantes será indelegable, salvo las excepciones previstas en los numerales 1 y 3 del presente artículo.

PARÁGRAFO 1o. Concurrirán solo con derecho a voz los funcionarios que por su condición jerárquica y funcional deban asistir según el caso concreto, el apoderado que represente los intereses del ente en cada proceso, el Jefe de la Oficina de Control Interno o quien haga sus veces y el Secretario Técnico del Comité.

PARÁGRAFO 2o. Los comités de conciliación d entidades y organismos del orden nacional podrán invitar a sus sesiones a la Agencia Nacional de Defensa Jurídica del Estado, quien podrá participar cuando lo estime conveniente con derecho a voz y voto.

PARÁGRAFO 3o. En lo que se refiere a la integración de los Comités de Conciliación de los municipios de 4a, 5a y 6a categoría se deberá aplicar lo dispuesto en el Parágrafo 2 del artículo 47 de la Ley 1551 de 2012, para los efectos de que tratan los artículos 46 y 48 ibídem.

Artículo 119: Sesiones y votación

El Comité de Conciliación se reunirá no menos de dos veces al mes, y cuando las circunstancias lo exijan.

Presentada la petición de conciliación ante la entidad, el comité de Conciliación cuenta con quince (15) días a partir de su recibo para tomar la correspondiente decisión, la cual comunicará en el curso de la audiencia de conciliación, aportando copia auténtica de la respectiva acta o certificación en la que consten sus fundamentos.

En los asuntos en los cuales exista alta probabilidad de condena, con fundamento en las pruebas allegadas y en los precedentes jurisprudenciales aplicables al caso, los comités deberán analizar las pautas jurisprudenciales consolidadas y las sentencias de unificación de las altas cortes, de manera que se concilie en aquellos casos donde exista identidad de supuestos de hecho y de derecho respecto de la jurisprudencia reiterada.

El Comité podrá sesionar con un mínimo de tres de sus miembros permanentes y adoptará las decisiones por mayoría simple.

Artículo 120: Funciones

El Comité de Conciliación ejercerá las siguientes funciones:

1. Formular y ejecutar políticas de prevención del año antijurídico.

2. Diseñar las políticas generales que orientarán la defensa de los intereses de la entidad.

3. Estudiar y evaluar los procesos que cursen o hayan cursado en contra del ente, para determinar las causas generadoras de los conflictos; el índice de condenas; los tipos de daño por los cuales resulta demandado o condenado; y las deficiencias en las actuaciones administrativas de las entidades, así como las deficiencias de las actuaciones procesales por parte de los apoderados, con el objeto de proponer correctivos.

4. Fijar directrices institucionales para la aplicación de los mecanismos de arreglo directo, tales como la transacción y la conciliación, sin perjuicio de su estudio y decisión en cada caso concreto.

5. Determinar, en cada caso, la procedencia o improcedencia de la conciliación y señalar la posición institucional que fije los parámetros dentro de los cuales el representante legal o el apoderado actuará en las audiencias de conciliación. Para tal efecto, el Comité de Conciliación deberá 'analizar las sentencias de unificación proferidas por el Consejo de Estado, las pautas jurisprudenciales consolidadas, de manera que se concilie en aquellos casos donde exista identidad de supuestos con la jurisprudencia de unificación y la reiterada.

6. Determinar si el asunto materia de conciliación hace parte de algún proceso de vigilancia o control fiscal. En caso afirmativo, deberá invitar a la autoridad fiscal correspondiente a la sesión del comité de conciliación para escuchar sus opiniones en relación con eventuales fórmulas de arreglo, sin que dichas opiniones tengan carácter vinculante para el comité de conciliación o para las actividades de vigilancia y control fiscal que se adelanten o llegaren a adelantar.

7. Evaluar los procesos que hayan sido fallados en contra de la entidad con el fin de determinar la procedencia de la acción de repetición e informar al Coordinador de los agentes del Ministerio Público ante la Jurisdicción en lo Contencioso Administrativo las correspondientes decisiones anexando copia de la providencia condenatoria, de la prueba de su pago y señalando el fundamento de la decisión en los casos en que se decida no instaurar la acción de repetición.

8. Determinar la procedencia o improcedencia del llamamiento en garantía con fines de repetición.

9. Definir los criterios para la selección de abogados externos que garanticen su idoneidad para la defensa de los intereses públicos y realizar seguimiento sobre los procesos a ellos encomendados.

10. Designar al funcionario que ejercerá la Secretaría Técnica del Comité, preferentemente un profesional del Derecho.

11. Dictar su propio reglamento.

12. Autorizar que los conflictos suscitados entre entidades y organismos del orden nacional sean sometidos al trámite de la mediación ante la Agencia Nacional de Defensa Jurídica del Estado o ante la Procuraduría General de la Nación. En el caso de entidades del orden territorial la autorización de mediación podrá realizarse ante la Procuraduría General de la Nación.

13. Definir las fechas y formas de pago de las diferentes conciliaciones, cuando las mismas contengan temas pecuniarios.

PARÁGRAFO 1o. En aquellas entidades donde no exista la obligación de constituir comités de conciliación y no se haya hecho de forma facultativa, las funciones de que trata este artículo serán asumidas por el representante legal de la entidad.

PARÁGRAFO 2o. La Procuraduría General de la Nación, en cumplimiento de las funciones preventivas de que trata el artículo 277 de la Constitución Política, velará por el cumplimiento de las funciones del Comité de Conciliación. Para estos efectos los Procuradores Judiciales I y II para asuntos administrativos realizarán visitas periódicas obligatorias a los Comités de Conciliación.

Nota: La Sala de Consulta y Servicio Civil del Consejo de Estado, mediante Concepto 2494 de 2023, consideró que la Agencia Nacional de Defensa Jurídica del Estado está habilitada, en virtud del numeral 12 del artículo 120 de la Ley 2220 de 2022, concordante con normativa existente sobre las facultades de la ANDJE, para dar trámite a la mediación como medio de solución de conflictos que se originen entre todos los órganos, entidades y organismos del Estados en todos los órdenes y niveles, en los casos en los que el comité de conciliación o el representante legal de la entidad, órgano u organismo lo autorice.

Artículo 121: Secretaría técnica

Son funciones del Secretario del Comité de Conciliación las siguientes:

1. Elaborar las actas de cada sesión del comité. El acta deberá estar debidamente elaborada y suscrita por el Presidente y el Secretario del Comité que hayan asistido, dentro de los cinco (5) días siguientes a la correspondiente sesión.

2. Verificar el cumplimiento de las decisiones adoptadas por el comité.

3. Preparar un informe de la gestión del comité y de la ejecución de sus decisiones, que será entregado al representante legal del ente y a los miembros del comité cada seis (6) meses.

4. Proyectar y someter a consideración del comité la información que este requiera para la formulación y diseño de políticas de prevención del daño antijurídico y de defensa de los intereses del ente.

5. Informar al Coordinador de los agentes del Ministerio Público ante la Jurisdicción en lo Contencioso Administrativo acerca de las decisiones que el comité adopte respecto de la procedencia o no de instaurar acciones de repetición.

6. Atender oportunamente y por orden de ingreso las peticiones para estudio del Comité asignándoles un número consecutivo.

7. Remitir al agente del Ministerio Público, con una antelación no inferior a cinco (5) días a la fecha fijada para la realización de la audiencia de conciliación, el acta o el certificado en el que conste la decisión del Comité de Conciliación de la entidad pública convocada sobre la solicitud de conciliación.

8. Las demás que le sean asignadas por el comité.

Artículo 122: Indicador de gestión

La prevención del daño antijurídico será considerada como un indicador de gestión y con fundamento en él se asignarán las responsabilidades en el interior de cada entidad.

Artículo 123: Apoderados

Las decisiones adoptadas por el Comité de Conciliación o por el representante legal de la entidad cuando no se tenga la obligación de constituirlo ni se haya hecho de manera facultativa, serán de obligatorio cumplimiento para los apoderados de cada entidad.

Artículo 124: Asesoría

La Agencia Nacional de Defensa Jurídica del Estado asesorará a los respectivos entes en la conformación y funcionamiento de los comités y en el diseño y desarrollo de las políticas integrales de defensa de los intereses públicos en litigio y de las de prevención del daño antijurídico estatal.

Concordancias: Arts. 6 y 17 Dec. 4085 de 2011

Artículo 125: De la acción de repetición

Los Comités de Conciliación de las entidades públicas deberán realizar los estudios pertinentes para determinar la procedencia de la acción de repetición.

Para ello, el ordenador del gasto, al día siguiente al pago total o al pago de la última cuota efectuado por la entidad pública, de una conciliación, condena o de cualquier otro crédito surgido por concepto de la responsabilidad patrimonial de la entidad, o al vencimiento del plazo con que cuenta la administración para el pago de condenas conforme lo establece la Ley 1437 de 2011, o la norma que la sustituya o modifique, lo que suceda primero, deberá remitir el acto administrativo y sus antecedentes al Comité de Conciliación, para que en un término no superior a cuatro (4) meses se adopte la decisión motivada de iniciar o no el proceso de repetición y se presente la correspondiente demanda, cuando la misma resulte procedente, dentro de los dos (2) meses siguientes a la decisión.

PARÁGRAFO. La Oficina de Control Interno de las entidades o quien haga sus veces, deberá verificar el cumplimiento de las obligaciones contenidas en este artículo.

Concordancias: L. 678 de 2001; Arts. 142, 155, 164, 166 Num. 1, 195 Inc. 6 C.P.A.C.A.

Artículo 126: Llamamiento en garantía con fines de repetición

Los apoderados de los entes públicos deberán presentar informe al Comité de Conciliación para que este pueda determinar la procedencia del llamamiento en garantía para fines de repetición en los procesos judiciales de responsabilidad patrimonial. Lo anterior, sin perjuicio de la obligación contenida en el artículo anterior.

Artículo 127: Publicación

Las entidades y organismos de derecho público publicarán en sus páginas web los informes de gestión del Comité de Conciliación dentro de los tres (3) días siguientes, a la fecha en que los mismos de acuerdo con la ley y los reglamentos deban presentarse, con miras a garantizar la publicidad y transparencia de los mismos.

Artículo 128: Deberes de diligencia y cuidado ante la conciliación extrajudicial en materia contenciosos administrativo

Los Comités de Conciliación actuarán con la debida diligencia en el estudio y definición de los conflictos contra la entidad y en la reducción de su litigiosidad mediante el uso de la conciliación, la extensión de la jurisprudencia y de la aplicación por vía administrativa de las sentencias de unificación proferidas por el Consejo de Estado. La Procuraduría General de la Nación adelantará acciones de vigilancia especial para verificar el cumplimiento de estos deberes de diligencia y cuidado. La omisión inexcusable en esta materia por parte de los integrantes de los Comités de Conciliación configura incumplimiento de sus deberes sancionables como falta grave.

Artículo 129: Reserva legal de las estrategias de defensa jurídica

Si la decisión de no conciliar implica señalar total o parcialmente la estrategia de defensa jurídica de la entidad, el documento en el que conste la decisión gozará de reserva conforme lo dispuesto en los literales e) y h) y el parágrafo del artículo 19 de la Ley 1712 de 2014, o la norma que los modifique, adicione o sustituya.

La reserva no podrá ser oponible al agente del Ministerio Público.

Las estrategias de defensa jurídica nacional e internacional son los documentos, conceptos, lineamientos e información a los que acuden la Agencia Nacional de Defensa Jurídica del Estado y/o las entidades públicas encargadas de hacer efectiva la defensa jurídica del Estado y de proteger sus intereses litigiosos.

En este evento, el documento en el que consten la decisión de no conciliar no se agregará al expediente y será devuelto por el agente del Ministerio Público al finalizar la audiencia de conciliación.

Artículo 130: Impedimentos y recusaciones

Los miembros de Comités de Conciliación deberán declararse impedidos y podrán ser recusados cuando se encuentren incursos en alguna de las causales previstas en el artículo 11 de la Ley 1437 de 2011, o la norma que los modifique, adicione o sustituya y cuando el asunto a decidir pueda comprometer a quien los designó, o a quien participó en el respectivo nombramiento o designación.

TÍTULO VI. DE LA CONCILIACIÓN JUDICIAL EN ASUNTOS DE LO CONTENCIOSO ADMINISTRATIVO

CAPÍTULO ÚNICO

Artículo 131: Fórmulas de arreglo

En cualquier estado del proceso el juez o magistrado podrá autorizar al Ministerio Público para que realice labores de avenimiento entre las partes, con el fin de estructurar fórmulas de arreglo que serán sometidas a su posterior consideración.

TÍTULO VII. MODIFICACIONES A LA LEY 1437 DE 2011

Artículo 132

Modifíquese el numeral 2 del artículo 247 de la Ley 1437 de 2011 modificado por el artículo 67 de la Ley 2080 de 2021. El nuevo texto es el siguiente:

Artículo 247. Trámite del recurso de apelación contra sentencias. El recurso de apelación contra las sentencias proferidas en primera instancia se tramitará de acuerdo con el siguiente procedimiento:

2. Cuando el fallo de primera instancia sea de carácter condenatorio, total o parcialmente, y contra este se interponga el recurso de apelación, el juez o magistrado ponente citará a audiencia de conciliación que deberá celebrarse antes de resolverse sobre la concesión del recurso, cuando las partes de común acuerdo la soliciten y propongan fórmula conciliatoria, o a petición del agente del ministerio público, cuando el recurrente sea la entidad condenada. El agente del Ministerio Público deberá sustentar su petición en uno de los siguientes criterios: 1) la existencia de precedentes jurisprudenciales o sentencias de unificación que permitan anticipar la confirmación de la sentencia; 2) cuando a partir del análisis de las pruebas aportadas al proceso y de las consideraciones contenidas en la sentencia condenatoria de primera instancia puede evidenciarse una alta probabilidad de condena.

En el evento en que se solicite la celebración de la audiencia de conciliación por parte del agente del Ministerio Público, la entidad condenada en primera instancia deberá someter nuevamente a consideración del Comité de Conciliación el caso, para que este determine la procedencia o improcedencia de presentar fórmula conciliatoria. En caso de no presentarse la fórmula conciliatoria, el apoderado de la entidad deberá allegar copia del acta del Comité en la que conste el estudio de los argumentos fácticos y normativos que justifican su decisión.

En caso de que el agente del Ministerio Público esté en desacuerdo con la decisión adoptada por el Comité de Conciliación pese a las sentencias de unificación existentes; así como al precedente judicial y la alta probabilidad de condena, deberá dejar constancia de esta circunstancia en la audiencia de conciliación.

El Juez de segunda instancia, de oficio o a solicitud del Ministerio Público, si advierte temeridad o renuencia en la posición no conciliatoria de alguna de las partes, condenará a la misma o a los servidores públicos que intervinieron en las correspondientes conversaciones a cancelar multas a favor del tesoro nacional de 5 a 100 SMLMV.

TÍTULO VIII. SISTEMA NACIONAL DE CONCILIACIÓN

CAPÍTULO 1° CREACIÓN DEL SISTEMA NACIONAL DE CONCILIACIÓN

Artículo 133: Sistema nacional de conciliación

Créase el Sistema Nacional de Conciliación por medio del cual el Ministerio de Justicia y del Derecho implementa la política pública de conciliación, con el objetivo de coordinar las acciones y aunar esfuerzos interinstitucionales para la promoción, fortalecimiento y desarrollo de la conciliación.

CAPÍTULO 2° ESTRUCTURA ORGANIZACIONAL

Artículo 134: Integrantes

El Sistema Nacional de Conciliación estará integrado por las siguientes entidades:

4. El Ministerio de Justicia y del Derecho como órgano rector.

5. El Consejo Nacional de Conciliación y Acceso a la Justicia previsto en esta ley como órgano operativo.

6. Entidades formadoras en conciliación correspondientes a:

a) Entidades avaladas para capacitar en conciliación en derecho.

b) Entidades que implementan la conciliación en equidad, de conformidad con los lineamientos fijados por el Ministerio de Justicia y del Derecho.

4. Órganos de operación de la conciliación:

a) Centros de conciliación de personas jurídicas sin ánimo de lucro.

b) Centros de conciliación de entidades públicas.

c) Centros de conciliación de consultorios jurídicos universitarios.

d) Entidades con programas locales de conciliación en equidad.

5. Conciliadores.

6. Órganos disciplinarios, y de control, inspección y vigilancia:

a) Consejo Superior de la Judicatura.

b) Ministerio de Justicia y del Derecho.

c) Procuraduría General de la Nación.

d) Superintendencia de Notariado y Registro.

e) Superintendencia Financiera de Colombia.

f) Superintendencia de Industria y Comercio.

g) Superintendencia de Sociedades.

7. Entidades y órganos que coadyuvan a la conciliación.

8. Órganos de planeación y financiamiento:

a) Departamento Nacional de Planeación.

b) Ministerio de Hacienda y Crédito Público.

Artículo 135: Consejo nacional de conciliación

El Consejo Nacional de Conciliación es el órgano operativo del Sistema Nacional de Conciliación, el cual estará integrado por:

1. El Ministro de Justicia y del Derecho o su delegado, quien lo presidirá.
2. El Procurador General de la Nación o su delegado.
3. El director de la Agencia Nacional de Defensa Jurídica del Estado o su delegado.
4. Dos (2) representantes de los centros de conciliación de entidades sin ánimo de lucro de naturaleza privada.
5. Un (1) representante de los centros de conciliación de entidades públicas, distintos de la Procuraduría General de la Nación.
6. Un (1) representante de los puntos de atención de conciliación en equidad del país.
7. Dos (2) representantes de los consultorios jurídicos de las Instituciones de Educación Superior.
8. Dos (2) representantes de las entidades territoriales que tengan programas locales de justicia en equidad.

Los representantes indicados en los numerales 4, 5, 6, 7 y 8 serán escogidos por el Ministro de Justicia y del Derecho de quienes sean postulados por los grupos interesados para un período de dos (2) años, en la forma que disponga el reglamento que se expedirá dentro de los seis (6) meses siguientes a la entrada en vigencia de la presente ley.

Una vez designados los integrantes del Consejo Nacional de Conciliación, la Secretaría Técnica del Consejo convocará su instalación dentro de los tres (3) meses siguientes.

PARÁGRAFO. La secretaría Técnica del Consejo estará a cargo de la Dirección de Métodos Alternativos de Solución de Conflictos del Ministerio de Justicia y del Derecho.

CAPÍTULO 3° INSTRUMENTOS DE PLANIFICACIÓN

Artículo 136: Plan estratégico del consejo nacional de conciliación

Una vez instalado el Consejo Nacional de Conciliación formulará y adoptará un plan estratégico con duración cuatrienal que coincida con la vigencia del Plan Nacional de Desarrollo.

En dicho plan se establecerán como mínimo los programas, objetivos, estrategias, acciones, metas e indicadores a lograr para la promoción, fortalecimiento y desarrollo de la conciliación con los aportes de todos los integrantes del Consejo Nacional de Conciliación.

El plan estratégico será tenido en cuenta por el Departamento Nacional de Planeación como insumo para la elaboración de las bases del Plan Nacional de Desarrollo en lo que respecta a la conciliación.

PARÁGRAFO. El plan estratégico incluirá los mecanismos de seguimiento de los acuerdos conciliatorios.

PARÁGRAFO transitorio. El plan estratégico inicial será expedido por el Gobierno nacional y coincidirá con las políticas establecidas en el Plan Nacional de Desarrollo vigente para el momento de la promulgación de la presente ley.

CAPÍTULO 5° SISTEMAS DE INFORMACIÓN

Artículo 137: Registro de información

El Sistema Nacional de Conciliación fortalecerá los sistemas de información que registren la gestión de la conciliación en el territorio nacional, para la planeación, seguimiento y medición de impacto de la estrategia fijada por el Consejo Nacional de Conciliación.

CAPÍTULO 6° PROGRAMAS DE CONCILIACIÓN

Artículo 138: Creación de programas de conciliación

El Ministerio de Justicia y del Derecho por recomendación del Consejo Nacional de Conciliación crear los programas de conciliación que se consideren necesarios de conformidad con el plan estratégico de que trata la presente ley, para la implementación de su política pública en esta materia.

Los programas en materia de conciliación extrajudicial en asuntos contencioso administrativos serán estructurados por el Ministerio de Justicia y del Derecho en conjunto con el Instituto de Estudios del Ministerio Público.

Artículo 139: Creación del programa nacional de justicia en equidad

Créase el Programa Nacional de Justicia en Equidad en cabeza del Ministerio de Justicia y del Derecho, el cual tendrá a su cargo el diseño, implementación, fortalecimiento y sostenibilidad de la política pública de la conciliación en equidad, de convivencia, y de los métodos alternativos de solución de conflictos, que se basen en la equidad y en los parámetros de justicia de las comunidades que habitan el territorio nacional.

El programa estará integrado por los programas locales de justicia en equidad como parte de la política pública de seguridad, convivencia y acceso a la justicia de los municipios, distritos y departamentos, quienes estarán a cargo de su implementación, operación y sostenibilidad.

Artículo 140: Alcance

El Programa Nacional de Justicia en Equidad comprenderá todas aquellas iniciativas de justicia comunitaria, justicia en equidad, convivencia y resolución de conflictos desde el ámbito comunitario, que tengan origen en el Gobierno nacional, o en los entes territoriales, el cual expedirá la correspondiente reglamentación.

Artículo 141: Cobertura del programa nacional de justicia en equidad

El Gobierno nacional determinará la fecha en el cual en todos los municipios del país se contará con programas locales de justicia en equidad. Para esa fecha, los conciliadores en equidad del país, serán apoyados y respaldados por la comunidad, las organizaciones cívicas, el sector privado y los gobiernos de los entes territoriales, en coordinación con el Gobierno nacional.

El crecimiento de la cobertura se realizará de manera gradual de acuerdo con los criterios de sostenimiento, calidad y eficacia estructurados desde el Programa Nacional de Justicia en Equidad.

PARÁGRAFO 1o. La operación de la conciliación en equidad en los programas locales de justicia en equidad en el territorio nacional se seguirá realizando en los puntos de atención de la conciliación en equidad, a través de los cuales las entidades territoriales garantizarán la operación, sostenibilidad y fortalecimiento de la conciliación en equidad y los respectivos estímulos para los conciliadores en equidad que realicen su voluntariado en los puntos de atención de la conciliación en equidad.

PARÁGRAFO 2o. El Gobierno nacional priorizará la cobertura de los programas locales de justicia en equidad en los municipios definidos en el Decreto ley 893 de 2017, sin perjuicio de la ampliación progresiva referida en el presente artículo.

TÍTULO IX. INCENTIVOS A LOS AGENTES DEL MINISTERIO PÚBLICO

CAPÍTULO ÚNICO

Artículo 142: Incentivos a los agentes del Ministerio Público

El éxito en el logro de acuerdos conciliatorios por parte de los Procuradores Judiciales será considerado en el Plan de bienestar, estímulos e incentivos de la Procuraduría General de la Nación.

La Procuraduría General de la Nación reglamentará la inclusión de dichos incentivos.

TÍTULO X. DERECHO DE PREFERENCIA DE TURNO

CAPÍTULO ÚNICO

Artículo 143: Derecho de preferencia de turno

Los acuerdos conciliatorios en materia contencioso administrativa tendrán prelación de turno y se asumirán de manera inmediata para ser revisados por la jurisdicción contenciosa.

Por su parte, las entidades estatales establecerán un sistema de turnos preferencial para el pago de los acuerdos conciliatorios aprobados por la jurisdicción.

El Gobierno nacional reglamentará la materia del sistema de turnos preferencial de que trata el inciso anterior.

TÍTULO XI. DISPOSICIONES FINALES

Artículo 144: Incumplimiento del acuerdo de conciliación sobre entrega de inmueble arrendado

En caso de incumplimiento de un acta de conciliación sobre entrega de bien inmueble arrendado, los centros de conciliación o el conciliador podrán solicitar a la autoridad judicial que comisione a la autoridad competente para realizar la diligencia de entrega.

Artículo 145: Vigencia

Esta ley rige íntegramente la materia de conciliación y entra en vigencia seis (6) meses después de su promulgación.

Artículo 146: Derogatoria

La presente ley deroga todas las disposiciones que le sean contrarias y especialmente los artículos 24, 25, 35, 47, 49, 50, 51, 52, 53, 59, 61, 62, 63, 64, 65A, 65B, 66, 67, 76, 81, 82, 83, 84, 85, 86, y 89 de la Ley 23 de 1991; 64, 65, 66, 69, 70, 71, 72, 73, 75, 77, 80, 81, 83, 84, 86, 91, 92, 94, 96, 99, 100, 104, 105, 106, 107, 108, 109 y 110 de la Ley 446 de 1998; la Ley 640 de 2001; el artículo 2o de la Ley 1367 de 2009; los artículos 51 y 52 de la Ley 1395 de 2010. El inciso 2 del numeral 6 del artículo 384 y los artículos 620 y 621 de la Ley 1564 de 2012; el parágrafo 1 del artículo 4o de la Ley 1579 de 2012.

LEY 906 DE 2004

Por la cual se expide el Código de Procedimiento Penal.

LIBRO VI. JUSTICIA RESTAURATIVA

CAPÍTULO 1° DISPOSICIONES GENERALES

Artículo 518: Definiciones

Se entenderá por programa de justicia restaurativa todo proceso en el que la víctima y el imputado, acusado o sentenciado participan conjuntamente de forma activa en la resolución de cuestiones derivadas del delito en busca de un resultado restaurativo, con o sin la participación de un facilitador.

Se entiende por resultado restaurativo, el acuerdo encaminado a atender las necesidades y responsabilidades individuales y colectivas de las partes y a lograr la reintegración de la víctima y del infractor en la comunidad en busca de la reparación, la restitución y el servicio a la comunidad.

Concordancias: Art. 2431 C.C.; Art. 4 C. Pen.; C.I.A. (Ley 1098 de 2006 Art. 140)

Nota: Esta clase justicia propende por encontrar una solución a los conflictos que se suscitan entre la víctima y victimario, permitiendo la participación de ambos a través del dialogo para encontrar el consenso que facilite dirimir los daños causados con el delito, donde el Estado actúa como un intermediario, buscando ponerle fin al conflicto, evitando en lo posible la imposición de la sanción.

Artículo 519: Reglas generales

Los procesos de justicia restaurativa se regirán por los principios generales establecidos en el presente código y en particular por las siguientes reglas:

1. Consentimiento libre y voluntario de la víctima y el imputado, acusado o sentenciado de someter el conflicto a un proceso restaurativo. Tanto la víctima como el imputado, acusado o sentenciado podrán retirar este consentimiento en cualquier momento de la actuación.
2. Los acuerdos que se alcancen deberán contener obligaciones razonables y proporcionadas con el daño ocasionado con el delito.
3. La participación del imputado, acusado o sentenciado no se utilizará como prueba de admisión de culpabilidad en procedimientos jurídicos ulteriores.

4. El incumplimiento de un acuerdo no deberá utilizarse como fundamento para una condena o para la agravación de la pena.

5. Los facilitadores deben desempeñar sus funciones de manera imparcial y velarán porque la víctima y el imputado, acusado o sentenciado actúen con mutuo respeto.

6. La víctima y el imputado, acusado o sentenciado tendrán derecho a consultar a un abogado.

Concordancias: Art. 522 C.P.P.

Artículo 520: Condiciones para la remisión a los programas de justicia restaurativa

El fiscal o el juez, para remitir un caso a los programas de justicia restaurativa, deberá:

1. Informar plenamente a las partes de sus derechos, de la naturaleza del proceso y de las posibles consecuencias de su decisión.

2. Cerciorarse que no se haya coaccionado a la víctima ni al infractor para que participen en procesos restaurativos o acepten resultados restaurativos, ni se los haya inducido a hacerlo por medios desleales.

Artículo 521: Mecanismos

Son mecanismos de justicia restaurativa la conciliación preprocesal, la conciliación en el incidente de reparación integral y la mediación.

Concordancias: Art. 523 L. 690 de 2001

Nota: Mediante la Resolución No. 0383 del 11 de mayo del 2022 de la Fiscalía General de la Nación se adopta el Manual de Justicia Restaurativa.

CAPÍTULO 2° CONCILIACIÓN PREPROCESAL

Artículo 522: La conciliación en los delitos querellables

La conciliación se surtirá obligatoriamente y como requisito de procedibilidad para el ejercicio de la acción penal, cuando se trate de delitos querellables, ante el fiscal que corresponda, o en un centro de conciliación o ante un conciliador reconocido como tal.

En el primer evento, el fiscal citará a querellante y querellado a diligencia de conciliación. Si hubiere acuerdo procederá a archivar las diligencias. En caso contrario, ejercitará la acción penal correspondiente, sin perjuicio de que las partes acudan al mecanismo de la mediación.

Si la audiencia de conciliación se realizare ante un centro o conciliador reconocidos como tales, el conciliador enviará copia del acta que así lo constate al fiscal quien procederá al archivo de las diligencias si fue exitosa o, en caso contrario, iniciará la acción penal correspondiente, si fuere procedente, sin perjuicio de que las partes acudan al mecanismo de la mediación.

La inasistencia injustificada del querellante se entenderá como desistimiento de su pretensión. La del querellado motivará el ejercicio de la acción penal, si fuere procedente.

En cualquier caso, si alguno de los citados fuere incapaz, concurrirá su representante legal.

La conciliación se ceñirá, en lo pertinente, a lo establecido en la Ley 640 de 2001.

Exeq. C-591 de 2005: *«Declarar EXEQUIBLES los incisos 1° y 2° del artículo 522 de la Ley 906 de 2004, por el cargo analizado»*

Concordancias: Arts. 71, 74, 519 C.P.P.; Art. 116 C.P.

Nota: La Corte Constitucional en Sentencia C-160 de 1999 señalo que la conciliación es: "*una institución en virtud de la cual se persigue un interés público, mediante la solución negociada de un conflicto jurídico entre partes, con la intervención de un funcionario estatal, perteneciente a la rama judicial o a la administración, y excepcionalmente de particulares*".

Corte Constitucional., Sentencia C-591, 9 Jun/2005, M.P.: Clara Inés Vargas Hernández; Corte Suprema de Justicia. Sala Penal. Magistrada Ponente María del Rosario González Muñoz. Sentencia del 4 de junio de 2014. Rad. 41637.

Adicionalmente, la conciliación puede ser de dos clases: la preprocesal y la que se da en el incidente de reparación integral. Y, en relación con el trámite y desarrollo de la conciliación por mandato legal de este Código, la Fiscalía General de la Nación expidió en mayo de 2022 la primera versión del Manual de Justicia restaurativa. En el capítulo 4o se encuentra lo relativo a la Conciliación Penal y en el capítulo 5o. los Lineamientos para la implementación de la Conciliación. Este manual fue adoptado por la Resolución No. 0383 del 11 de mayo del 2022 de esta entidad.

El parágrafo del Art. 74 el C. P.P. señala que no será necesario la querella y por ende el de agotar el requisito de procedibilidad de la conciliación cuando en los delitos querellables el sujeto pasivo sea un menor de edad, inimputables, violencia contra la mujer y en casos de flagrancia con la finalidad de que se inicie la investigación de oficio. (C.S.J., Sala de Casación Penal, Rad.: 47046, SP., 7343-2017).

La conciliación exitosa tiene como efecto la extinción de la acción penal, ya sea por el archivo dentro del proceso ordinario o de la preclusión en el proceso especial abreviado y se debe incluir el compromiso del desistimiento de la querella de acuerdo con los Art. 76 y 77 del C.P.P. (Ley 906 de 2004) para que de esa manera el acuerdo haga tránsito a cosa juzgada y preste merito ejecutivo.

CAPÍTULO 3° MEDIACIÓN

Artículo 523: Concepto

Mediación es un mecanismo por medio del cual un tercero neutral, particular o servidor público designado por el Fiscal General de la Nación o su delegado, conforme con el manual que se expida para la materia, trata de permitir el intercambio de opiniones entre víctima y el imputado o acusado para que confronten sus puntos de vista y, con su ayuda, logren solucionar el conflicto que les enfrenta.

La mediación podrá referirse a la reparación, restitución o resarcimiento de los perjuicios causados; realización o abstención de determinada conducta; prestación de servicios a la comunidad; o pedimento de disculpas o perdón.

Nota: En Sentencia C-1195 de 2001 se indica que la mediación es: "*un procedimiento consensual, confidencial a través del cual las partes, con la ayuda de un facilitador neutral entrenado en resolución de conflictos, interviene para que las partes puedan discutir sus puntos de vista y buscar una solución conjunta al conflicto.*"

En la implementación de la mediación se dará prioridad a la suscripción de convenios interinstitucionales con entidades nacionales y territoriales que tengan programas solidos en materia de justicia restaurativa, como lo es el caso de la Cámara de Comercio de Bogotá con quien se celebró un convenio para efectos de tramitar mediaciones en materia penal. Ver Arts. 8.1. y ss. Del Reg. CAC CCB

Entre la normatividad internacional referida a la mediación penal encontramos: La Recomendación No. R (99) 19 del Consejo de Europa, el artículo 33 de la Carta de Derechos Humanos, los artículos 4, 5, 6 y 7 de la Declaración de 1985 sobre los principios básicos de justicia para la víctima del crimen y abuso de poder, la Directiva 2012/29 del Parlamento Europeo y del Consejo de 25 de octubre de 2012 y el Estatuto de la Víctima (Ley 4/2015) de España.

Artículo 524: Procedente

La mediación procede desde la formulación de la imputación y hasta antes del inicio del juicio oral para los delitos perseguibles de oficio cuyo mínimo de pena no exceda de cinco (5) años de prisión, siempre y cuando el bien jurídico protegido no sobrepase la órbita personal del perjudicado, y víctima, imputado o acusado acepten expresa y voluntariamente someter su caso a una solución de justicia restaurativa.

En los delitos con pena superior a cinco (5) años la mediación será considerada para otorgar algunos beneficios durante el trámite de la actuación, o relacionados con la dosificación de la pena, o el purgamiento de la sanción.

Nota: En caso de que fracase la conciliación preprocesal, las partes pueden acudir al mecanismo de la mediación según lo indica el artículo 522 de este Código.

En Sentencia del 10 de junio de 2020 (Corte Suprema de Justicia. Sala Penal. Magistrado Ponente Jaime Humberto Moreno Acero. Sentencia del 10 de junio de 2020. Rad. 56259), se señala lo siguiente: "*el artículo 524 de la Ley 906 de 2004, señala que la mediación procede para delitos perseguibles de oficio cuyo mínimo de pena no exceda de cinco años; al tanto que en delitos con montos punitivos superiores (...) sólo será considerada para "otorgar algunos beneficios durante el trámite de la actuación, o relacionados con la dosificación de la pena, o el purgamiento de la sanción*".

Artículo 525: Solicitud

La mediación podrá solicitarse por la víctima o por el imputado o acusado ante el fiscal, juez de control de garantías o juez de conocimiento, según el caso, para que el Fiscal General de la Nación, o su delegado para esos efectos, proceda a designar el mediador.

En los casos de menores, inimputables y víctimas incapaces, sus representantes legales deberán participar en la mediación.

Nota: También se puede solicitar la mediación ante el Juez de Ejecución de Penas y Medidas de Seguridad cuando es solicitada con posterioridad a la ejecutoria de la sentencia condenatoria.

Se debe verificar por parte del fiscal que la mediación no sea un nuevo escenario de revictimización o que las partes no tienen una verdadera voluntad restaurativa. Y en todos los casos de violencia basada en género, cuando el nivel de riesgo establecido en el formato de identificación del riesgo (FIR) sea grave o extremo, no procede la mediación. En igual sentido, se encuentra enmarcado en el Artículo 8.9 del Reg. CAC CCB (consultar sección de suplemento).

Para conocer el trámite y desarrollo de la mediación penal consulte en la sección de suplemento el Manual de Justicia Restaurativa (Art. 3.5.) y el Reg. CAC CCB (Art. 8.8 ss.).

Artículo 526: Efectos de la mediación

La decisión de víctima y victimario de acudir a la mediación tiene efectos vinculantes, en consecuencia, excluye el ejercicio de la acción civil derivada del delito y el incidente de reparación integral.

El mediador expedirá un informe de sus resultados y lo remitirá al fiscal o al juez, según el caso, para que lo valore y determine sus efectos en la actuación.

Los resultados de la mediación serán valorados para el ejercicio de la acción penal; la selección de la coerción personal, y la individualización de la pena al momento de dictarse sentencia.

Concordancias: C. Pen., Art. 60.

Nota: Según el artículo 547 de este Código, los mecanismos de justicia restaurativa mencionados en este Código darán lugar a la extinción de la acción penal de conformidad con lo previsto en los términos de los artículos 77 del C.P.P. y 82 del C.Pen. Sin embargo, los efectos de la mediación solo se dan para efectos de los delitos que protegen bienes jurídicos individuales y no colectivos, porque el presupuesto de estos efectos es que nadie pueda disponer de aquello que no le pertenece y por ende la víctima debe conservar su espacio de disponibilidad (C-979/05). Adicionalmente, los términos no se suspenden con el adelantamiento de la mediación, pero al igual que la conciliación sí excluye el ejercicio de la acción civil y el incidente de reparación integral.

El acta de la mediación debe contener los compromisos de las partes, el reconocimiento de responsabilidad y la formulación de la disculpa por parte del procesado, así como su compromiso de no repetición de la conducta y la reparación en dinero, especie y/o trabajo en beneficio de la víctima y la comunidad. Esta acta ira junto con un informe que se envía al fiscal para que valore y determine los efectos del acuerdo. El mediador debe hacerle seguimiento al cumplimiento del acuerdo de mediación y su cumplimiento. Cuando este se verifique debe informar al fiscal. Y en relación con el tema de los resultados de la mediación en la selección de la coerción personal están relacionados con la imposición de medidas de aseguramiento y medidas cautelares patrimoniales.

Artículo 527: Directrices

El Fiscal General de la Nación elaborará un manual que fije las directrices del funcionamiento de la mediación, particularmente en la capacitación y evaluación de los mediadores y las reglas de conducta que regirán el funcionamiento de la mediación y, en general, los programas de justicia restaurativa.

Exeq. C-979-05 de 26 de septiembre de 2005, M. P.: Dr. Jaime Córdoba Triviño por el cargo analizado, por la Corte Constitucional mediante Sentencia

Nota: Por mandato legal de este artículo, la Fiscalía General de la Nación expidió en mayo de 2022 la primera versión del Manual de Justicia restaurativa. En el capítulo 3o se encuentra los Lineamientos para la implementación de la Mediación. (Consultar sección de Suplemento). Y, mediante la Resolución No. 0-0383 del 11 de mayo del 2022 de la Fiscalía General de la Nación se adoptó el Manual de Justicia Restaurativa y se dictan disposiciones para el funcionamiento de la mediación penal. Y en Resolución 0-0447 del 30 de agosto de 2023 se dispone adicionar la Resolución 0-0383 de 2022 con el fin de ampliar la oferta de servicios de mediación penal.

De otra parte, el Reg. CAC CCB en su versión 5 aprobado 15 de septiembre del 2023, regula en su parte VIII la Mediación Penal.

SUPLEMENTO

CONVENCIÓN SOBRE EL RECONOCIMIENTO Y LA EJECUCIÓN DE LAS SENTENCIAS ARBITRALES EXTRANJERAS (NUEVA YORK, 1958)

Artículo 1:

1. La presente Convención se aplicará al reconocimiento y la ejecución de las sentencias arbitrales dictadas en el territorio de un Estado distinto de aquel en que se pide el reconocimiento y la ejecución de dichas sentencias, y que tengan su origen en diferencias entre personas naturales o jurídicas. Se aplicará también a las sentencias arbitrales que no sean consideradas como sentencias nacionales en el Estado en el que se pide su reconocimiento y ejecución.

2. La expresión "sentencia arbitral" no sólo comprenderá las sentencias dictadas por los árbitros nombrados para casos determinados, sino también las sentencias dictadas por los órganos arbitrales permanentes a los que las partes se hayan sometido.

3. En el momento de firmar o de ratificar la presente Convención, de adherirse a ella o de hacer la notificación de su extensión prevista en el artículo X, todo Estado podrá, a base de reciprocidad, declarar que aplicará la presente Convención al reconocimiento y a la ejecución de las sentencias arbitrales dictadas en el territorio de otro Estado Contratante únicamente. Podrá también declarar que sólo aplicará la Convención a los litigios surgidos de relaciones jurídicas, sean o no contractuales, consideradas comerciales por su derecho interno.

Artículo 2:

1. Cada uno de los Estados Contratantes reconocerá el acuerdo por escrito conforme al cual las partes se obliguen a someter a arbitraje todas las diferencias o ciertas diferencias que hayan surgido o puedan surgir entre ellas respecto a una determinada relación jurídica, contractual o no contractual, concerniente a un asunto que pueda ser resuelto por arbitraje.

2. La expresión "acuerdo por escrito" denotará una cláusula compromisoria incluida en un contrato o un compromiso, firmados por las partes o contenidos en un canje de cartas o telegramas.

3. El tribunal de uno de los Estados Contratantes al que se someta un litigio respecto del cual las partes hayan concluido un acuerdo en el sentido del presente artículo, remitirá a las partes al arbitraje, a instancia de una de ellas, a menos que compruebe que dicho acuerdo es nulo, ineficaz o inaplicable.

Artículo 3:

Cada uno de los Estados Contratantes reconocerá la autoridad de la sentencia arbitral y concederá su ejecución de conformidad con las normas de procedimiento vigentes en el territorio donde la sentencia sea invocada, con arreglo a las condiciones que se establecen en los artículos siguientes. Para el reconocimiento o la ejecución de las sentencias arbitrales a que se aplica la presente Convención, no se impondrán condiciones apreciablemente más rigurosas, ni honorarios o costas más elevados, que los aplicables al reconocimiento o a la ejecución de las sentencias arbitrales nacionales.

Artículo 4:

1. Para obtener el reconocimiento y la ejecución previstos en el artículo anterior, la parte que pida el reconocimiento y la ejecución deberá presentar, junto con la demanda:

a) El original debidamente autenticado de la sentencia o una copia de ese original que reúna las condiciones requeridas para su autenticidad;

b) El original del acuerdo a que se refiere el artículo II, o una copia que reúna las condiciones requeridas para su autenticidad.

2. Si esa sentencia o ese acuerdo no estuvieran en un idioma oficial del país en que se invoca la sentencia, la parte que pida el reconocimiento y la ejecución de esta última deberá presentar una traducción a ese idioma de dichos documentos. La traducción deberá ser certificada por un traductor oficial o un traductor jurado, o por un agente diplomático o consular.

Artículo 5:

1. Sólo se podrá denegar el reconocimiento y la ejecución de la sentencia, a instancia de la parte contra la cual es invocada, si esta parte prueba ante la autoridad competente del país en que se pide el reconocimiento y la ejecución:

a) Que las partes en el acuerdo a que se refiere el artículo II estaban sujetas a alguna incapacidad en virtud de la ley que les es aplicable o que dicho acuerdo no es válido en virtud de la ley a que las partes lo han sometido, o si nada se hubiera indicado a este respecto, en virtud de la ley del país en que se haya dictado la sentencia; o

b) Que la parte contra la cual se invoca la sentencia arbitral no ha sido debidamente notificada de la designación del árbitro o del procedimiento de arbitraje o no ha podido, por cualquier otra razón, hacer valer sus medios de defensa; o

c) Que la sentencia se refiere a una diferencia no prevista en el compromiso o no comprendida en las disposiciones de la cláusula compromisoria, o contiene decisiones que exceden de los términos del compromiso o de la cláusula compromisoria; no obstante, si las disposiciones de la sentencia que se refieren a las cuestiones sometidas al arbitraje pueden separarse de las que no han sido sometidas al arbitraje, se podrá dar reconocimiento y ejecución a las primeras; o

d) Que la constitución del tribunal arbitral o el procedimiento arbitral no se han ajustado al acuerdo celebrado entre las partes o, en defecto de tal acuerdo, que la constitución del tribunal arbitral o el procedimiento arbitral no se han ajustado a la ley del país donde se ha efectuado el arbitraje; o

e) Que la sentencia no es aún obligatoria para las partes o ha sido anulada o suspendida por una autoridad competente del país en que, o conforme a cuya ley, ha sido dictada esa sentencia.

2. También se podrá denegar el reconocimiento y la ejecución de una sentencia arbitral si la autoridad competente del país en que se pide el reconocimiento y la ejecución, comprueba:

a) Que, según la ley de ese país, el objeto de la diferencia no es susceptible de solución por vía de arbitraje; o

b) Que el reconocimiento o la ejecución de la sentencia serían contrarios al orden público de ese país.

Artículo 6:

Si se ha pedido a la autoridad competente prevista en el artículo V, párrafo 1 e), la anulación o la suspensión de la sentencia, la autoridad ante la cual se invoca dicha sentencia podrá, si lo considera procedente, aplazar la decisión sobre la ejecución de la sentencia y, a instancia de la parte que pida la ejecución, podrá también ordenar a la otra parte que dé garantías apropiadas.

Artículo 7:

1. Las disposiciones de la presente Convención no afectarán la validez de los acuerdos multilaterales o bilaterales relativos al reconocimiento y la ejecución de las sentencias arbitrales concertados por los Estados Contratantes ni privarán a ninguna de las partes interesadas de cualquier derecho que pudiera tener a hacer valer una sentencia arbitral en la forma y medida admitidas por la legislación o los tratados del país donde dicha sentencia se invoque.

2. El Protocolo de Ginebra de 1923 relativo a las cláusulas de arbitraje y la Convención de Ginebra de 1927 sobre la ejecución de las Sentencias Arbitrales Extranjeras dejarán de surtir efectos entre los Estados Contratantes a partir del momento y en la medida en que la presente Convención tenga fuerza obligatoria para ellos.

Artículo 8:

1. La presente Convención estará abierta hasta el 31 de diciembre de 1958 a la firma de todo Miembro de las Naciones Unidas, así como de cualquier otro Estado que sea o llegue a ser miembro de cualquier organismo especializado de las Naciones Unidas, o sea o llegue a ser parte en el Estatuto de la Corte Internacional de Justicia, o de todo otro Estado que haya sido invitado por la Asamblea General de las Naciones Unidas.

2. La presente Convención deberá ser ratificada y los instrumentos de ratificación se depositarán en poder del Secretario General de las Naciones Unidas.

Artículo 9:

1. Podrán adherirse a la presente Convención todos los Estados a que se refiere el artículo VIII.

2. La adhesión se efectuará mediante el depósito de un instrumento de adhesión en poder del Secretario General de las Naciones Unidas.

Artículo 10:

1. Todo Estado podrá declarar, en el momento de la firma, de la ratificación o de la adhesión, que la presente Convención se hará extensiva a todos los territorios cuyas relaciones internacionales tenga a su cargo, o a uno o varios de ellos.

Tal declaración surtirá efecto a partir del momento en que la Convención entre en vigor para dicho Estado.

2. Posteriormente, esa extensión se hará en cualquier momento por notificación dirigida al Secretario General de las Naciones Unidas y surtirá efecto a partir del nonagésimo día siguiente a la fecha en que el Secretario General de las Naciones Unidas haya recibido tal notificación o en la fecha de entrada en vigor de la Convención para tal Estado, si esta última fecha fuere posterior.

3. Con respecto a los territorios a los que no se haya hecho extensiva la presente Convención en el momento de la firma, de la ratificación o de la adhesión, cada Estado interesado examinará la posibilidad de adoptar las medidas necesarias para hacer extensiva la aplicación de la presente Convención a tales territorios, a reserva del consentimiento de sus gobiernos cuando sea necesario por razones constitucionales.

Artículo 11:

Con respecto a los Estados federales o no unitarios, se aplicarán las disposiciones siguientes:

a) En lo concerniente a los artículos de esta Convención cuya aplicación dependa de la competencia legislativa del poder federal, las obligaciones del gobierno federal serán, en esta medida, las mismas que las de los Estados Contratantes que no son Estados federales;

b) En lo concerniente a los artículos de esta Convención cuya aplicación dependa de la competencia legislativa de cada uno de los Estados o provincias constituyentes que, en virtud del régimen constitucional de la federación, no estén obligados a adoptar medidas legislativas, el gobierno federal, a la mayor brevedad posible y con su recomendación favorable, pondrá dichos artículos en conocimiento de las autoridades competentes de los Estados o provincias constituyentes;

c) Todo Estado federal que sea Parte en la presente Convención proporcionará, a solicitud de cualquier otro Estado Contratante que le haya sido transmitida por conducto del Secretario General de las Naciones Unidas, una exposición de la legislación y de las prácticas vigentes en la federación y en sus entidades constituyentes con respecto a determinada disposición de la Convención, indicando la medida en que por acción legislativa o de otra índole, se haya dado efecto a tal disposición.

Artículo 12:

1. La presente Convención entrará en vigor el nonagésimo día siguiente a la fecha del depósito del tercer instrumento de ratificación o de adhesión.

2. Respecto a cada Estado que ratifique la presente Convención o se adhiera a ella después del depósito del tercer instrumento de ratificación o de adhesión, la presente Convención entrará en vigor el nonagésimo día siguiente a la fecha del depósito por tal Estado de su instrumento de ratificación o de adhesión.

Artículo 13:

1. Todo Estado Contratante podrá denunciar la presente Convención mediante notificación escrita dirigida al Secretario General de las Naciones Unidas. La denuncia surtirá efecto un año después de la fecha en que el Secretario General haya recibido la notificación.

2. Todo Estado que haya hecho una declaración o enviado una notificación conforme a lo previsto en el artículo X, podrá declarar en cualquier momento posterior, mediante notificación dirigida al Secretario General de las Naciones Unidas, que la Convención dejará de aplicarse al territorio de que se trate un año después de la fecha en que el Secretario General haya recibido tal notificación.

3. La presente Convención seguirá siendo aplicable a las sentencias arbitrales respecto de las cuales se haya promovido un procedimiento para el reconocimiento o la ejecución antes de que entre en vigor la denuncia.

Artículo 14:

Ningún Estado Contratante podrá invocar las disposiciones de la presente Convención respecto de otros Estados Contratantes más que en la medida en que él mismo esté obligado a aplicar esta Convención.

Artículo 15:

El Secretario General de las Naciones Unidas notificará a todos los Estados a que se refiere el artículo VIII:

a) Las firmas y ratificaciones previstas en el artículo VIII;

b) Las adhesiones previstas en el artículo IX;

c) Las declaraciones y notificaciones relativas a los artículos I, X y XI;

d) La fecha de entrada en vigor de la presente Convención, en conformidad con el artículo XII;

e) Las denuncias y notificaciones previstas en el artículo XIII.

Artículo 16:

1. La presente Convención, cuyos textos chino, español, francés, inglés y ruso serán igualmente auténticos, será depositada en los archivos de las Naciones Unidas.

2. El Secretario General de las Naciones Unidas transmitirá una copia certificada de la presente Convención a los Estados a que se refiere el artículo VIII.

CONVENCIÓN DE LAS NACIONES UNIDAS SOBRE LOS ACUERDOS DE TRANSACCIÓN INTERNACIONALES RESULTANTES DE LA MEDIACIÓN (NUEVA YORK, 2018)

PREÁMBULO:

Las Partes en la presente Convención,

Reconociendo el valor que reviste para el comercio internacional la mediación como método de solución de controversias comerciales en que las partes en litigio solicitan a un tercero o terceros que les presten asistencia en su intento de resolver la controversia de manera amistosa,

Observando que la mediación se utiliza cada vez más en la práctica mercantil nacional e internacional como alternativa a los procesos judiciales,

Considerando que el uso de la mediación produce beneficios importantes, como disminuir los casos en que una controversia lleva a la terminación de una relación comercial, facilitar la administración de las operaciones internacionales por las partes en una relación comercial y dar lugar a economías en la administración de justicia por los Estados,

Convencidas de que el establecimiento de un marco para los acuerdos de transacción internacionales resultantes de la mediación que sea aceptable para Estados con diferentes sistemas jurídicos, sociales y económicos contribuiría al desarrollo de relaciones económicas internacionales armoniosas,

Han convenido en lo siguiente:

Artículo 1: Ámbito de aplicación

1. La presente Convención será aplicable a todo acuerdo resultante de la mediación que haya sido celebrado por escrito por las partes con el fin de resolver una controversia comercial ("acuerdo de transacción") y que, en el momento de celebrarse, sea internacional debido a que:

a) Al menos dos de las partes en el acuerdo de transacción tienen sus establecimientos en Estados diferentes; o

b) El Estado en que las partes en el acuerdo de transacción tienen sus establecimientos no es:

i) El Estado en que se cumple una parte sustancial de las obligaciones derivadas del acuerdo de transacción; o

ii) El Estado que está más estrechamente vinculado al objeto del acuerdo de transacción.

2. La presente Convención no será aplicable a los acuerdos de transacción:

a) Concertados para resolver controversias que surjan de operaciones en las que una de las partes (un consumidor) participe con fines personales, familiares o domésticos;

b) Relacionados con el derecho de familia, el derecho de sucesiones o el derecho laboral.

3. La presente Convención no será aplicable a:

a) Los acuerdos de transacción:

i) Que hayan sido aprobados por un órgano judicial o concertados en el curso de un proceso ante un órgano judicial; y

ii) Que puedan ejecutarse como una sentencia en el Estado de ese órgano judicial;

b) Los acuerdos de transacción que hayan sido incorporados a un laudo arbitral y sean ejecutables como tal.

Artículo 2: Definiciones

A los efectos de lo dispuesto en el artículo 1, párrafo 1:

a) Cuando una parte tenga más de un establecimiento, prevalecerá el que guarde una relación más estrecha con la controversia dirimida mediante el acuerdo de transacción, considerando las circunstancias conocidas o previstas por las partes en el momento de celebrar el acuerdo;

b) Cuando una parte no tenga ningún establecimiento, se tendrá en cuenta su lugar de residencia habitual.

2. Se entenderá que un acuerdo de transacción se ha celebrado "por escrito" si ha quedado constancia de su contenido de alguna forma. El requisito de que el acuerdo de transacción conste por escrito se cumplirá con una comunicación electrónica si es posible acceder a la información contenida en ella para su ulterior consulta.

3. Se entenderá por "mediación", cualquiera sea la expresión utilizada o la razón por la que se haya entablado, un procedimiento mediante el cual las partes traten de llegar a un arreglo amistoso de su controversia con la asistencia de uno o más terceros ("el mediador") que carezcan de autoridad para imponerles una solución.

Artículo 3: Principios generales

1. Cada Parte en la Convención ordenará la ejecución de los acuerdos de transacción de conformidad con sus normas procesales y en las condiciones establecidas en la presente Convención.

2. Si surgiera una controversia acerca de una cuestión que una parte alegue que ya ha sido resuelta mediante un acuerdo de transacción, la Parte en la Convención deberá permitir a la parte invocar el acuerdo de transacción de conformidad con sus normas procesales y en las condiciones establecidas en la presente Convención, a fin de demostrar que la cuestión ya ha sido resuelta

Artículo 4: Requisitos para hacer valer un acuerdo de transacción

1. Toda parte que desee hacer valer un acuerdo de transacción de conformidad con la presente Convención deberá presentar a la autoridad competente de la Parte en la Convención en que se soliciten medidas:

a) El acuerdo de transacción firmado por las partes;

b) Pruebas de que se llegó al acuerdo de transacción como resultado de la mediación, por ejemplo:

i) La firma del mediador en el acuerdo de transacción;

ii) Un documento firmado por el mediador en el que se indique que se realizó la mediación;

iii) Un certificado expedido por la institución que administró la mediación; o

iv) A falta de las pruebas indicadas en los incisos i), ii) o iii), cualquier otra prueba que la autoridad competente considere aceptable.

2. El requisito de que el acuerdo de transacción esté firmado por las partes o, cuando corresponda, por el mediador, se dará por cumplido respecto de una comunicación electrónica:

a) Si se utiliza un método para determinar la identidad de las partes o del mediador y para indicar la intención que tienen las partes o el mediador respecto de la información contenida en la comunicación electrónica; y

b) Si el método empleado:

i) O bien es tan fiable como sea apropiado para los fines para los que se generó o transmitió la comunicación electrónica, atendidas todas las circunstancias del caso, incluido cualquier acuerdo que sea pertinente; o

ii) Se ha demostrado en la práctica que, por sí solo o con el respaldo de otras pruebas, dicho método ha cumplido las funciones enunciadas en el apartado a) supra.

3. Si el acuerdo de transacción no estuviera redactado en un idioma oficial de la Parte en la Convención en que se soliciten medidas, la autoridad competente podrá pedir una traducción del acuerdo a ese idioma.

4. La autoridad competente podrá exigir cualquier documento que sea necesario para verificar que se han cumplido los requisitos establecidos en la Convención.

5. Al examinar la solicitud de medidas, la autoridad competente deberá actuar con celeridad.

Artículo 5: Motivos para denegar el otorgamiento de medidas

1. La autoridad competente de la Parte en la Convención en que se soliciten medidas de conformidad con el artículo 4 podrá negarse a otorgarlas a instancia de la parte contra la cual se solicitan, solo si esa parte suministra a la autoridad competente prueba de que:

a) Una de las partes en el acuerdo de transacción tenía algún tipo de incapacidad;

b) El acuerdo de transacción que se pretende hacer valer:

i) Es nulo, ineficaz o no puede cumplirse con arreglo a la ley a la que las partes lo hayan sometido válidamente o, si esta no se indicara en él, a la ley que considere aplicable la autoridad competente de la Parte en la Convención en que se soliciten medidas de conformidad con el artículo 4;

ii) No es vinculante, o no es definitivo, según lo estipulado en el propio acuerdo; o

iii) Fue modificado posteriormente;

c) Las obligaciones estipuladas en el acuerdo de transacción:

i) Se han cumplido; o

ii) No son claras o comprensibles;

d) El otorgamiento de medidas sería contrario a los términos del acuerdo de transacción;

e) El mediador incurrió en un incumplimiento grave de las normas aplicables al mediador o a la mediación, sin el cual esa parte no habría concertado el acuerdo de transacción; o

f) El mediador no reveló a las partes circunstancias que habrían suscitado dudas fundadas acerca de la imparcialidad o independencia del mediador y el hecho de no haberlas revelado repercutió de manera sustancial o ejerció una influencia indebida en una de las partes, la cual no habría concertado el acuerdo de transacción si el mediador las hubiera revelado.

2. La autoridad competente de la Parte en la Convención en que se soliciten medidas de conformidad con el artículo 4 también podrá negarse a otorgarlas si considera que:

a) El otorgamiento de las medidas solicitadas sería contrario al orden público de esa Parte; o

b) El objeto de la controversia no es susceptible de resolverse por la vía de la mediación con arreglo a la ley de esa Parte.

Artículo 6: Solicitudes o reclamaciones paralelas

Si se presenta ante un órgano judicial, un tribunal arbitral o cualquier otra autoridad competente una solicitud o reclamación relativa a un acuerdo de transacción que pueda afectar a las medidas solicitadas de conformidad con el artículo 4, la autoridad competente de la Parte en la Convención en que se soliciten esas medidas podrá, si lo considera procedente, aplazar la decisión y también podrá, a instancia de una de las partes, ordenar a la otra que otorgue garantías apropiadas.

Artículo 7: Otras leyes o traslados

La presente Convención no privará a ninguna parte interesada del derecho que pudiera tener a acogerse a un acuerdo de transacción en la forma y en la medida permitidas por la ley o los tratados de la Parte en la Convención en que se pretenda hacer valer dicho acuerdo.

Artículo 8: Reservas

1. Toda Parte en la Convención podrá declarar que:

a) No aplicará la presente Convención a los acuerdos de transacción en los que sea parte, o en los que sea parte cualquier organismo del Estado, o cualquier persona que actúe en nombre de un organismo del Estado, en la medida que se establezca en la declaración;

b) Aplicará la presente Convención solo en la medida en que las partes en el acuerdo de transacción hayan consentido en que se aplique.

2. No se podrán hacer más reservas que las expresamente autorizadas por el presente artículo.

3. Las Partes en la Convención podrán formular reservas en cualquier momento. Las reservas formuladas en el momento de la firma deberán ser confirmadas en

el momento de la ratificación, aceptación o aprobación. Dichas reservas surtirán efecto simultáneamente con la entrada en vigor de la presente Convención respecto de la Parte en la Convención que las haya formulado. Las reservas formuladas en el momento de la ratificación, aceptación o aprobación de la presente Convención o de la adhesión a ella, o en el momento en que se haga una declaración de conformidad con el artículo 13, surtirán efecto simultáneamente con la entrada en vigor de la presente Convención respecto de la Parte en la Convención que las haya formulado. Las reservas depositadas después de la entrada en vigor de la Convención respecto de esa Parte surtirán efecto seis meses después de la fecha del depósito.

4. Las reservas y sus confirmaciones se depositarán en poder del depositario.

5. Toda Parte en la Convención que formule una reserva de conformidad con lo dispuesto en la presente Convención podrá retirarla en cualquier momento. Los retiros de las reservas se depositarán en poder del depositario y surtirán efecto seis meses después de realizado el depósito.

Artículo 9: Efectos respecto de los acuerdos de transacción

La presente Convención y toda reserva o retiro de una reserva serán aplicables únicamente a los acuerdos de transacción celebrados después de la fecha en que la Convención, la reserva o el retiro de la reserva hayan entrado en vigor para la Parte en la Convención de que se trate.

Artículo 10: Depositario

El Secretario General de las Naciones Unidas queda designado depositario de la presente Convención.

Artículo 11: Firma, ratificación, aceptación, aprobación, adhesión

1. La presente Convención se abrirá a la firma de todos los Estados en Singapur el 7 de agosto de 2019 y después de esa fecha en la Sede de las Naciones Unidas en Nueva York.

2. La presente Convención estará sujeta a ratificación, aceptación o aprobación por los signatarios.

3. La presente Convención estará abierta a la adhesión de todos los Estados que no sean signatarios a partir de la fecha en que quede abierta a la firma.

4. Los instrumentos de ratificación, aceptación, aprobación o adhesión se depositarán en poder del depositario.

Artículo 12: Participación de organizaciones regionales de integración económica

1. Toda organización regional de integración económica que esté constituida por Estados soberanos y que tenga competencia sobre algunos asuntos que se rijan por la presente Convención podrá igualmente firmar, ratificar, aceptar o aprobar esta Convención o adherirse a ella. La organización regional de integración económica tendrá, en ese caso, los derechos y obligaciones de una Parte en la Convención en la medida en que tenga competencia sobre asuntos que se rijan por la presente Convención. Cuando el número de Partes en la Convención sea pertinente en el marco de la presente Convención, la organización regional de integración económica no contará como Parte además de los Estados miembros de dicha organización que sean Partes en la Convención.

2. La organización regional de integración económica deberá formular ante el depositario, en el momento de la firma, ratificación, aceptación, aprobación o adhesión, una declaración en la que se especifiquen los asuntos que se rijan por la presente Convención respecto de los cuales sus Estados miembros hayan transferido competencia a la organización. La organización regional de integración económica deberá notificar con prontitud al depositario cualquier cambio que se produzca en la distribución de competencias indicada en dicha declaración, mencionando asimismo cualquier competencia nueva que le haya sido transferida.

3. Toda referencia que se haga en la presente Convención a una "Parte en la Convención", "Partes en la Convención", un "Estado" o "Estados" será igualmente aplicable a una organización regional de integración económica cuando el contexto así lo requiera.

4. La presente Convención no prevalecerá sobre las normas de una organización regional de integración económica con las que entre en conflicto, con independencia de que esas normas se hayan aprobado o hayan entrado en vigor antes o después que la presente Convención: a) si, de conformidad con el artículo 4, se solicitan medidas en un Estado que sea miembro de dicha organización y todos los Estados que resulten pertinentes conforme a lo dispuesto en el artículo 1, párrafo 1, son miembros de esa organización; ni b) en lo que respecta al reconocimiento o la ejecución de sentencias entre Estados miembros de dicha organización.

Artículo 13: Ordenamientos jurídicos no unificados

1. Toda Parte en la Convención que esté integrada por dos o más unidades territoriales en las que sea aplicable un régimen jurídico distinto en relación con las materias objeto de la presente Convención podrá, en el momento de la firma, ratificación, aceptación, aprobación o adhesión, declarar que la presente Convención será aplicable a todas sus unidades territoriales o solo a una o más de ellas, y podrá en cualquier momento modificar su declaración original sustituyéndola por otra.

2. Esas declaraciones deberán notificarse al depositario y se hará constar en ellas expresamente a qué unidades territoriales será aplicable la Convención.

3. Si una Parte en la Convención está integrada por dos o más unidades territoriales en las que sea aplicable un régimen jurídico distinto en relación con las materias objeto de la presente Convención:

a) Cualquier referencia a la ley o a las normas procesales de un Estado se interpretará, cuando sea procedente, como una referencia a la ley o a las normas procesales en vigor en la unidad territorial pertinente;

b) Cualquier referencia al establecimiento ubicado en un Estado se interpretará, cuando sea procedente, como una referencia al establecimiento ubicado en la unidad territorial pertinente;

c) Cualquier referencia a la autoridad competente del Estado se interpretará, cuando sea procedente, como una referencia a la autoridad competente de la unidad territorial pertinente.

4. Si una Parte en la Convención no hace una declaración conforme al párrafo 1 del presente artículo, la Convención será aplicable a todas las unidades territoriales de ese Estado.

Artículo 14: Entrada en vigor

1. La presente Convención entrará en vigor seis meses después de que se deposite el tercer instrumento de ratificación, aceptación, aprobación o adhesión.

2. Cuando un Estado ratifique, acepte o apruebe la presente Convención o se adhiera a ella después de que se haya depositado el tercer instrumento de ratificación, aceptación, aprobación o adhesión, la presente Convención entrará en vigor respecto de ese Estado seis meses después de que haya depositado su instrumento de ratificación, aceptación, aprobación o adhesión. La Convención entrará en vigor para las unidades territoriales a las que sea aplicable en virtud de lo dispuesto

en el artículo 13 seis meses después de la notificación de la declaración prevista en dicho artículo.

Artículo 15: Modificación

1. Toda Parte en la Convención podrá proponer una modificación de la presente Convención remitiéndola al Secretario General de las Naciones Unidas. El Secretario General procederá a comunicar la modificación propuesta a las Partes en la Convención con la solicitud de que indiquen si están a favor de que se convoque una conferencia de las Partes en la Convención con el fin de examinar la propuesta y someterla a votación. Si dentro de los cuatro meses siguientes a la fecha de esa comunicación al menos un tercio de las Partes en la Convención se declara a favor de que se celebre esa conferencia, el Secretario General convocará la conferencia bajo los auspicios de las Naciones Unidas.

2. La conferencia de las Partes en la Convención hará todo lo posible por lograr un consenso sobre cada modificación. Si se agotaran todos los esfuerzos por llegar a un consenso, sin lograrlo, para aprobar la modificación se requerirá, como último recurso, una mayoría de dos tercios de los votos de las Partes en la Convención presentes y votantes en la conferencia.

3. El depositario remitirá las modificaciones adoptadas a todas las Partes en la Convención para su ratificación, aceptación o aprobación.

4. Las modificaciones adoptadas entrarán en vigor seis meses después de la fecha de depósito del tercer instrumento de ratificación, aceptación o aprobación. Cuando una modificación entre en vigor, será vinculante para las Partes en la Convención que hayan consentido en quedar obligadas por ella.

5. Cuando una Parte en la Convención ratifique, acepte o apruebe una modificación tras el depósito del tercer instrumento de ratificación, aceptación o aprobación, la modificación entrará en vigor respecto de esa Parte en la Convención seis meses después de la fecha en que haya depositado su instrumento de ratificación, aceptación o aprobación.

Artículo 16: Denuncia

1. Toda Parte en la Convención podrá denunciar la presente Convención mediante notificación formal por escrito dirigida al depositario. La denuncia podrá limitarse a algunas unidades territoriales de un ordenamiento jurídico no unificado a las que sea aplicable la presente Convención.

2. La denuncia surtirá efecto 12 meses después de la fecha de recepción de la notificación por el depositario. Cuando en la notificación se indique un período más largo para que la denuncia surta efecto, la denuncia surtirá efecto cuando venza ese plazo más largo, contado a partir de la fecha en que la notificación haya sido recibida por el depositario. La Convención seguirá siendo aplicable a los acuerdos de transacción que se hayan celebrado antes de que la denuncia surta efecto.

LEY 2213 DE 2022

Por medio de la cual se establece la vigencia permanente del Decreto Legislativo 806 de 2020 y se adoptan medidas para implementar las tecnologías de la información y las comunicaciones en las actuaciones judiciales, agilizar los procesos judiciales y flexibilizar la atención a los usuarios del servicio de justicia y se dictan otras disposiciones.

Artículo 1: Objeto

Esta ley tiene por objeto adoptar como legislación permanente las normas contenidas en el Decreto ley 806 de 2020 con el fin de implementar el uso de las tecnologías de la información y las comunicaciones en las actuaciones judiciales y agilizar el trámite de los procesos judiciales ante la jurisdicción ordinaria en las especialidades civil, laboral, familia, jurisdicción de lo contencioso administrativo, jurisdicción constitucional y disciplinaria, así como las actuaciones de las autoridades administrativas que ejerzan funciones jurisdiccionales y en los procesos arbitrales.

Adicionalmente, y sin perjuicio de la garantía de atención presencial en los despachos judiciales, salvo casos de fuerza mayor, pretende flexibilizar la atención a los usuarios del servicio de justicia con el uso de las herramientas tecnológicas e informáticas como forma de acceso a la administración de justicia.

El acceso a la administración de justicia a través de herramientas tecnológicas e informáticas debe respetar el derecho a la igualdad, por lo cual las mismas serán aplicables cuando las autoridades judiciales y los sujetos procesales y profesionales del derecho dispongan de los medios tecnológicos idóneos para acceder de forma digital, no pudiendo, so pena de su uso, omitir la atención presencial en los despachos judiciales cuando el usuario del servicio lo requiera y brindando especiales medidas a la población en condición de vulnerabilidad o en sitios del territorio donde no se disponga de conectividad por su condición geográfica.

PARÁGRAFO 1o. Los sujetos procesales y la autoridad judicial competente deberán manifestar las razones por las cuales no pueden realizar una actuación judicial específica a través de las tecnologías de la información y las comunicaciones de lo cual se dejará constancia en el expediente y se realizará de manera presencial.

PARÁGRAFO 2o. Las disposiciones de la presente ley se entienden complementarias a las normas contenidas en los códigos procesales propios de cada jurisdicción y especialidad.

PARÁGRAFO 3o. El Consejo Superior de la Judicatura en coordinación con el Ministerio de Justicia y del Derecho deberán realizar una evaluación externa y periódica en la que se analice de manera específica las implicaciones positivas y negativas de la implementación de las disposiciones de esta ley frente al acceso a la justicia de los ciudadanos, así como las afectaciones al debido proceso en los diferentes procesos judiciales que manifiesten los encuestados. La encuesta deberá incluir la perspectiva de funcionarios y empleados de la rama, litigantes y usuarios de la justicia.

Los resultados deberán ser públicos y permitirán la realización de ajustes y planes de acción para la implementación efectiva del acceso a la justicia por medios virtuales.

PARÁGRAFO 4o. El uso de las tecnologías de la información y las comunicaciones en la especialidad penal de la jurisdicción ordinaria y penal militar, será evaluada y decidida autónomamente, mediante orden, contra la que no caben recursos, conforme a la Ley Estatutaria de Administración de Justicia, por el Juez o Magistrado a cargo del respectivo proceso o actuación procesal.

Artículo 2: Uso de las tecnologías de la información y las comunicaciones

Se podrán utilizar las tecnologías de la información y de las comunicaciones, cuando se disponga de los mismos de manera idónea, en la gestión y trámite de los procesos judiciales y asuntos en curso, con el fin de facilitar y agilizar el acceso a la justicia.

Se utilizarán los medios tecnológicos, para todas las actuaciones, audiencias y diligencias y se permitirá a los sujetos procesales actuar en los procesos o trámites a través de los medios digitales disponibles, evitando exigir y cumplir formalidades presenciales o similares, que no sean estrictamente necesarias. Por tanto, las actuaciones no requerirán de firmas manuscritas o digitales, presentaciones personales o autenticaciones adicionales, ni incorporarse o presentarse en medios físicos.

Las autoridades judiciales darán a conocer en su página web los canales oficiales de comunicación e información mediante los cuales prestarán su servicio, así como los mecanismos tecnológicos que emplearán.

La población rural, los grupos étnicos, las personas con discapacidad y las demás personas que tengan alguna dificultad para hacer uso de los medios digitales, podrán acudir directamente a los despachos judiciales y gozarán de atención presencial en el horario ordinario de atención al público; adicionalmente, las autoridades judiciales adoptarán las medidas necesarias para asegurar a dichas personas el acceso y la atención oportuna por parte del sistema judicial.

PARÁGRAFO 1o. Se adoptarán todas las medidas para garantizar el debido proceso, la publicidad y el derecho de contradicción en la aplicación de las tecnologías de la información y de las comunicaciones. Para el efecto, las autoridades judiciales procurarán la efectiva comunicación virtual con los usuarios de la administración de justicia y adoptarán las medidas pertinentes para que puedan conocer las decisiones y ejercer sus derechos.

PARÁGRAFO 2o. Los municipios, personerías y otras entidades públicas, en la medida de sus posibilidades, facilitarán que los sujetos procesales puedan acceder en sus sedes a las actuaciones virtuales.

Artículo 3: Deberes de los sujetos procesales en la relación con las tecnologías de la información y las comunicaciones

Es deber de los sujetos procesales, realizar sus actuaciones y asistir a las audiencias y diligencias a través de medios tecnológicos. Para el efecto deberán suministrar a la autoridad judicial competente, y a todos los demás sujetos procesales, los canales digitales elegidos para los fines del proceso o trámite y enviar a través de estos un ejemplar de todos los memoriales o actuaciones que realicen, simultáneamente con copia incorporada al mensaje enviado a la autoridad judicial.

Identificados los canales digitales elegidos, desde allí se originarán todas las actuaciones y desde estos se surtirán todas las notificaciones, mientras no se informe un nuevo canal. Es deber de los sujetos procesales, en desarrollo de lo previsto en el artículo 78 numeral 5 del Código General del Proceso, comunicar cualquier cambio de dirección o medio electrónico, so pena de que las notificaciones se sigan surtiendo válidamente en la anterior.

Todos los sujetos procesales cumplirán los deberes constitucionales y legales para colaborar solidariamente con la buena marcha del servicio público de administración de justicia. La autoridad judicial competente adoptará las medidas necesarias para garantizar su cumplimiento.

Artículo 4: Expedientes

Cuando no se tenga acceso al expediente físico en la sede judicial, tanto la autoridad judicial como los demás sujetos procesales colaborarán proporcionando por cualquier medio las piezas procesales que se encuentren en su poder y se requieran para desarrollar la actuación subsiguiente. La autoridad judicial, directamente o a través del secretario o el funcionario que haga sus veces, coordinará el cumplimiento de lo aquí previsto.

Las autoridades judiciales que cuenten con herramientas tecnológicas que dispongan y desarrollen las funcionalidades de expedientes digitales de forma híbrida podrán utilizarlas para el cumplimiento de actividades procesales.

Artículo 5: Poderes

Los poderes especiales para cualquier actuación judicial se podrán conferir mediante mensaje de datos, sin firma manuscrita o digital, con la sola antefirma, se presumirán auténticos y no requerirán de ninguna presentación personal o reconocimiento.

En el poder se indicará expresamente la dirección de correo electrónico del apoderado que deberá coincidir con la inscrita en el Registro Nacional de Abogados.

Los poderes otorgados por personas inscritas en el registro mercantil, deberán ser remitidos desde la dirección de correo electrónico inscrita para recibir notificaciones judiciales.

Artículo 6: Demanda

La demanda indicará el canal digital donde deben ser notificadas las partes, sus representantes y apoderados, los testigos, peritos y cualquier tercero que deba ser citado al proceso, so pena de su inadmisión. No obstante, en caso que el demandante desconozca el canal digital donde deben ser notificados los peritos, testigos o cualquier tercero que deba ser citado al proceso, podrá indicarlo así en la demanda sin que ello implique su inadmisión.

Asimismo, contendrá los anexos en medio electrónico, los cuales corresponderán a los enunciados y enumerados en la demanda.

Las demandas se presentarán en forma de mensaje de datos, lo mismo que todos sus anexos, a las direcciones de correo electrónico que el Consejo Superior de la Judicatura disponga para efectos del reparto, cuando haya lugar a este.

De las demandas y sus anexos no será necesario acompañar copias físicas, ni electrónicas para el archivo del juzgado, ni para el traslado.

<Apartes subrayados CONDICIONALMENTE exequibles> En cualquier jurisdicción, incluido el proceso arbitral y las autoridades administrativas que ejerzan funciones jurisdiccionales, salvo cuando se soliciten medidas cautelares previas o se desconozca el lugar donde recibirá notificaciones el demandado, el demandante, al presentar la demanda, simultáneamente deberá enviar por medio electrónico copia de ella y de sus anexos a los demandados. Del mismo modo deberá proceder el demandante cuando al inadmitirse la demanda presente el escrito de subsanación. El secretario o el funcionario que haga sus veces velará por el cumplimiento de este deber, sin cuya acreditación la autoridad judicial inadmitirá la demanda. De no conocerse el canal digital de la parte demandada, se acreditará con la demanda el envío físico de la misma con sus anexos.

En caso de que el demandante haya remitido copia de la demanda con todos sus anexos al demandado, al admitirse la demanda la notificación personal se limitará al envío del auto admisorio al demandado.

Exeq. C-522 de 2023: «*Declarar EXEQUIBLES las expresiones demandadas del inciso 5 del artículo 6° de la Ley 2213 de 2022, en el entendido que las reglas procesales sobre admisibilidad a las que se refieren no son aplicables al trámite de la acción de tutela*».

Artículo 7: Audiencias

Las audiencias deberán realizarse utilizando los medios tecnológicos a disposición de las autoridades judiciales o por cualquier otro medio puesto a disposición por una o por ambas partes y en ellas deberá facilitarse y permitirse la presencia de todos los sujetos procesales, ya sea de manera virtual o telefónica. No se requerirá la autorización de que trata el parágrafo 2 del artículo 107 del Código General del Proceso.

No obstante, con autorización del titular del despacho, cualquier empleado podrá comunicarse con los sujetos procesales, antes de la realización de las audiencias, con el fin de informarles sobre la herramienta tecnológica que se utilizará en ellas o para concertar una distinta.

Cuando las circunstancias de seguridad, inmediatez y fidelidad excepcionalmente lo requieran, serán presenciales las audiencias y diligencias destinadas a la práctica de pruebas. La práctica presencial de la prueba se dispondrá por el juez de oficio o por solicitud motivada de cualquiera de las partes.

Para el caso de la jurisdicción penal, de manera oficiosa el juez de conocimiento podrá disponer la práctica presencial de la prueba cuando lo considere necesario, y deberá disponerlo así cuando alguna de las partes se lo solicite, sin que las mismas deban motivar tal petición. Excepcionalmente la prueba podrá practicarse en forma virtual ante la imposibilidad comprobada para garantizar la comparecencia presencial de un testigo, experto o perito al despacho judicial.

La presencia física en la sede del juzgado de conocimiento solo será exigible al sujeto de prueba, a quien requirió la práctica presencial y al juez de conocimiento, sin perjuicio de que puedan asistir de manera presencial los abogados reconocidos, las partes que no deban declarar, los terceros e intervinientes especiales y demás sujetos del proceso, quienes además podrán concurrir de manera virtual.

PARÁGRAFO. Las audiencias y diligencias que se deban adelantar por la sala de una corporación serán presididas por el ponente, y a ellas deberán concurrir la mayoría de los magistrados que integran la sala, so pena de nulidad.

Artículo 8: Notificaciones personales

Las notificaciones que deban hacerse personalmente también podrán efectuarse con el envío de la providencia respectiva como mensaje de datos a la dirección electrónica o sitio que suministre el interesado en que se realice la notificación, sin necesidad del envío de previa citación o aviso físico o virtual. Los anexos que deban entregarse para un traslado se enviarán por el mismo medio.

El interesado afirmará bajo la gravedad del juramento, que se entenderá prestado con la petición, que la dirección electrónica o sitio suministrado corresponde al utilizado por la persona a notificar, informará la forma como la obtuvo y allegará las evidencias correspondientes, particularmente las comunicaciones remitidas a la persona por notificar.

La notificación personal se entenderá realizada una vez transcurridos dos días hábiles siguientes al envío del mensaje y los términos empezarán a contarse cuándo el iniciador recepcione acuse de recibo o se pueda por otro medio constatar el acceso del destinatario al mensaje.

Para los fines de esta norma se podrán implementar o utilizar sistemas de confirmación del recibo de los correos electrónicos o mensajes de datos.

Cuando exista discrepancia sobre la forma en que se practicó la notificación, la parte que se considere afectada deberá manifestar bajo la gravedad del juramento, al solicitar la declaratoria de nulidad de lo actuado, que no se enteró de la providencia, además de cumplir con lo dispuesto en los artículos 132 a 138 del Código General del Proceso.

PARÁGRAFO 1o. Lo previsto en este artículo se aplicará cualquiera sea la naturaleza de la actuación, incluidas las pruebas extraprocesales o del proceso, sea este declarativo, declarativo especial, monitorio, ejecutivo o cualquier otro.

PARÁGRAFO 2o. La autoridad judicial, de oficio o a petición de parte, podrá solicitar información de las direcciones electrónicas o sitios de la parte por notificar que estén en las Cámaras de Comercio, superintendencias, entidades públicas o privadas, o utilizar aquellas que estén informadas en páginas web o en redes sociales.

PARÁGRAFO 3o. Para los efectos de lo dispuesto en este artículo, se podrá hacer uso del servicio de correo electrónico postal certificado y los servicios postales electrónicos definidos por la Unión Postal Universal (UPU) con cargo a la franquicia postal.

Artículo 9: Notificación por estado y traslados

Las notificaciones por estado se fijarán virtualmente, con inserción de la providencia, y no será necesario imprimirlos, ni firmarlos por el secretario, ni dejar constancia con firma al pie de la providencia respectiva.

No obstante, no se insertarán en el estado electrónico las providencias que decretan medidas cautelares o hagan mención a menores, o cuando la autoridad judicial así lo disponga por estar sujetas a reserva legal.

De la misma forma podrán surtirse los traslados que deban hacerse por fuera de audiencia.

Los ejemplares de los estados y traslados virtuales se conservarán en línea para consulta permanente por cualquier interesado.

PARÁGRAFO. Cuando una parte acredite haber enviado un escrito del cual deba correrse traslado a los demás sujetos procesales, mediante la remisión de la copia por un canal digital, se prescindirá del traslado por Secretaría, el cual se entenderá realizado a los dos (2) días hábiles siguientes al del envío del mensaje y el término respectivo empezará a contarse cuando el iniciador recepcione acuse de recibo o se pueda por otro medio constatar el acceso del destinatario al mensaje.

Artículo 10: Emplazamiento para notificación personal

Los emplazamientos que deban realizarse en aplicación del artículo 108 del Código General del Proceso se harán únicamente en el registro nacional de personas emplazadas, sin necesidad de publicación en un medio escrito.

Artículo 11: Comunicaciones, oficios y despachos

Todas las comunicaciones, oficios y despachos con cualquier destinatario, se surtirán por el medio técnico disponible, como lo autoriza el artículo 111 del Código General del Proceso.

Los secretarios o los funcionarios que hagan sus veces remitirán las comunicaciones necesarias para dar cumplimiento a las órdenes judiciales mediante mensaje de datos, dirigidas a cualquier entidad pública, privada o particulares, las cuales se presumen auténticas y no podrán desconocerse siempre que provengan del correo electrónico oficial de la autoridad judicial.

Artículo 12: Apelación de sentencias en materia civil y familia

El recurso de apelación contra sentencia en los procesos civiles y de familia, se tramitará así:

Sin perjuicio de la facultad oficiosa de decretar pruebas, dentro del término de ejecutoria del auto que admite la apelación, las partes podrán pedir la práctica de pruebas y el juez las decretará únicamente en los casos señalados en el artículo 327 del Código General del Proceso. El juez se pronunciará dentro de los cinco (5) días siguientes.

Ejecutoriado el auto que admite el recurso o el que niega la solicitud de pruebas, el apelante deberá sustentar el recurso a más tardar dentro de los cinco (5) días siguientes. De la sustentación se correrá traslado a la parte contraria por el término de cinco (5) días. Vencido el término de traslado se proferirá sentencia escrita que se notificará por estado. Si no se sustenta oportunamente el recurso, se declarará desierto. Si se decretan pruebas, el juez fijará fecha y hora para la realización de la audiencia en la que se practicarán, se escucharán alegatos y se dictará sentencia. La sentencia se dictará en los términos establecidos en el Código General del Proceso.

Artículo 13: Apelación en materia laboral

El recurso de apelación contra las sentencias y autos dictados en materia laboral se tramitará así:

1. Ejecutoriado el auto que admite la apelación o la consulta, si no se decretan pruebas, se dará traslado a las partes para alegar por escrito por el término de cinco (5) días cada una, iniciando con la apelante. Surtidos los traslados correspondientes, se proferirá sentencia escrita.

Si se decretan pruebas, se fijará la fecha de la audiencia para practicar las pruebas a que se refiere el artículo 83 del Código Procesal del Trabajo y de la Seguridad Social. En ella se oirán las alegaciones de las partes y se resolverá la apelación.

2. Cuando se trate de apelación de un auto se dará traslado a las partes para alegar por escrito por el término de cinco (5) días y se resolverá el recurso por escrito.

Artículo 14:

En el informe anual que presenta la Rama Judicial al Congreso de la República se dispondrá de un capítulo especial sobre el estado de avance que se tiene del proceso de transformación digital.

Artículo 15: Vigencia y derogatorias

La presente ley deroga las normas que le sean contrarias y rige a partir de la fecha de su promulgación.

MANUAL DE JUSTICIA RESTAURATIVA - FISCALÍA GENERAL DE LA NACIÓN

2. Mediación

2.1. Concepto de mediación:

Concepto legal de mediación penal. La Ley 906 de 2004 define la mediación como el mecanismo de justicia restaurativa por medio del cual "un tercero neutral, particular o servidor público designado por el Fiscal General de la Nación o su delegado, [...] trata de permitir el intercambio de opiniones entre víctima y el imputado o acusado para que confronten sus puntos de vista y, con su ayuda, logren solucionar el conflicto que les enfrenta". Clasificación de la mediación con base en sus posibles efectos. Es importante aclarar que, aunque la Ley 906 de 2004 solo habla de mediación, dentro de esta categoría se pueden distinguir claramente dos subcategorías: (i) la mediación en delitos investigables de oficio con una pena mínima que no exceda de 5 años de prisión, cuyo bien jurídico tutelado no sobrepase la órbita personal del perjudicado; y (ii) la mediación en los delitos investigables de oficio con una pena mínima superior a 5 años de prisión. Esta distinción es clara de acuerdo con los diferentes efectos que tiene la mediación en los términos de los parágrafos 1° y 2° del artículo 524 de la Ley 906 de 2004.

2.2. Efectos jurídicos de la mediación

Posibles efectos de la mediación penal. La ley establece que los acuerdos celebrados entre las partes deben ser valorados para determinar: (i) el ejercicio de la acción penal, (ii) la selección de la coerción personal y (iii) la individualización de la pena. A continuación, expondremos cómo se concretan estos efectos jurídicos en el proceso penal colombiano.

2.2.1. Efectos en el ejercicio de la acción penal

Efecto de la mediación penal sobre el ejercicio de la acción penal. El efecto más importante de la mediación es que puede afectar "el ejercicio de la acción penal", esto es, generar la extinción de la acción penal. Sin embargo, este efecto no se aplica a todos los delitos, sino que depende del esquema procesal aplicable (ordinario o abreviado) y del marco punitivo para la conducta establecido por el legislador. Así, para determinar los efectos de la mediación en el ejercicio de la acción penal se puede distinguir tres categorías: (a) efectos en los delitos investigables mediante el proceso penal abreviado; (b) efectos en los delitos investigables de oficio en el proceso ordinario, con una pena mínima que no exceda de cinco (5) años de prisión y cuyo bien jurídico tutelado no sobrepase la órbita personal del perjudicado; y (c) efectos en los delitos investigables de oficio en el proceso ordinario, con una pena mínima superior a cinco (5) años de prisión.

a. Efectos de la mediación en el ejercicio de la acción penal en los delitos tramitados mediante el proceso penal abreviado

La mediación en el procedimiento especial abreviado. El procedimiento especial abreviado, regulado por la Ley 1826 de 2017, es un procedimiento diseñado para la investigación y el juzgamiento de conductas punibles de baja lesividad social y que se caracteriza por la simplificación de algunos de los trámites del procedimiento penal ordinario. Por ello, la mediación tiene un papel protagónico en la forma de tramitar los procesos.

Efecto de la mediación en las conductas tramitadas por el procedimiento especial abreviado. En relación con las conductas punibles tramitadas por el procedimiento especial abreviado, la mediación puede dar lugar a la extinción de la acción penal, de acuerdo con el artículo 534 de la Ley 906 de 2004. Esta norma señala que los mecanismos de justicia restaurativa en el mencionado procedimiento "darán lugar a la extinción de la acción penal de conformidad con lo previsto en los términos de los artículos 77 de este Código y 82 del Código Penal".

b. Efectos de la mediación en el ejercicio de la acción penal en los delitos tramitados en el proceso ordinario, sancionados con pena mínima que no exceda de cinco (5) años de prisión y que protejan bienes jurídicos que no sobrepasen la órbita personal del perjudicado

La mediación en el procedimiento ordinario. En relación con los delitos investigados en el proceso penal ordinario, para que la mediación tenga efectos extintivos de la acción penal, se debe cumplir con una doble exigencia: (i) que se trate de delitos perseguibles de oficio cuya pena mínima no exceda de cinco (5) años de prisión; y (ii) que el bien jurídico protegido no sobrepase la órbita personal del perjudicado.

Procedencia de la mediación respecto de los delitos querellables. Si bien el artículo 524 de la Ley 906 de 2004 hace referencia a los "delitos perseguibles de oficio", el efecto extintivo de la acción penal también puede darse en los delitos querellables. Lo anterior, dado que se tratan de conductas punibles de menor gravedad y que el artículo 522 de la Ley 906 de 2004 señala expresamente que, cuando ha fracasado la conciliación preprocesal, las partes pueden acudir al mecanismo de la mediación.

Delitos que protegen bienes jurídicos individuales. El artículo 524 de la Ley 906 de 2004 establece que la mediación solo puede generar efectos extintivos de la acción penal en delitos que protegen bienes jurídicos individuales, siempre que la pena no exceda los 5 años de prisión. Entre ellos, los delitos contra la integridad personal (título I del Libro Segundo del C.P.); la libertad individual y otras garantías (título III del Libro Segundo del C.P.); la libertad, integridad y formación sexuales (título IV del Libro Segundo del C.P.); la integridad moral (título V del Libro Segundo del C.P.); la familia (título VI del Libro Segundo del C.P.); el patrimonio económico (título VII del Libro Segundo del C.P.), la información y los datos (título VII Bis del Libro Segundo del C.P.) y los derechos de autor (título VIII del Libro Segundo del C.P.).

Efectos de la mediación respecto de delitos que protegen bienes jurídicos colectivos. Por el contrario, la mediación no genera estos efectos extintivos de la acción penal frente a tipos penales que protegen bienes jurídicos colectivos, sin importar el monto de la pena, porque el presupuesto de estos efectos es que se pueda disponer del bien jurídico en la negociación que se realice y nadie puede disponer válidamente de aquello que no le pertenece. Además, debe tenerse en consideración que existen tipos penales pluriofensivos, es decir, que amparan varios bienes jurídicos. Estos delitos pueden incluir la protección de un bien jurídico individual y uno colectivo (bienes jurídicos colectivo-individuales). Frente a estos tipos penales, la mediación no puede generar los efectos extintivos de la acción penal, por cuanto la víctima individual no está facultada para disponer de los bienes jurídicos colectivos protegidos por el legislador.

c. Efectos de la mediación sobre el ejercicio de la acción penal frente a delitos sancionados con pena mínima superior a cinco (5) años de prisión

La mediación en delitos con una pena mínima superior a cinco años de prisión. Cuando se trate de delitos sancionados con pena mínima superior a cinco (5) años de prisión, que se tramiten por el proceso penal ordinario, la mediación no tiene efectos extintivos de la acción penal. En efecto, de conformidad con lo establecido en el artículo 524 de la Ley 906 de 2004, frente a estos delitos de mayor gravedad "la mediación será considerada [solo] para otorgar algunos beneficios durante el trámite de la actuación, o relacionados con la dosificación de la pena, o el purgamiento de la sanción".

Jurisprudencia constitucional sobre los efectos de la mediación en delitos con una pena mínima superior a cinco años de prisión. Los efectos jurídicos limitados de la mediación para estos delitos de mayor gravedad han sido reafirmados por la Corte Constitucional. En la Sentencia C-979 de 2005, la Corte señaló que, respecto de los delitos con una pena mínima superior a cinco años, la mediación "únicamente será considerada para otorgar al imputado, acusado o sentenciado, beneficios procesales durante la actuación, en el momento de la imposición de pena para efectos de su dosificación, o en la fase de ejecución de la sanción". Adicionalmente, el Alto Tribunal consideró que estos efectos jurídicos no están condicionados a que los delitos objeto de la mediación afecten exclusivamente bienes jurídicos individuales.

2.2.2. Efectos de la mediación en la selección de la coerción procesal

Otros efectos de la mediación penal. Además de los efectos sobre la acción penal, la mediación penal puede tener efectos sobre "la selección de la coerción personal". Estos efectos pueden estar relacionados con la imposición de: (a) medidas de aseguramiento y (b) medidas cautelares patrimoniales.

a. Efectos sobre las medidas de aseguramiento Gradualidad de las medidas de aseguramiento.

El resultado de la mediación es uno de los factores relevantes que el fiscal de conocimiento deberá considerar e informar al juez de control de garantías al momento de solicitar la imposición de medidas de aseguramiento. Precisamente, la Corte Constitucional ha señalado que las medidas de aseguramiento, que se encuentran previstas en el artículo 307 de la Ley 906 de 2004, están regidas por el principio de gradualidad, el cual implica que cada medida de aseguramiento afecta en distinto grado los derechos de los procesados y que los jueces tienen el deber de seleccionar las medidas a imponer teniendo en cuenta los diversos factores que sean relevantes en cada caso concreto, dentro de los cuales se cuenta la disponibilidad, voluntad y desarrollo de un proceso restaurativo.

Mediación y el criterio de no comparecencia o fuga para medidas de aseguramiento. Uno de los criterios para determinar cuándo existe peligro de no comparecencia o de fuga, con el fin de determinar la procedencia de una medida de aseguramiento, es la actitud que el imputado asuma frente al daño (C.P.P., art. 312, num. 2°). De manera que, cuando el procesado ha reparado el daño derivado de la conducta punible, por medio de una mediación exitosa, o asume una actitud encaminada a ello, se puede concluir que no existe peligro de no comparecencia o de fuga y que no resulta necesaria la imposición de una medida de aseguramiento.

La mediación y el beneficio de la sustitución de la detención preventiva. Por otra parte, la mediación exitosa puede permitir la concesión de la detención preventiva en el lugar de residencia, toda vez que la sustitución de la medida intramural tiene el mismo régimen previsto para la prisión domiciliaria como pena sustitutiva de la pena de prisión (C.P., art. 38, par.). Uno de los requisitos del beneficio es que sean reparados los daños ocasionados con el delito (C.P., art. 38B, num. 4°, lit. b), lo cual puede ser objeto de la mediación.

b. Efectos sobre las medidas cautelares patrimoniales

La imposición de medidas cautelares como mecanismo para garantizar la indemnización de perjuicios. La suscripción de un acuerdo restaurativo en desarrollo de la mediación deberá ser tomada en consideración por el fiscal de conocimiento al momento de solicitar el decreto de medidas cautelares patrimoniales, con miras a asegurar la reparación económica del daño sufrido por la víctima, en el marco del artículo 92 de la Ley 906 de 2004.

2.2.3. Efectos de la mediación sobre la individualización de la pena

El cumplimiento de acuerdos restaurativos y la individualización de la pena. Durante la audiencia de individualización de pena y sentencia, para la dosificación de la pena se debe considerar la mediación exitosa y la reparación del daño como parte de "las condiciones individuales, familiares, sociales, modo de vivir y antecedentes de todo orden del culpable" (C.P.P., art. 447).

El cumplimiento de acuerdos restaurativos y la prisión domiciliaria. Por otra parte, una mediación exitosa puede permitir el cumplimiento de la exigencia de reparación de los daños ocasionados por el delito, a fin de conceder la prisión domiciliaria como sustitutiva de la pena de prisión (C.P., art. 36). Se destaca que el cumplimiento de esta obligación debe asegurarse mediante garantía personal, real, bancaria o mediante acuerdo con la víctima para que este beneficio pueda ser otorgado (C.P., art. 38B, num. 4°, lit. b)

2.2.4. Efectos sobre el purgamiento de la sanción

Posibles efectos de la mediación sobre la suspensión de la ejecución de la pena. Una mediación exitosa puede tener efectos en el otorgamiento del subrogado penal de la suspensión de la ejecución de la pena (C.P., art. 63). Así, si la persona condenada tiene antecedentes penales por delito doloso dentro de los cinco (5) años anteriores, el juez puede conceder este subrogado penal siempre y cuando, además del cumplimiento del requisito objetivo (que la pena de prisión impuesta no exceda de cuatro (4) años) y que no se trate de un delito excluido (C.P. art. 68A), los antecedentes personales, sociales y familiares del sentenciado sean indicativos de que no existe necesidad de la ejecución de la pena (C.P., art. 63, num. 3°). En ese orden de ideas, uno de los antecedentes que deben tenerse en cuenta es, precisamente, la realización de una mediación fructífera.

Posibles efectos de la mediación sobre la libertad condicional. Adicionalmente, la mediación puede tener efectos sobre el otorgamiento del subrogado penal de la libertad condicional (C.P., art. 64). Efectivamente, uno de los requisitos para la concesión de este subrogado es el adecuado desempeño y comportamiento del condenado durante el tratamiento penitenciario en el centro de reclusión, que permita suponer fundadamente que no existe necesidad de continuar la ejecución de la pena (C.P., art. 64, num. 2°). Bajo este entendido, la realización de una mediación exitosa es uno de los factores que debe considerarse para concluir que el condenado ha tenido un adecuado desempeño y comportamiento durante la ejecución de la pena privativa de la libertad.

El cumplimiento de un acuerdo restaurativo como forma de reparación de las víctimas. Para la concesión de este último subrogado penal, el condenado tiene la obligación de reparar a la víctima o asegurar el pago de la indemnización mediante garantía personal, real, bancaria o acuerdo de pago (C.P., art. 64, inc. 6°). Esta reparación del daño derivado de la conducta punible puede ser efecto de una mediación exitosa.

El cumplimiento de acuerdos restaurativos y la individualización de la pena. Durante la audiencia de individualización de pena y sentencia, para la dosificación de la pena se debe considerar la mediación exitosa y la reparación del daño como parte de "las condiciones individuales, familiares, sociales, modo de vivir y antecedentes de todo orden del culpable" (C.P.P., art. 447).

2.3. Lineamientos procesales

Oportunidad procesal en el trámite ordinario. Respecto de la mediación, la Ley 906 de 2004 establece que las víctimas o el imputado pueden solicitar la realización de este mecanismo desde la imputación hasta antes del inicio del juicio oral, ante el fiscal de conocimiento, el juez de control de garantías o el juez de conocimiento. En relación con la etapa hasta cuando las partes pueden solicitar que el proceso sea sometido a mediación, la expresión "hasta antes del inicio del juicio oral", en concordancia con lo establecido en el artículo 323 de la Ley 906 de 2004, debe interpretarse como "hasta antes de la audiencia de juzgamiento". Ahora bien, debe entenderse que este límite temporal solo opera cuando la mediación esté encaminada a obtener la extinción de la acción penal, no así cuando se trata de los demás efectos del mecanismo de justicia restaurativa.

Oportunidad procesal en el trámite ordinario delitos con mínimo de pena que no exceda 5 años. El inciso primero del artículo la 524 de la Ley 906 de 2004 establece que para delitos "cuyo mínimo de pena no exceda de cinco (5) años de prisión", las víctimas o el imputado pueden solicitar la realización de la mediación desde la imputación hasta antes del inicio del juicio oral, ante el fiscal de conocimiento, el juez de control de garantías o el juez de conocimiento. En relación con la etapa hasta cuando las partes pueden solicitar que el proceso sea sometido a mediación, la expresión "hasta antes del inicio del juicio oral", en concordancia con lo establecido en el artículo 524 de la Ley 906 de 2004, debe interpretarse como "hasta antes de la audiencia de juzgamiento". Ahora bien, debe entenderse que este límite temporal solo opera cuando la mediación esté encaminada a obtener la extinción de la acción penal, no así cuando se trata de los demás efectos del mecanismo de justicia restaurativa.

Oportunidad procesal en el trámite ordinario delitos con mínimo de pena que exceda 5 años. Por su parte, el inciso segundo del artículo 524 de la Ley 906 de 2004 no precisa las etapas procesales en las que se puede realizar la mediación, en consecuencia, la mediación puede realizarse incluso antes de la imputación. En estos eventos, el fiscal de conocimiento y el mediador deben trabajar a partir de la calificación jurídica provisional de la conducta cometida, con apego al principio de legalidad y a los medios de prueba recaudados en la indagación.

Oportunidad procesal en el procedimiento abreviado. A diferencia de lo previsto para el procedimiento ordinario, en el procedimiento especial abreviado los mecanismos de justicia restaurativa pueden aplicarse en cualquier momento del proceso, de conformidad con lo previsto en el artículo 547 de la Ley 906 de 2004. No obstante, el momento procesal en el que se apliquen los mecanismos de justicia restaurativa determinará sus efectos.

Oportunidad para realizar la mediación para beneficios procesales o sobre la sanción. El artículo 524 de la Ley 906 de 2004 señala que "la mediación será considerada para otorgar algunos beneficios durante el trámite de la actuación, o relacionados con la dosificación de la pena, o el purgamiento de la sanción". Esta disposición implica que la mediación procede durante el trámite de la actuación, evento en el cual tendrá efectos para la solicitud de medidas de aseguramiento o medidas cautelares, y luego de que la sentencia condenatoria quede en firme, con el fin de que este mecanismo de justicia restaurativa pueda surtir sus efectos respecto de la ejecución de la pena.

Requisito de reparación integral para la procedencia de beneficios. Los artículos 38B, 38G y 64 de la Ley 599 de 2000 establecen que la reparación de los daños ocasionados con el delito es un requisito para conceder la prisión domiciliaria y la libertad condicional; además, la reparación puede asegurarse mediante acuerdo con la víctima. Así mismo, el artículo 38 de la Ley 906 de 2004 establece la función del juez de ejecución de penas y medidas de seguridad de conocer las solicitudes de libertad condicional y su revocatoria. La lectura sistemática de estas disposiciones lleva a concluir que el ordenamiento jurídico prevé la verificación de la reparación integral de los daños causados por el delito al momento de definir la concesión de los beneficios de la prisión domiciliaria y la libertad condicional, como la forma en la cual la mediación tiene efectos en el purgamiento de la sanción.

Procedencia de la mediación después de haberse proferido sentencia condenatoria. Adicionalmente, el sistema penal vigente permite que las víctimas busquen la reparación integral de los daños causados con la conducta punible por medio de vías diferentes a la acción penal, las cuales pueden activarse luego de la audiencia de juicio. Por lo tanto, si la concesión de la prisión domiciliaria y la libertad condicional requieren que el juez de ejecución de penas verifique la reparación integral del daño y el conflicto sobre la responsabilidad civil derivada del delito puede ser definido en un momento posterior a la sentencia de primera instancia, debe concluirse que la mediación, como mecanismo por medio del cual se puede resolver el conflicto civil, también puede ser tramitada luego de la ejecutoria de la sentencia condenatoria, para que la persona condenada tenga incentivos para reparar integralmente los perjuicios causados con la comisión de la conducta punible.

2.4. Mecanismo procesal de aplicación del efecto extintivo de la acción penal

Aplicación del efecto extintivo de la acción penal. La legislación penal ha establecido los mecanismos procesales para obtener la extinción de la acción penal, en los estrictos casos en los que tal efecto es procedente ante una mediación exitosa, a saber: (i) delitos tramitados en el proceso penal abreviado y (ii) los delitos tramitados en el proceso ordinario, sancionados con pena mínima que no exceda de cinco (5) años de prisión y que protejan bienes jurídicos que no sobrepasen la órbita personal del perjudicado. Tal efecto sustancial puede alcanzarse, tanto en el proceso penal ordinario como en el abreviado[27], a través de dos vías procesales distintas. La primera, por medio de la preclusión de la investigación, y en segundo lugar por medio de la aplicación de los artículos 324 y 326 de la Ley 906 de 2004.

Extinción de la acción penal por medio de la preclusión. La acción penal se puede extinguir en los casos de una mediación exitosa a través de la solicitud de preclusión de la investigación. Si bien la referencia a la preclusión en relación a la mediación, solamente es expresa en la regulación del procedimiento penal abreviado (artículo 547 de la Ley 906 de 2004 que remite a los artículos 77 de este Código y 82 del Código Penal), por principio de favorabilidad puede recurrirse a la preclusión como mecanismo de extinción de la acción penal, incluso en el proceso ordinario, en los casos donde resulte procedente[28].

Fundamento de solicitud de preclusión. La causal para solicitar la preclusión de la investigación en estos casos será la imposibilidad de iniciar o continuar el ejercicio de la acción penal (C.P.P., art. 332, num. 1°). Si bien ni el artículo 82 del Código Penal ni el artículo 77 de la Ley 906 de 2004 consagran expresamente la mediación como una de las causales de extinción de la acción penal, debe entenderse que se encuentra incluida en las expresiones "las demás que consagre la ley" y "en los demás casos contemplados por la ley" de estas normas.

Etapa procesal en la que ocurre el cumplimiento del acuerdo restaurativo. Si la mediación es exitosa y el cumplimiento de los compromisos asumidos por el procesado ocurre antes de la presentación del escrito de acusación, la preclusión debe ser solicitada exclusivamente por el fiscal de conocimiento (C.P.P., art. 332). En cambio, si la mediación es exitosa y la ejecución del acuerdo por parte del victimario tienen lugar después de la presentación del escrito de acusación, la preclusión puede ser solicitada, no solo por el fiscal delegado, sino también por el Ministerio Público o la defensa. Esto, por cuanto la causal de preclusión de la investigación que se configura en ese evento es la imposibilidad de continuar el ejercicio de la acción penal (C.P.P., art. 332, num. 1°), la cual puede ser invocada por cualquiera de los sujetos procesales en la etapa de juzgamiento (C.P.P., art. 332, par.).

Deber de verificar el cumplimiento de los acuerdos restaurativos. En todos los casos de extinción de la acción penal, el fiscal delegado debe verificar de manera previa que el procesado haya cumplido con los compromisos asumidos en el acuerdo restaurativo.

3. Lineamientos para implementación de la mediación

3.1. Designación de los mediadores y celebración de convenios

Suscripción de convenios con entidades públicas y privadas. El artículo 523 de la Ley 906 de 2004 establece la facultad del Fiscal General de la Nación o su delegado de designar a los terceros neutrales, particulares o servidores públicos, que cumplirán las funciones de mediadores. Para desarrollar esta facultad, la Fiscalía General de la Nación suscribirá convenios con las entidades públicas o privadas que brinden programas de mediación penal. Estos convenios deberán contar con un documento anexo que contenga el listado de las personas que cumplirán las funciones de mediación, el cual deberá actualizarse periódicamente.

Entidades por priorizar. En la implementación de la mediación, se dará prioridad a la suscripción de convenios interinstitucionales con entidades nacionales y territoriales que tengan avances importantes o programas sólidos en materia de justicia restaurativa.

3.2. Capacitación y evaluación de los mediadores

Requisitos mínimos de formación. La importancia de la función que cumplen los mediadores, de facilitar los acuerdos entre las partes, exige que las personas que la ejerzan cuenten, por lo menos, con formación y capacitación en mecanismos alternativos de solución de conflictos y, de ser posible, con formación y capacitación específica en mediación penal.

Mecanismos de evaluación del desempeño. Adicionalmente, es necesario que las entidades que implementen los programas de mediación cuenten con un sistema de evaluación del desempeño de sus mediadores, como mecanismo de control de la calidad en la prestación del servicio encomendado.

Inclusión de los requisitos mínimos de formación y evaluación en los convenios suscritos por la Fiscalía. Por ende, los convenios para la creación de programas de mediación penal deberán incluir el compromiso de la entidad que administre el programa de garantizar que sus mediadores cuenten con la formación y capacitación específica requerida, así como de implementar el sistema de evaluación del desempeño de sus mediadores.

Compatibilidad de los requisitos con los instrumentos internacionales. Lo anterior resulta compatible con los Principios básicos sobre la utilización de programas de justicia restaurativa en materia penal del Consejo Económico y Social de las Naciones, que en el punto 12 señalan que los Estados miembros deben considerar la posibilidad de establecer directrices y normas que, entre otras cosas, versen sobre "[l]as calificaciones, la capacitación y la evaluación de los facilitadores".

3.3. Deber de garantizar la seguridad de los intervinientes y la confidencialidad de la información

Deber de garantizar la seguridad de las partes de la mediación. El artículo 250, numeral 7°, de la Constitución Política establece el deber de la Fiscalía de "Velar por la protección de las víctimas, los jurados, los testigos y demás intervinientes en el proceso penal". En el mismo sentido, los Principios básicos sobre la utilización de programas de justicia restaurativa en materia penal del Consejo Económico y Social de las Naciones reconocen en el punto 10 que "[l]a seguridad de las partes debe ser tenida en cuenta al someter un caso a un proceso restaurativo y al llevar a cabo ese proceso".

Condiciones de seguridad de las partes de la mediación penal. En concordancia con estas disposiciones, y en atención a que la mediación se debe adelantar con la participación de las víctimas y victimarios, es necesario que los programas de mediación que se creen cuenten con las condiciones de seguridad necesarias para proteger la vida y la integridad de los intervinientes en el proceso restaurativo. Para este efecto, es recomendable que los procesos restaurativos se adelanten en lugares en los que se pueda garantizar la seguridad de las personas como centros institucionales.

Seguridad en el tratamiento de la información. Por otra parte, en consideración a que los mediadores y demás personas que hacen parte de los programas de mediación pueden, eventualmente, tener acceso a información sensible sobre las partes de los procesos sometidos a mediación, así como sobre el estado de investigaciones penales en curso, es necesario que los programas de mediación cuenten con mecanismos tecnológicos que garanticen niveles adecuados de seguridad en el tratamiento de la información y que los mediadores suscriban cláusulas de confidencialidad de la información a la que accedan en ejercicio de esa función. Esto también es consecuente con lo establecido por los Principios básicos sobre la utilización de programas de justicia restaurativa en materia penal del Consejo Económico y Social de las Naciones, que en el punto 14 señalan que: "Las conversaciones mantenidas en los procesos restaurativos que no sean públicos tendrán carácter confidencial y no deberán revelarse ulteriormente, salvo acuerdo de las partes o si la legislación nacional dispone otra cosa".

3.4. Contenido mínimo de los convenios

Listado de requisitos mínimos de los convenios. Por lo anterior, los convenios que suscriba la Fiscalía General de la Nación para la creación de programas de mediación penal deberán contener, como mínimo, los siguientes ítems:

a. Los requisitos de formación y capacitación de los mediadores.

b. Los sistemas de evaluación del desempeño de los mediadores

c. El listado con los datos de identificación de los mediadores, que será actualizable periódicamente.

d. Los mecanismos de atención de las quejas y reclamos que se reciban sobre el tratamiento brindado por los mediadores a las partes.

e. Las medidas que se adopten para garantizar la seguridad de las víctimas, procesados y demás intervinientes en el proceso de mediación.

f. Los mecanismos de intercambio de información, de remisión de casos e informes, y de seguridad para el tratamiento de la información que se produzca dentro del proceso de mediación.

g. Las cláusulas de confidencialidad para el tratamiento de la información

Deber de garantizar la seguridad de las partes de la mediación. El artículo 250, numeral 7°, de la Constitución Política establece el deber de la Fiscalía de "Velar por la protección de las víctimas, los jurados, los testigos y demás intervinientes en el proceso penal". En el mismo sentido, los Principios básicos sobre la utilización de programas de justicia restaurativa en materia penal del Consejo Económico y Social de las Naciones reconocen en el punto 10 que "[l]a seguridad de las partes debe ser tenida en cuenta al someter un caso a un proceso restaurativo y al llevar a cabo ese proceso".

3.5. Trámite para el desarrollo de la mediación penal

3.5.1. Solicitud de intención de desarrollar mediación

Inicio del mecanismo de mediación. El proceso de mediación inicia con la presentación de la solicitud de someter el conflicto penal a este mecanismo de justicia restaurativa ante el fiscal delegado, el juez de conocimiento, el juez de control de garantías o el juez de ejecución de penas y medidas de seguridad[31]. El artículo 525 de la Ley 906 de 2004 establece que tanto la víctima como el imputado o acusado pueden presentar esta solicitud[32]. Esta disposición no prohíbe que el fiscal o el juez que recibe la solicitud explore con la víctima y el imputado o acusado el interés de solucionar la controversia con la ayuda de un facilitador. Por el contrario, esta exploración, si se hace libre de presiones y engaños, contribuye al propósito de promover la justicia restaurativa y la solución negociada de los conflictos, sin vulnerar el derecho al debido proceso de las partes. Por esta razón, debe considerarse que el fiscal o el juez pueden adelantar gestiones encaminadas a promover la terminación restaurativa del conflicto, siempre que las partes otorguen su consentimiento de manera libre y voluntaria.

Evaluación preliminar de procedencia. El fiscal del caso realizará una evaluación previa de la situación, para verificar que en el caso concreto sea procedente la mediación y determinar los efectos que este mecanismo podría llegar a tener en el proceso penal. Además de los lineamientos contenidos en el presente Manual, el fiscal deberá verificar que la mediación no se convierta en un escenario de revictimización. En todos los casos de violencia basada en género, cuando el nivel de riesgo establecido en el formato de identificación del riesgo (FIR) sea grave o extremo, no procederá la mediación.

Comunicación de la solicitud de mediación. Una vez recibida la solicitud, y tras comprobar que la mediación procede, el fiscal de conocimiento deberá remitir a las partes una comunicación sobre la voluntad del solicitante de acordar una salida restaurativa al conflicto. Esta comunicación podrá realizarse mediante el uso de las tecnologías de la información y de las comunicaciones.

Requisitos de la comunicación de solicitud del mecanismo de mediación. En la comunicación se deberá informar a las partes y demás interesados lo siguiente:

– Que la mediación es un proceso voluntario, razón por la cual las partes tienen las facultades de someter o no el conflicto al proceso restaurativo y de retirar su consentimiento en cualquier momento del proceso.

– Que la mediación es un proceso confidencial, de manera que la participación del presunto ofensor en el proceso restaurativo no será considerada como una aceptación de su culpabilidad y las declaraciones que este realice durante la mediación no serán tenidas en cuenta como evidencia en el proceso penal.

– Que, en el evento de suscribir un acuerdo, su incumplimiento no será utilizado como fundamento para una condena o para la agravación de la pena[36].

– Que las partes tienen derecho a consultar a un abogado en cualquier momento del proceso de mediación, especialmente, antes de suscribir el acuerdo restaurativo.

– Que la suscripción de un acuerdo restaurativo en el marco de la mediación "excluye el ejercicio de la acción civil derivada del delito y el incidente de reparación", cuando el acuerdo recae sobre la indemnización de perjuicios.

– Que el acta de mediación presta mérito ejecutivo.

Comunicación de los términos de la mediación en casos de delitos con pena mínima inferior a 5 años o tramitados por el proceso penal abreviado. En los procesos por delitos investigables de oficio con una pena mínima inferior a 5 años y que proteja bienes jurídicos que no sobrepasen la órbita personal del perjudicado, la comunicación deberá informar que la mediación debe surtirse antes del inicio del juicio oral, para que esta pueda tener efectos en el ejercicio de la acción penal mediante la solicitud de preclusión de la investigación o de aplicación de los artículos 324 y 326 de la Ley 906 de 2004.

3.5.2. Aceptación y remisión a centro de mediación

Aceptación de la contraparte. El fiscal de conocimiento debe verificar que la parte que no ha tenido la iniciativa de solicitar la aplicación de la justicia restaurativa acepte expresamente el mecanismo, bien sea de forma verbal o escrita. Si es necesario, la persona podrá solicitar audiencia con el fiscal de conocimiento, para que le sea aclarado el alcance y efectos del mecanismo.

Remisión del asunto al centro de mediación idóneo. Si en respuesta a la comunicación, la parte solicitante ratifica su voluntad restaurativa y la contraparte manifiesta su interés de someter el conflicto a la mediación, el fiscal de conocimiento remitirá el proceso a uno de los programas de justicia restaurativa autorizados mediante convenio por el Fiscal General de la Nación o por el funcionario que delegue para este fin. Esta remisión se hará mediante una comunicación que contendrá:

- el nombre de las partes del conflicto;
- la dirección de notificación, los números telefónicos de contacto y el correo electrónico de las partes, registrados en el expediente;
- el delito o delitos imputados al posible ofensor que sean susceptibles de mediación;
- una breve reseña de los hechos que originaron la investigación;
- la etapa procesal en la que se encuentra la investigación;
- información sobre la vigencia de medidas de aseguramiento decretadas en contra del posible ofensor.

3.5.3. Preparación de audiencia de mediación

Trámite del mecanismo de mediación y verificación de impedimentos o conflictos de interés. Una vez recibido el conflicto por el programa de mediación, la entidad administradora del programa repartirá el proceso a uno de sus mediadores autorizados por el Fiscal General de la Nación o por el funcionario que este delegue para ese fin. El mediador asignado, quien ejerce transitoriamente la función de administrar justicia, deberá verificar que no se encuentra incurso en causal alguna de impedimento para tramitar el conflicto; de ser así, deberá devolver el expediente para que el programa lo reparta nuevamente a otro mediador.

Reuniones con los involucrados. Si no se encuentra incurso en causal de impedimento alguna, el mediador deberá reunirse con cada una de las partes por separado, con el fin de reducir el riesgo de revictimización, y para verificar su voluntad sincera de adelantar el proceso restaurativo. Estas reuniones deberán adelantarse dentro de los 15 días siguientes al reparto del proceso. En los casos de violencia intrafamiliar, es imprescindible realizar reuniones por separado para corroborar la voluntad de la víctima y no quebrantar su derecho a no ser confrontada con el agresor.

Riesgo de victimización o ausencia de voluntad restaurativa. Si luego de las reuniones por separado, el mediador concluye que existe un riesgo alto de revictimización o que las partes no tienen una voluntad restaurativa sincera, deberá declarar terminado el proceso restaurativo y remitir un informe al Fiscal de conocimiento en el que exponga las actividades adelantadas y las razones que motivaron su decisión.

Citación a la audiencia de mediación. En el evento en que el mediador concluya que no existe riesgo de revictimización y que la voluntad restaurativa de las partes es sincera, bien sea desde la asignación del proceso restaurativo o luego de la realización de las audiencias por separado, deberá citar a las partes a audiencia de mediación dentro de los siete (7) días hábiles siguientes a la realización de la última reunión por separado.

Términos y requisitos que debe cumplir la citación a la audiencia de mediación. Las citaciones deberán realizarse de conformidad con las disposiciones pertinentes previstas en el artículo 20 de la Ley 640 de 2001 y en ellas deberá informarse a las partes sobre su derecho a asistir a la audiencia en compañía de un abogado de confianza.

3.5.4. Desarrollo de la mediación

Desarrollo de la audiencia de mediación. En el evento en que las partes concurran al centro de mediación en la fecha y hora programadas, el mediador instalará la audiencia, verificará la identidad de las partes y explicará el propósito, la naturaleza y los efectos de la mediación, así como los derechos y deberes de las partes durante el proceso restaurativo. Luego de esta introducción, el mediador deberá crear un ambiente de diálogo y respeto que permita el intercambio de opiniones entre la víctima y el presunto agresor. El mediador deberá mantener una actitud imparcial, procurando que las partes presenten fórmulas restaurativas razonables y proporcionadas. Sin embargo, con el fin de contribuir en la resolución del conflicto, el mediador podrá plantear algunas alternativas de acuerdos restaurativos, para que sean consideradas de manera libre y voluntaria por las partes. Finalmente, el mediador deberá permitir que las partes consulten a sus abogados, de estar presentes.

Audiencias de mediación con personas privadas de la libertad. Si el presunto infractor se encuentra privado de la libertad, la audiencia podrá realizarse por medio del sistema de comunicación de audio-video disponible en el centro de reclusión. En este evento, la citación también deberá ir dirigida a la autoridad penitenciaria o carcelaria respectiva, para que, en el evento de que lo considere pertinente, realice las actuaciones que considere necesarias para la celebración de la audiencia.

Resultados de la audiencia de mediación. En el evento en que las partes no lleguen a un acuerdo, el mediador dará por terminado el proceso restaurativo y remitirá un informe al Fiscal de conocimiento en el que expondrá las actividades adelantadas e informará el fracaso de la audiencia. No obstante, si el mediador considera que las partes tienen una voluntad sincera de llegar a un acuerdo, podrá ordenar la prórroga de la audiencia. Si las partes alcanzan un acuerdo, el mediador remitirá al Fiscal de conocimiento el acta de mediación, que contendrá los compromisos asumidos por las partes y las condiciones de tiempo, modo y lugar para su cumplimiento.

Mediación indirecta. Cuando las partes, aunque tengan la voluntad de participar en un proceso de mediación, no quieran reunirse cara a cara, el mediador podrá optar por realizar una mediación indirecta. Para realizar este tipo de mediación, el mediador deberá reunirse con cada parte de manera separada, para que estas se comuniquen a través suyo y, eventualmente, logren un acuerdo restaurativo.

Acta de mediación. El acta de mediación debe incluir claramente los compromisos asumidos por las partes y las condiciones de tiempo, modo y lugar para su cumplimiento, entre ellos[45]: el reconocimiento de responsabilidad y la formulación de la disculpa por parte del procesado, el compromiso de no repetición de la conducta, y la reparación en dinero, en especie y/o en trabajo, en beneficio de la víctima y la comunidad.

Aceptación y suscripción del acta de mediación e informe de resultados. Una vez el acta de mediación haya sido aceptada y suscrita por las partes, el mediador expedirá un informe de resultados y lo remitirá al fiscal de conocimiento para que valore y determine los efectos de dicho acuerdo en la actuación procesal. El mediador también deberá hacerle seguimiento al cumplimiento del acuerdo restaurativo por las partes. Cuando se verifique el cumplimiento del acuerdo restaurativo, el mediador informará también de ello al fiscal de conocimiento.

3.5.5. Valoración por parte del fiscal de conocimiento y registros

Valoración de efectos extinción de la acción penal. Recibido el informe de resultados, el fiscal de conocimiento procederá a valorarlo y a definir la actividad procesal a desarrollar, según los lineamientos expuestos atrás. Si se trata de un caso donde la mediación exitosa puede extinguir la acción penal el fiscal de conocimiento: (a) determinará si el procesado ya ha cumplido con los compromisos adquiridos en el acuerdo restaurativo o dicho cumplimiento es inminente y procederá a solicitar la preclusión de la investigación; o (b) valorará si el cumplimiento de los compromisos aún se va a tardar, por ser condiciones a mediano o largo plazo, y procederá a aplicar lo dispuesto en el artículo 326 de la Ley 906 de 2004, para permitir el cumplimiento de los compromisos, y una vez se cumplan, seguir con la modalidad de renuncia.

Valoración de otros efectos. Si la mediación exitosa no tiene la potencialidad de extinguir la acción penal, el fiscal delegado determinará cuál es el beneficio que le debe corresponder al procesado teniendo en cuenta las particularidades del caso. En ese evento, en las audiencias ante los jueces de control de garantías y de conocimiento respectivas se informará del trámite exitoso de la mediación y se harán las solicitudes pertinentes.

Registro de los resultados del mecanismo de mediación en el SPOA. El Fiscal de conocimiento deberá registrar el resultado de la mediación en el sistema SPOA de la Fiscalía. Adicionalmente, deberá remitir el acta al Juez de control de garantías o al Juez de conocimiento, en consideración a la etapa del proceso, para que este determine los efectos de la mediación.

3.6. Áreas comprometidas

Implementación. En el desarrollo de la justicia restaurativa se dará prioridad a la implementación de convenios interinstitucionales con entidades territoriales y nacionales que tengan desarrollos sostenibles en materia de justicia restaurativa. Por medio de resolución el Fiscal General de la Nación establecerá las áreas comprometidas en la implementación y funcionamiento de los mecanismos de justicia restaurativa, incluyendo el impulso de los mencionados convenios y de verificar las condiciones establecidas en el presente Manual.

4. La conciliación penal

4.1. Concepto de conciliación

Concepto jurisprudencial de conciliación penal. La conciliación no se encuentra definida por la ley procesal penal. Según la Corte Constitucional, la conciliación es "una institución en virtud de la cual se persigue un interés público, mediante la solución negociada de un conflicto jurídico entre partes, con la intervención de un funcionario estatal, perteneciente a la rama judicial o a la administración, y excepcionalmente de particulares".

Clases de conciliación. Ahora bien, en la Ley 906 de 2004, la conciliación puede ser de dos clases, dependiendo del momento procesal en el que opere: (1) la conciliación preprocesal; y (2) la conciliación en el incidente de reparación integral. En este acápite se hará referencia a la primera de ellas, mientras que en el siguiente se tratará la segunda.

4.2. Conciliación preprocesal

4.2.1. Delitos para lo que procede

Conciliación penal en los delitos querellables. El artículo 522 de la Ley 906 de 2004 establece que la conciliación preprocesal constituye un requisito de procedibilidad para el ejercicio de la acción penal en los delitos querellables. La Corte Suprema de Justicia ha sostenido que en los delitos querellables en los que el sujeto pasivo no sea un menor de edad uno de los requisitos de procedibilidad de la acción penal es haber adelantado una "diligencia de conciliación en la que las partes no hayan llegado a un acuerdo o a la que no haya asistido, sin justa causa, el querellado". Así, la conciliación preprocesal procede para todos los delitos querellables indicados en el artículo 74 de la Ley 906 de 2004.

Excepciones al requisito de agotar la conciliación preprocesal. Es importante aclarar que, de acuerdo con el parágrafo del artículo 74 de la Ley 906 de 2004, "no será necesario querella para iniciar la acción penal respecto de casos de flagrancia o en los cuales el sujeto pasivo sea menor de edad, inimputable o se refieran a presuntas conductas punibles de violencia contra la mujer". La intención del legislador fue que en esos cuatro supuestos la investigación se inicie de oficio, como un mecanismo para facilitar el acceso a la administración de justicia de sujetos de especial protección constitucional o para eliminar cargas irrazonables a los ciudadanos que han sido víctimas de un delito. En todo caso, aunque la conciliación procesal no es un requisito de procedibilidad en los supuestos descritos en el parágrafo del artículo 74 de la Ley 906 de 2004, los delitos querellables conservan su carácter de conciliables.

4.2.2. Efectos

Efectos frente a la extinción de la acción penal. La conciliación preprocesal constituye un requisito de procedibilidad para ejercer la acción penal en los delitos querellables, por lo cual, su desarrollo es una condición para el ejercicio de la acción penal por parte de la Fiscalía. Así, el desarrollo de una conciliación extraprocesal exitosa tiene como efecto la extinción de la acción penal, ya sea por el archivo dentro del proceso ordinario o de la preclusión en el proceso especial abreviado.

Desistimiento de querella. Aunque la conciliación es un requisito de procedencia de la acción penal, esta puede desarrollarse en cualquier momento del proceso. En estos casos, el acuerdo conciliatorio debe incluir el compromiso por parte del querellante de desistir de la querella con el fin de que se pueda extinguir la acción penal, de conformidad con los artículos 76 y 77 de la Ley 906 de 2004.

El acuerdo conciliatorio hace tránsito a cosa juzgada. Es necesario establecer los efectos del incumplimiento de lo pactado en el acta de conciliación respecto de la reparación del daño. Con este fin, debe tenerse en cuenta que el acuerdo conciliatorio hace tránsito a cosa juzgada y que el acta de conciliación presta mérito ejecutivo. Adicionalmente, la Corte Suprema de Justicia ha sostenido que el restablecimiento del derecho es un principio rector del procedimiento penal que "no está supeditado a la declaratoria de responsabilidad penal". Así mismo, ha sostenido que la conciliación penal constituye un título ejecutivo "con el cual puede promoverse la acción ejecutiva derivada [...] del convenio entre las partes sobre la forma de reparación de los [perjuicios]".

Alternativas procesales ante el incumplimiento del acuerdo conciliatorio. Con base en lo anterior, a pesar del incumplimiento de lo pactado en el acta de conciliación, esta sigue teniendo efectos sobre la valoración de los perjuicios derivados de la comisión de la conducta punible y su forma de reparación. Por esta razón, la víctima puede optar por presentar una demanda ejecutiva en contra de la persona responsable de indemnizar los perjuicios ocasionados con la conducta punible, utilizando el acta de conciliación como título ejecutivo, o solicitar el resarcimiento de los perjuicios en el incidente de reparación integral. Debe aclararse que, de conformidad con la jurisprudencia de la Corte Suprema de Justicia, los titulares del derecho a la reparación no están facultados para promover distintos procesos para el cobro de la misma obligación. Por lo tanto, estos mecanismos no pueden intentarse de manera simultánea o residual y quien los ejerce debe asumir los resultados del mecanismo que escogió.

4.2.3. Trámite de la conciliación preprocesal

Procedimiento aplicable en caso de concurrir conductas querellables y conductas que deben tramitarse por el procedimiento penal ordinario. Los delitos querellables actualmente se tramitan por medio del procedimiento especial abreviado, de conformidad con lo establecido en el artículo 534 a la Ley 906 de 2004, adicionado por la Ley 1826 de 2017. No obstante, si en el traslado de la acusación se comunican cargos por delitos que deben ser tramitados por el procedimiento especial abreviado en concurso con delitos que deben ser tramitados por el procedimiento ordinario, el procedimiento aplicable será el ordinario. En consecuencia, en estos casos los mecanismos de justicia restaurativa estarán regidos por las normas del procedimiento ordinario. Por lo cual se expondrán a continuación las reglas procesales aplicables en cada caso.

a. Reglas de aplicación de la conciliación en el procedimiento penal abreviado

Término para tramitar una conciliación como requisito de procedibilidad en el proceso abreviado. El requisito de la conciliación preprocesal deberá tramitarse antes del traslado del escrito de acusación, bien sea que el ejercicio de la acción penal lo esté adelantando la Fiscalía o un acusador privado. Los documentos que acrediten el cumplimiento de este requisito deberán anexarse a la presentación de la acusación ante el juez competente.

Oportunidad procesal para desarrollar conciliación en el proceso abreviado. El artículo 547 de la Ley 906 de 2004 establece que "los mecanismos de justicia restaurativa podrán aplicarse en cualquier momento del procedimiento abreviado, en los términos y condiciones establecidos en el Libro VI, hasta antes de que se emita fallo de primera instancia y darán lugar a la extinción de la acción penal de conformidad con lo previsto en los términos de los artículos 77 de este Código y 82 del Código Penal". Entonces, siendo la conciliación uno de los mecanismos de justicia restaurativa previstos legalmente, en los delitos que requieren querella puede intentarse la conciliación en cualquier momento del procedimiento abreviado, hasta antes de que se emita fallo de primera instancia. Adicionalmente, el artículo 536 de la Ley 906 de 2004, que regula el traslado de la acusación en el procedimiento abreviado, establece que, en los delitos querellables, cuando concluya el traslado de la acusación, el fiscal deberá indagar "si las partes tienen ánimo conciliatorio y procederá conforme lo dispuesto en el artículo 522".

Extinción de la acción penal como efecto de la conciliación. Los mecanismos de justicia restaurativa en el procedimiento especial abreviado dan lugar a la extinción de la acción penal "de conformidad con lo previsto en los términos de los artículos 77 de la Ley 906 de 2004 y 82 del Código Penal". Sin embargo, esto no impide que el fiscal del caso invoque otra causal de extinción de la acción penal, de llegarse a configurar. En consecuencia, ante una conciliación exitosa procede la preclusión de la investigación en virtud del numeral 1° del artículo 332 de la Ley 906 de 2004, conforme a lo establecido en el artículo 547 de la Ley 906 de 2004. En todo caso, el fiscal de conocimiento debe verificar que en el acta de conciliación se indique la cuantía, modo, tiempo y lugar de cumplimiento de las obligaciones pactadas, de conformidad con lo establecido en el numeral 5° del artículo 1 de la Ley 640 de 2001.

b. Reglas de aplicación de la conciliación en el procedimiento ordinario

Oportunidad para desarrollar la conciliación preprocesal. Así mismo, la Corte Suprema de Justicia ha señalado que esta diligencia debe haberse realizado con anterioridad a la audiencia de formulación de imputación[61]. Por esta razón, esa Corporación ha señalado que el fiscal de conocimiento tiene la carga de acreditar en esa etapa los siguientes datos mínimos: "(i) la fecha de la diligencia; (ii) la autoridad ante la que se efectuó; y (iii) la falta de acuerdo entre las partes o la inasistencia injustificada del querellado".

El archivo como efecto de la conciliación preprocesal. En caso de que las partes lleguen a un acuerdo en la conciliación preprocesal, el fiscal de conocimiento deberá ordenar el archivo de la investigación. En el evento de presentarse un incumplimiento en los acuerdos conciliatorios, el fiscal deberá reanudar la investigación disponiendo el desarchivo de las diligencias, pues la finalidad de la justicia restaurativa es superar el conflicto entre la víctima y el victimario, situación que no se logra si el procesado incumple lo pactado. Es pertinente aclarar que el querellante legítimo debe informar al fiscal del caso sobre el incumplimiento por parte del querellado de la obligación sujeta a plazo o condición antes de que prescriba la acción para que este funcionario desarchive la investigación. En todo caso, cuando el fiscal advierta el incumplimiento del acuerdo por cualquier otro medio, deberá desarchivar la investigación de oficio.

Deber de informar al juez penal sobre la efectiva reparación integral en el marco de la jurisdicción civil. Si la víctima decide promover un proceso ejecutivo con base en el acta de conciliación y obtiene la reparación integral de los perjuicios antes de que el proceso penal termine por medio de una decisión en firme, este hecho deberá ser informado al juez de conocimiento para que determine sus efectos respecto del ejercicio de la acción penal.

4.3. La conciliación en el incidente de reparación integral

4.3.1. Trámite de la conciliación en el incidente de reparación

Regulación legal de la conciliación en el incidente de reparación integral. La conciliación en el incidente de reparación integral está regulada en los artículos 102 al 108 de la Ley 906 de 2004. Estos artículos facultan a la víctima y al fiscal o al Ministerio Público, a instancia de la víctima, a solicitar la apertura del incidente de reparación integral dentro de los 30 días siguientes de haber quedado en firme la sentencia condenatoria. Una vez iniciada la audiencia, la víctima deberá formular su pretensión y, de ser admitida, el juez ofrecerá la posibilidad de realizar una conciliación. En caso de que las partes concilien, el juez deberá finalizar el incidente mediante sentencia. Si las partes no concilian, el juez deberá citar a una nueva audiencia en la que se intentará nuevamente la conciliación. Si las partes no llegan definitivamente a un acuerdo, el juez ordenará la práctica de pruebas y adoptará una decisión sobre la reparación integral.

Inicio de la conciliación en el incidente de reparación integral. Ejecutoriada la sentencia condenatoria e iniciado el incidente de reparación integral, de acuerdo con el artículo 103 de la Ley 906 de 2004, el juez de conocimiento debe ofrecer la posibilidad de conciliar en el trámite del incidente de reparación integral, luego de admitir las pretensiones de la parte incidentante. En caso de que las partes no logren un acuerdo en esta etapa, el juez deberá convocar a otra audiencia para intentar nuevamente la conciliación.

Excepción de procedibilidad de la conciliación en el incidente de reparación integral. Finalmente, la conciliación en el incidente de reparación integral solo procede si el afectado con la conducta punible no ha promovido otra acción para el cobro de los perjuicios derivados de la conducta punible. Lo anterior, de conformidad con lo establecido en el artículo 103 de la Ley 906 de 2004, en el que se establece que el incidente de reparación integral solo procede si la persona civilmente responsable por el daño ocasionado con la conducta punible no ha pagado los perjuicios. Así mismo, la jurisprudencia de la Corte Suprema de Justicia ha señalado que la acción civil para el cobro de los perjuicios de la conducta punible no puede ser promovida en el incidente de reparación integral de manera simultánea o residual a otras acciones independientes del proceso penal.

4.3.2. Delitos para los que procede

Posibilidad de conciliar en el incidente de reparación en delitos querellables y delitos investigables de oficio. La conciliación en el incidente de reparación integral aplica tanto para delitos querellables como para delitos investigables de oficio, por cuanto, el incidente de reparación es una figura que aplica para cualquier delito judicializado por el sistema procesal de la Ley 906 de 2004, siempre que exista una "solicitud expresa de la víctima, o del fiscal o del Ministerio Público a instancia de ella".

4.3.3. Efectos

El acuerdo conciliatorio presta merito ejecutivo. En el incidente de reparación integral la conciliación tiene efectos respecto de la responsabilidad civil derivada de la conducta punible, debido a que esta instancia supone la existencia de una decisión judicial en firme respecto de la responsabilidad penal[68]. Por esta razón, es necesario que el acta de conciliación suscrita en el marco del incidente de reparación integral contenga una obligación clara, expresa y exigible, con el fin de que su pago pueda ser reclamado por medio de un proceso ejecutivo.

5. Lineamientos para la implementación de la conciliación

Conciliación judicial y conciliación extrajudicial. El artículo 522 de la Ley 906 de 2004 permite que la conciliación preprocesal sea adelantada por un fiscal, en un centro de conciliación o ante un conciliador reconocido como tal[70]. Por lo tanto, a continuación, se definirán por separado los lineamientos en el trámite de solicitudes de conciliación presentadas ante el fiscal de conocimiento y aquellas desarrolladas extrajudicialmente.

5.1. Trámite de las solicitudes de conciliación presentadas ante el Fiscal de conocimiento

Citación para la audiencia de conciliación. En aquellos eventos en los que alguna de las partes solicite al Fiscal del caso que adelante una conciliación, este funcionario deberá fijar una fecha y hora para realizar la audiencia y citar a las partes. Adicionalmente, la presencia de los padres o representantes de los adolescentes es necesaria porque ellos son solidariamente responsables de las conductas cometidas por sus hijos o representados.

Celebración de la audiencia de conciliación. Si las partes concurren, el Fiscal verificará sus identidades y les explicará el propósito, la naturaleza y los efectos de la conciliación, así como los derechos y deberes de las partes. Luego de esta introducción, el Fiscal deberá crear un ambiente de diálogo y respeto que permita el intercambio de opiniones entre la víctima y el presunto agresor. Así mismo, deberá mantener una actitud imparcial, aunque podrá proponer fórmulas restaurativas que ayuden a superar el conflicto. Y en caso de que las partes presenten fórmulas de arreglo, deberá propender porque las mismas sean justas y equilibradas. Las partes podrán consultar a sus abogados de confianza durante el desarrollo de la audiencia.

Resultados de la audiencia de conciliación. En caso de que las partes lleguen a un acuerdo, el Fiscal deberá expedir el acta correspondiente, de conformidad con el artículo 1 de la Ley 640 de 2001, asegurándose que la misma contenga una obligación clara, expresa y exigible. Posteriormente, deberá archivar la investigación o solicitar la extinción de la acción penal, según corresponda. En caso de no lograrse un acuerdo o que alguna de las partes no asista, el Fiscal expedirá las correspondientes constancias en los términos del artículo 2° de la Ley 640 de 2001. Luego de ello, continuará con el ejercicio de la acción penal de ser procedente.

5.2. Actuaciones que debe adelantar el Fiscal de conocimiento en las conciliaciones extrajudiciales

Conciliación preprocesal, durante el procedimiento abreviado y en el incidente de reparación integral. La conciliación preprocesal y la conciliación durante el procedimiento abreviado pueden ser tramitadas de manera extrajudicial. Por el contrario, la conciliación en el incidente de reparación debe ser adelantada por el Juez fallador, razón por la cual esta no puede ser tramitada extrajudicialmente.

Verificación del acta de conciliación extrajudicial. Cuando se realice una conciliación preprocesal extrajudicial, el Fiscal de conocimiento debe verificar que el acta o la constancia aportadas por las partes sean remitidas por un conciliador reconocido como tal o por un centro de conciliación autorizado por el Ministerio de Justicia y del Derecho conforme el artículo 2.2.4.2.2.8. del Decreto 1069 de 2015, mediante una consulta al Sistema de Información de la Conciliación, el Arbitraje y la Amigable Composición (SICAAC) y que dicho documento cumpla con los requisitos establecidos en los artículos 1° y 2° de la Ley 640 de 2001.

Voluntariedad de las partes para someter un asunto a conciliación extrajudicial. En la conciliación extrajudicial, antes de remitir el proceso a un centro de conciliación, el Fiscal deberá cerciorarse de que la víctima y el procesado han accedido de manera libre, voluntaria e informada, a someter el proceso a una conciliación extrajudicial, que conocen la facultad que tienen de retirar su consentimiento en cualquier momento de la actuación y que comprenden las consecuencias de suscribir un acuerdo conciliatorio. Adicionalmente, el Fiscal delegado deberá verificar que el centro de conciliación cuente con la autorización del Ministerio de Justicia y del Derecho prevista en el artículo 2.2.4.2.2.8. del Decreto 1069 de 2015, mediante la consulta al Sistema de Información de la Conciliación, el Arbitraje y la Amigable Composición (SICAAC) antes señalada.

Centros de conciliación y conciliadores autorizados. En todos los casos, las personas facultadas para actuar como conciliadores y los centros de conciliación deberán cumplir con las normas establecidas en la Ley 640 de 2001 y en los artículos 518 a 522 de la Ley 906 de 2004. Especialmente, deberán actuar de manera imparcial y velar porque las partes actúen con mutuo respeto durante la audiencia.

Presentación del acta de conciliación ante la autoridad competente para aplicar las consecuencias de su resultado. Finalmente, en caso de que las partes concilien, estas deberán aportar una copia de la respectiva acta ante el Fiscal o el Juez de conocimiento, con el fin de que procedan a ordenar el archivo de la investigación o solicitar la extinción de la acción penal, en consideración a la etapa en la que se encuentre el proceso.

ÍNDICE ANALÍTICO

D

E

F

H

R

S

T

U

NOTAS